Matussek
Götzendämmerung

Matthias
Matussek

Götzendämmerung

Porträts am Ende des Jahrtausends

Patmos Verlag Düsseldorf

Die Deutsche Bibliothek – CIP-Einheitsaufnahme
Matussek, Matthias:
Götzendämmerung: Porträts am Ende
des Jahrtausends / Matthias Matussek. –
Düsseldorf: Patmos-Verl., 1999
ISBN 3-491-72415-5

Umschlagbilder: Fond: Xanti Schawinsky, Plakat für Olivetti, 1934
(© Roger Schmid). Bildleiste Vorderseite: dpa/Frankfurt.
Bildleiste Rückseite: Keystone, Hamburg (links), dpa/Frankfurt (übrige).
Satz: Typo Fröhlich, Düsseldorf
Druck und Bindung: Friedrich Pustet, Regensburg
ISBN 3-491-72415-5

INHALT

GÖTZENDÄMMERUNG

Warum es heutzutage so unmöglich ist, nicht Mick Jagger zu sein

Zur Kritik, ja der gelegentlichen Dämonisierung der Massenmedien ist zu sagen, daß sie selbstverständlich berechtigt ist: Nichts hat das zwanzigste Jahrhundert so geprägt wie diese Geistermacht. Mit ihrer Hilfe ist jeder auf dem Planeten jeden Moment ansprechbar geworden. Eine einzige Botschaft kann sich zeitgleich in Millionen Köpfe senken, Millionen Seelen durchwühlen, Millionen Träume durchstrahlen oder vergiften. Die Massenmedien schließen Völker zusammen zu einem erdumspannenden Publikum. Sie vor allem bereiten das Podium und präsentieren: den Star, den Halbgott, den Führer – *die* Erfindung des 20. Jahrhunderts.

Den grimmigen Kommentar darauf lieferte Charlie Chaplin bereits vor über 50 Jahren mit seinem „Großen Diktator": Die Menschen werden tyrannisiert von einer schnarrenden Stimme, die über Lautsprecher übertragen wird, in den Feldern, in den Fabriken, und dann richten sie sich auf, weil eine andere Stimme zu ihnen spricht, die ihnen Lebensmut gibt.

Das ist die Spannweite während der Großen Depression: Drüben Roosevelts ermunternde Radio-Kaminfeuer-Monologe und hier Goebbels' nervenaufpeitschende Tiraden über den Volksempfänger – der eine gab Hoffnung, der andere Haß.

Mittlerweile allerdings sind wir weiter. Die Medien und ihre Konkurrenz untereinander tragen nämlich auch zu Entzauberungen bei. Es spricht einiges dafür, daß Hitler keine zehn Minuten bei Larry King auf CNN überstanden hätte – unter den Röntgenaugen des Teledorfes wäre er als groteske Nummer schnell entlarvt.

Was Groschenpresse, Radio, schließlich Fernsehen und Internet statt dessen bewerkstelligt haben, ist eine ständig wachsende Durchlaufgeschwindigkeit an Berühmtheiten. Immer nervöser suchen wir nach Vorbildern.

Die Medien haben also neben ihrer Aufgabe, zu informieren, noch jene andere übernommen, die mittlerweile die Hauptsache ist: Sie sind zu einer Fabrikationsstätte von Götzen geworden. Und Götzen werden gebraucht in säkularen Zeiten. Je verwechselbarer der Einzelne wird, desto mehr sehnt er sich nach dem Unverwechselbaren.

Die Tröstung durch Religion in früheren Zeiten bestand ja darin, daß sie dem Einzelnen das Gefühl der Einzigartigkeit vor Gott gab. Nun sind die Religionen aus dem Alltag verschwunden, doch sie haben Andachtssehnsucht und gestaltlos gewordene Frömmigkeiten zurückgelassen, die nach Befriedigung suchen. Die Kirchen sind leer, aber in unzähligen Haushalten gibt es Altäre für Elvis Presley und Schreine für Lady Di.

Am Ende dieses Jahrhunderts sind wir gleichzeitig demokratisch-aufgeklärter und verträumter, wenn es um Idole oder Führerfiguren geht. Wir bauen sie schnell auf, und räumen sie noch schneller wieder ab – die Medien besorgen das Geschäft in beide Richtungen.

Sie versorgen uns nicht nur mit dem Glanz, sondern auch mit Klatsch, mit Banalitäten, mit den Lächerlichkeiten der Idole. Es ist ja nicht so, daß das Private verschwunden wäre, im Gegenteil: Es gibt zuviel davon. Wenn wir über TV und Internet am Intimleben des amerikanischen Präsidenten teilnehmen, ist noch längst nicht ausgemacht, ob wir es wirklich wollen, oder ob wir zu Geiseln genommen werden.

Eine ganze Branche lebt davon, Idolen in die Unterhose zu gucken, und die Schlagzeilen über Fatty Arbuckles Hollywood-Eskapaden in den 30ern waren nicht weniger zimperlich als die, die heute über die Sorgerechts- und Mißbrauchs-Schlacht zwischen Woody Allen und Mia Farrow berichten.

Diese übrigens haben dem Regisseur nicht geschadet. Im Gegenteil: Sie haben seinen Bekanntheitsgrad anwachsen lassen. Logisch, daß sein neuester Film „Celebrities" – „Berühmtheiten" sich vorwiegend mit dieser neuen Ökonomie beschäftigt: Wie wird man berühmt, wer ist es, und hat er es verdient?

Die letzte dieser Fragen ist übrigens bereits ein Anachronismus. Ruhm heutzutage wird selten danach befragt, ob er verdient ist. Es genügt, dafür berühmt zu sein, daß man berühmt ist. Ruhm ist wertneutral geworden. Wenn Herzensbrecher Hugh Grant mit einer Stricherin auf dem Sunset Boulevard aufgegriffen wird, belebt er damit die bunten Seiten, vergrößert sein Bekanntheitskapital und schreitet als Sieger aus dem Schlamassel.

Unser Verhältnis zum Ruhm ist ironisch geworden. Es ist das Zeitalter einer ewigen Götzendämmerung, in der wir unglücklich aufgeklärt zu den buntbemalten Lampions hinaufschauen, die wir selber aufgehängt haben, und uns für eine Weile einbilden, sie seien die Sonne und vertrieben uns die Angst vor Einsamkeit und Nacht. Das ist das, was wir heute Ruhm nennen – eine schnell erlöschende Angelegenheit.

In diesem Buch soll es um Helden und Götzen gehen, um Vorbilder und gestürzte Idole. Und um die, die sie begleiten und konzeptionalisieren. Also um Nixon, das Haß-Idol der Linken, genauso wie um die seltsame, fast liebevolle Hommage, die der einstige Vietnam-Kriegs-GI Oliver Stone anfertigte, um Clinton genauso wie um das, was Mike Nichols und John Travolta in ihrer Komödie aus ihm machen.

Immer aber geht es um Ruhm und unsere Fixierung darauf und die gewandelten Bedingungen, unter denen er heute erkämpft wird. Die Massenmedien haben den Ruhm ja ein für allemal demokratisiert. Kronen trägt man nur noch auf Szene-Parties in New York, und jeder Kellner kann zur Berühmtheit werden, wenn ihn ein Entertainer in seine Talkshow einlädt.

Ja, das ist das Neue: Jeder kann über Nacht in den öffentlichen Kosmos katapultiert werden und strahlen und für Sekunden das Interesse des globalen Dorfes erregen, bevor es sich, zappelig und ungeduldig, der nächsten Sternschnuppe zuwendet. In seinem einsichtsvollen Buch „Ökonomie der Aufmerksamkeit" beschreibt der Wiener Philosoph Georg Franck, wie gesellschaftliche Zuwendung dem Geld den Rang abzulaufen beginnt – Prominente sind „Einkommensmillionäre an Aufmerksamkeit".

Das hat eine völlig veränderte Situation im sozialen Umgang geschaffen. Mittlerweile ist öffentliche Aufmerksamkeit zur neuen Währung geworden, die tatsächlich mehr und mehr den Wert des Einzelnen bemißt.

Das Spiel um Ruhm und Anerkennung wird besonders in reichen Gesellschaften Bestandteil des Existenzkampfes: „Nicht der sorglose Genuß, sondern die Sorge, daß die andern einen auch ja wahrnehmen, wird zum tragenden Lebensgefühl und zur herrschenden Lebensangst in der Wohlstandsgesellschaft." Heute heißt das: Ich bin im Fernsehen, also bin ich.

Ab und zu werde auch ich zu Talkshows eingeladen, und mir ist mittlerweile klar, was da auf mich zukommt:

- ich bin drei Tage lang schlaflos vor Aufregung;
- ich rede mich während der Sendung um Kopf und Kragen;
- ich bin weitere drei Tage lang schlaflos vor Ärger darüber, daß ich nicht die spritzigen und klugen Antworten gegeben habe, die mir hinterher in Endlosparaden durch den Kopf wandern. Zudem legen Kameras, Studiolicht und Schminke einen feinen Film aus Verlogenheiten über alles, was sie berühren – es ist einfach nicht mein Metier.

Ich weiß also, daß ich leiden werde. Deshalb sage ich öfter ab. Noch öfter allerdings sage ich zu. Aus einem ganz einfachen Grund: Ich will Aufmerksamkeit, für mich und für das, was ich tue.

Alle sind wir davon verhext. In Don DeLillos neuem Roman „Unterwelt" sinniert der 16jährige Graffiti-Künstler Ismael über das Hochgefühl, das es bedeutet, seine Signatur zu hinterlassen. „Die Züge muß man signieren. Die Züge kommen die Rattenrennbahn langgezischt, alle gleich, und dann triffst du auf einen Zug, und das ist deiner, überall im Netz zu sehen, und du kommst in die Köpfe der Leute rein und verwüstest ihre Augäpfel."

Was Ismael sagt, gilt nicht nur für das U-Bahn-Netz, sondern auch für alle anderen Systeme, die Botschaften transportieren können, fürs Internet und fürs Fernsehen erst recht. Aufmerksamkeit ist ein materieller Faktor geworden.

Für Jakob Burckhardt war der Wille zum Ruhm Kennzeichen des „modernen Bewußtseins". Einfach ausgedrückt: Ruhm, meinen wir alle, ist eine feine Sache. Schon deshalb, weil man im Restaurant den besten Tisch kriegt und alle einem so lange einhämmern, daß man liebenswert und interessant ist, bis man selber daran glaubt. Ja, das ist überhaupt das Entscheidende, denn jeder von uns vermutet im tiefsten Innern seines Inneren, daß er eigentlich ziemlich uninteressant ist.

Womit er, im nüchternen biologischen Sinne, zunächst recht hätte. Unter einem entgötterten Himmel ist jeder von uns nur ein winziger Punkt im Milliardengewimmel, eine kurzlebige Zusammenballung von Materie und folgenlos verpuffend. Da ist es doch schön, wenn es zuvor wenigstens ein paarmal einen guten Platz im Restaurant gibt und Kellner, die dir das Gefühl geben, daß sie nur auf diesen Moment hingelebt haben, wo sie dir dein Wiener Schnitzel servieren dürfen.

Allerdings ist Ruhm eine zweischneidige Angelegenheit. Irgendwann in den achtziger Jahren, dem Jahrzehnt der Star-und-Status-Hysterien und roten Brillenbügel, spazierte ich mit dem Schriftsteller Harold Brodkey den Broadway hinunter, vorbei an Zeitungs-Kiosken, in denen sein Foto hing – gerade war eine Titelgeschichte im New York Magazine über ihn erschienen. Ein Passant erkannte ihn und rief ihm zu: „You're just great!"

Wahrscheinlich hatte der Mann keine einzige Zeile des Schriftstellers gelesen, doch daß Brodkey zu den Auserwählten gehörte, die auf einem Magazin-Titel abgebildet wurden, genügte ihm, und er freute sich, ihn zu treffen – ja, eigentlich: wiederzutreffen – so, als fühle er sich durch Brodkeys Glanz erwärmt.

Einige Schritte weiter trafen wir auf einen Kritiker. Auch er beglückwünschte Brodkey, allerdings mit einer undurchsichtigeren, raffinierteren Floskel. Kaum war er in unserem Kielwasser verschwunden, murmelte Brodkey: „Ein Idiot. Völlig von sich eingenommen. Hat noch nie eine brauchbare Zeile zu Papier gebracht." Ich bin überzeugt, daß der entschwundene Kollege im gleichen Moment etwas ähnliches vor sich hergemurmelt hat.

Ruhm also hat ein Doppelgesicht. Die einen lieben dich, die anderen wünschen dich zum Teufel, denn so alt wie der Wunsch nach Ruhm ist der Neid, den er auslöst. Reflexartig. Einer ist berühmt, einer spielt sich vor, und die anderen deckeln ihn ab. Ein schönes Beispiel dafür ist der Fall Josef.

Jeder kennt die biblische Geschichte: Josef, das späte Hätschelkind, Liebling seines Vaters, träumt davon, daß er auserwählt ist. Er träumt, daß er mit seinen elf Brüdern auf dem Felde arbeitet und Garben bindet. „Meine Garbe", erzählte er ihnen anderntags aufgeregt, „richtete sich auf, aber eure Garben stellten sich ringsumher und neigten sich vor meiner Garbe."

Natürlich reagierten die älteren Brüder absolut brudergemäß. Sie hätten den Hosenscheißer am liebsten auf der Stelle vermöbelt. Zumal Josef, im Sinne der Aufmerksamkeits-Ökonomie, Geld ausgab, das er sich noch gar nicht verdient hatte – sein Traum war der bloße Vorgriff auf Ruhm.

Doch Josef setzte noch einen drauf. In seinem nächsten Traum, erzählte er versonnen, sei er der Mittelpunkt des Himmels gewesen, und Sonne und Mond und elf Sterne neigten sich vor ihm. Nun wurde selbst Papa Jakob ungehalten, denn mit Sonne und Mond waren er und Mama gemeint.

Der Fortgang der Geschichte ist bekannt: Die Brüder warfen Josef in eine Grube. Weg mit ihm. Dem Vater sagten sie, ein wildes Tier hätte ihn zerrissen, und irgendwie stimmte das ja auch – Josef hatte ihre niedersten, ihre tierischen Instinkte geweckt und sie zur Weißglut getrieben.

Die Pointe des alttestamentarischen Gottes allerdings ist nicht zu überbieten: Es stellt sich heraus, daß Josef tatsächlich so auserwählt ist, wie er immer geahnt hatte, und diese Auserwähltheit sollte später der ganzen Familie nützen.

Auf unserem kurzen Spaziergang über den Broadway hatte sich Brodkey in diesen beiden Seiten des Ruhmes gespiegelt: in Hingabe und Verteufelung, und es war ihm anzusehen, wie verwirbelt das Gemüt darauf reagiert: In die Begeisterung über die eigene Auserwähltheit mischt sich immer die Angst vor den Attacken der Neider.

Schließlich saßen wir in einem Broadway-Cafe, ließen uns von Kellnerinnen bedienen, die wie Filmstars aussahen, und sprachen über Ruhm.

Brodkey vertrat die Auffassung, daß der Ruhm schütze wie ein Bad in Drachenblut, ja daß dieser Schutz vor Verletzungen die attraktivste Eigenschaft von Ruhm sei. Er war gleichzeitig streitsüchtig und liebenswert, und seine liebenswerteste Eigenschaft war wohl seine Verletzbarkeit. Er stürzte sich in jede literarische Schlacht und holte sich regelmäßig Schrammen. Er litt unter Kritikern, was seine Streitlust nur noch erhöhte, und damit seine Verletzbarkeit.

Und nun, fragte ich, da er berühmt sei? Er seufzte. Er schaute mich an und fragte: „Wer wärst Du lieber? Harold Brodkey oder Mick Jagger?" „Mick Jagger", sagte ich, ohne zu zögern. Melancholisch sagte er: „Ich auch." Das ist die nächste Lektion für den Umgang mit Ruhm: Es gibt keinen Berühmten, der nicht davon träumte, noch berühmter zu sein.

Vielleicht aber ahnte Harold damals auch schon, daß er bald sterben würde. Der Wunsch nach Ruhm scheint auch mit der Angst vor dem Tod zusammenzuhängen. Wer berühmt ist, stirbt nicht, sondern er bleibt, und zwar über die Grenze seiner Sterblichkeit hinaus.

Das ist der Ruhm, den Brodkey erstrebte, und den er sich mit seinen Büchern erwarb. Nun aber gibt es, im Medienzeitalter, die Verfallsform von Ruhm – die schiere Bekanntheit.

Natürlich wäre es schön, für irgendetwas Seriöses berühmt zu sein, etwas, das die Menschheit weiterbringt, also Entdeckungen, Kunstwerke, Heldentaten, Tugendbeweise. Es gibt keine euphorischeren, keine schöneren Schlußworte in einer Tragödie als die, die Kleist seinem Prinzen von Homburg in den Mund legte, ihm, der sein Leben der Staatsräson opfert und der kurz vor der Hinrichtung ausruft: „Nun, oh Unsterblichkeit, bist Du ganz mein."

Aber da dieser Lebenseinsatz mühselig ist, tun es in unseren Zeiten auch die fünf Minuten, in denen man sich als Saalkandidat einer Spieleshow mit grünem Glibberzeug begießen läßt.

Es ist anzunehmen, daß besagter Kellner dem siegreichen Kandidaten der Samstagabend-Show sein Schnitzel mit der gleichen hingebungsvollen Wiedererkennungsfreude servieren wird, die er einem Nobelpreisträger schenken würde. Ach was, er würde sich noch die Speisekarte signieren lassen. Vom Saalkandidaten.

Wo es aber um schiere Bekanntheit geht, sind Journalisten die wesentlichen Mitspieler. Sie sind Meldegänger zwischen den Berühmten und den Sterblichen, zwischen Star und Publikum. Sie haben mit ihren Kritiken und Porträts und Homestories den Star oft erst zu dem gemacht, was er ist: Star. Gleichzeitig leben sie von diesem Rummel, denn je begehrter der Star ist, desto begehrter die Geschichten über ihn.

Ich gebe zu: Ich bin anfällig für Idole, und jene Nacht, in der Muhammed Ali mit einer rechten Geraden George Foreman in Kinshasa auf die Bretter schickte, habe ich als persönlichen Triumph erlebt. Ich hatte nichts gegen Foreman, aber ich bewunderte Ali, aus der Ferne, am Fernseher, in der gebotenen Distanz also, die Verehrung so problemlos macht.

Berühmtheiten zu interviewen ist eine andere Sache, und es

ist besonders kompliziert, wenn man Fan ist. Man sitzt gar nicht der betreffenden Person gegenüber, sondern seinen eigenen Fantasien und all den übermenschlichen Qualitäten, die man ihm, dem Star, zuvor angedichtet hat.

So ging es mir, als ich vor rund 15 Jahren Mick Jagger interviewte, tatsächlich ein Jugendidol. Während sich meine Kollegin um pragmatische Dinge kümmerte – sie klaute sein Rasierwasser, um es ihrem Freund zu schenken –, war ich in erster Linie mit meiner eigenen Faszination beschäftigt.

Mick Jagger war aus Fleisch und Blut und reichte mir nur bis zur Schulter. Ja, er war *klein*, wo ich ihn mir immer zwei Meter groß vorgestellt hatte. Er sprach wie ein ganz normaler Mensch über Bücher, die er las, und seine Konzerte – und ich bekam nichts davon mit, denn ich war nur mit drei Dingen beschäftigt:

1. Wahnsinn, du redest mit Mick Jagger!
2. Wie ist es wohl, Mick Jagger zu sein?
3. Warum hast du dir nicht selber sein Rasierwasser unter den Nagel gerissen?

Da war jedoch noch etwas anderes wirksam als spätpubertäre Faszination: Ich fühlte ich mich förmlich zerschmettert von seinem Ruhm. Seine Villen, seine Autos, seine Ländereien – das alles war völlig nebensächlich. Es war der Ruhm, der mich erdrückte. Er war Mick Jagger, und ich war es kein bißchen. Ich war Luft. Ich spürte: Es ist eigentlich unmöglich, mit Mick Jagger zu reden, ohne Mick Jagger zu sein.

Ich hätte schon damals abgebrühter sein müssen, denn ich gehörte ja bereits jener Industrie an, die Mick Jagger zu dem Idol machte, das er heute ist. Ich kenne die Medien, und ich weiß, wie ihre Vergrößerungsspiegel funktionieren. Doch vielleicht ist genau das ein Zeichen für ihre Macht – sie beeindruckt selbst die, die sie exekutieren.

Sicher wird man im Laufe der Jahre mißtrauischer gegenüber den eigenen Romantisierungen. Man durchschaut sich selber ein bißchen mehr, und gleichzeitig die Idol-Industrie, und es ist einfach ab und zu erholsam, sich in spöttischer Distanz zu ihr aufzuhalten, wie es Manager Stoll tut, der am Ende dieses Buches porträtiert wird – ein Hotelier in Vietnam, ein desillusionierter Herumgetriebener wie aus einem Graham-Greene-

Roman, der den Schwindel von Idolen und ihren Heilslehren durchschaut und pragmatisch seine Geschäfte betreibt.

Nähe oder Distanz – das ist das Grundproblem für jeden Journalisten im Umgang mit Idolen. Er erfüllt zwei Aufträge gleichzeitig, die einander widersprechen. Er ist bisweilen der Herold, der vorneweg posaunt. Doch wenn er auf dem Wagen eines Triumphators in die Menge rollt, dann am liebsten als derjenige, der hinter ihm steht und ihm zuflüstert: „Bedenke, daß Du sterblich bist."

Am besten ist es wohl, er nutzt das Megaphon, um ihm die Mahnung aus der Distanz entgegenzurufen. Und die meisten verrichten ihren Job deshalb so ordentlich, weil sie ganz gewöhnliche Menschen mit demokratischen Reflexen sind, in die sich sicher auch Neid als urmenschlicher Trieb mischen kann. Sie machen die, die groß sind, ein bißchen kleiner, und die die unten sind, werten sie auf. Sie versuchen auf diese Weise die Welt wieder zu reparieren und ein Stück Gerechtigkeit herzustellen.

Als ich mich in der Woche nach dem tödlichen Autounfall Lady Di's mit ein paar kritischen Bemerkungen in die Trauer-Hysterie einmischte, erhielt ich den Anruf einer Bild-Zeitungs-Kollegin, die sich bei mir bedankte – ihr hing der vergötternde Todeskult um Diana genau so zum Halse raus wie vielen anderen Kollegen, aber sie mußte liefern, was das Publikum verlangte, nämlich: eine weitere Hagiographie.

Ihr Anruf tat mir gut, zumal ich ertrank in wütenden Leserbriefen. Im Sinne der Aufmerksamkeits-Ökonomie allerdings war ihr Kompliment möglicherweise unverdient. Da war meine Unbestechlichkeit gar keine, sondern womöglich eine höhere Form von Bestechlichkeit, denn: Wer gegen den Strom schwimmt, fällt auf. Man muß vor diesem Impuls auf der Hut sein, weil er einem die Urteilskraft zersetzen kann – wer nur brüllt, um Aufmerksamkeit zu erregen, hat meistens nichts Wesentliches zu sagen.

Ich glaube nicht, daß ich mit meinem Diana-Artikel in diese Falle gelaufen bin. Ich hatte einfach das Gefühl, ich müsse mich zur Wehr setzen gegen die Welle aus Staatstrauer, ach was: Welttrauer, die in der Nacht, in der ich schrieb, aus allen TV-Kanälen über mir zusammenschlug. Am nächsten Morgen allerdings wurde mir mulmig. Ich ließ mein Manuskript von einem Ressortkollegen gegenlesen mit der Frage: „Geht das?" Es ging.

Das Diana-Fieber ist mittlerweile abgeklungen – man erinnert sich heute daran wie an einen merkwürdigen intellektuellen Schwächeanfall. Doch in den Wochen nach ihrem Tod zeigte sich, daß die Medien durchaus die Qualität von Virenschleudern besitzen – sie können epidemisch Hysterien befördern und mit ihren Narrationen und Heiligenlegenden und Vergötterungen das globale Dorf anstecken. Die amerikanische Autorin Elaine Showalter hat für diese merkwürdigen Erregungswellen und Reizketten den treffenden Begriff „Hystorien" gefunden.

Es ist durchaus befriedigend, Hystorien entgegenzuwirken und Idole auf Menschenmaß zu bringen. Noch befriedigender kann es sein, Gestürzten aufzuhelfen, und da kann es buchstäblich um poetische Gerechtigkeit gehen.

In einem Irrenhaus in Cincinnatti stöberte ich den verschollen geglaubten Schriftsteller Robert Lowry auf – mein Freund, der Fotograf Michael Montfort, hatte mir den entscheidenden Tip gegeben. Lowry war in den 50er Jahren das ruhmüberglänzte junge Genie der amerikanischen Ostküsten-Intelligenz und wurde oft und mit Recht in einem Atemzug mit Hemingway genannt. Nun war er vollständig vergessen.

Nachdem mein Artikel erschienen war, wurden seine Bücher tatsächlich zum ersten Mal ins Deutsche übersetzt und veröffentlicht, und über diesen Umweg wurde er auch in der amerikanischen Literaturszene wiederentdeckt. Seine Heimat erinnerte sich eines ihrer großen Poeten. So erhaschte Lowry noch einmal, kurz vor seinem Tode, einen Strahl dessen, was man Ruhm nennt.

Es ist bisweilen unmöglich, über die Industrie der Idole, über Ruhmsucht und Votiv-Kitsch, anders als satirisch zu schreiben. Natürlich ist es komisch, wenn Vivien Leigh anläßlich einer TV-Produktion noch aus dem Jenseits zitiert wird, um den Scarlett-Mythos zu beschwören. Natürlich ist es zum Brüllen, wenn die SPD Marlene Dietrich ehrt, indem sie sie zu einer Art Rosa Luxemburg uminterpretiert.

Das Geschäft mit dem Ruhm ist komisch. Doch nicht alle

spielen die Rolle des Berühmten so ironisch und anregend wie der Maler-Star Markus Lüpertz. Viele sind einfach manipulativ und leer. Und anderen hängt das PR-Spiel, das den Verkauf der eigenen Person oder des Films oder der Platte ankurbeln soll, mittlerweile zum Halse raus.

Da war dieses Gespräch, das ich mit Jeremy Irons anläßlich eines neuen Films zu führen hatte. Jeremy Irons ist auf interessante Zwielicht-Rollen spezialisiert, und er begegnete mir absolut unzwielichtig, liebenswürdig und gleichgültig. Ich teilte seine Gleichgültigkeit, und ich konnte ihm ansehen, wie sehr er mir meine Langeweile ansah, und er versuchte, mir darüber und über seine eigene Interessenlosigkeit mit Tee und Gebäck hinwegzuhelfen.

Es nützte nichts. Wahrscheinlich hatte ich nicht damit gerechnet, auf einen Star zu treffen, der so uninteressiert war wie ich selber. Plötzlich mußten wir beide darüber lachen. Und dann wurde es doch noch eine muntere Angelegenheit.

Ich habe noch zwei weitere Interviews mit in diese Sammlung aufgenommen, weil sie die beiden Extreme solcher Settings darstellen: An Tom Hanks mochte ich seine Offenheit, und an Harrison Ford die Verschlossenheit – das Interview, das ich mit ihm führte, war praktisch ein einziger, großer Versuch, eine Verweigerung („Kein Kommentar dazu") zu durchbrechen, mit der ich insgeheim sympathisierte.

Harrison Ford engagiert sich zum Beispiel für obdachlose Männer, aber er hatte überhaupt keine Lust, darüber auf einem PR-Termin zu sprechen, weil er nicht damit angeben wollte. Das imponierte mir.

Politische Berühmtheiten bewegen sich in einem völlig anderen journalistischen Spannungsfeld. Sie sind gewählt, sie sind rechenschaftspflichtig, und hier üben Journalisten demokratische Kontrollfunktionen aus. Ich habe selten einen gleichzeitig pompöseren und unsichereren Amtsträger getroffen wie Helmut Kohl, den ich wegen seiner politischen Geschicklichkeit in den Tagen der Wiedervereinigung wirklich respektierte. Das Gerede über seine Borniertheit hielt ich immer für ein bösartiges Klischee.

Meine Enttäuschung war riesig, als ich entdeckte, daß es stimmte: Ich nahm eine zutiefst provinzielle Brutalität an ihm wahr, die sich insbesondere in Ausfällen gegen Journalisten äußerte. Da war offenbar einer, der Enttarnungen fürchtet und Kritiker erschlägt, statt mit ihnen zu diskutieren, eine autistische Haltung, die politisch durchaus relevant wurde – sie führte schließlich zur größten Wahlschlappe in der Geschichte der CDU.

Je sorgfältiger Kohls innerster Kreis von Ja-Sagern über die Inszenierung wachte, in der er als Star – als ewiger Kanzler, Geschichtsgott, deutsche Größe – glänzen sollte, desto peinlicher wurde die Angelegenheit. Ich begleitete ihn auf einer Staatsvisite mit dem Vorsatz, das Porträt eines Staatsmannes zu schreiben. Und ich kehrte zurück mit einer Glosse, weil das Material zu mehr nicht taugen wollte – Kohl, ein Kalauer.

Doch im Grunde gehörten wir Journalisten, die wir ihn auf diesem Staatsurlaub im Tropenparadies begleiteten, zu diesem Kalauer dazu. Es war kein kritisches Wort zu hören.

Ich stieg damals bereits nach drei Tagen aus, nicht zuletzt deshalb, weil ich von Kohls Leuten an der Teilnahme an einem Staatsbankett des Sultans gehindert wurde – Kohl wollte den politisch mißliebigen „Spiegel" nicht dabei haben.

Dabei ging es mir nicht um das Bankett, sondern ums Prinzip: Da will ein vom Volk gewählter Kanzler, dessen Gehalt und Reisespesen vom Steuerzahler – also auch von mir – getragen werden, auf einer offiziellen Mission nur politisch genehme Journalisten dulden und anderen die Arbeit erschweren? Politisch ein Unding – und taktisch ziemlich dämlich und äußerst schlecht beraten.

Spannender als die durchgesetzten Mega-VIPs aus Politik und Show sind für einen Journalisten jedoch oft ohnehin die, die auf der Kippe stehen: Außenseiter wie die Brüder Meredyth, die gewinnen und kurz in die Nachrichten katapultiert werden. Oder Menschen, denen eine besondere Rolle eine besondere Aufmerksamkeit zuspielt, wie der Polizeichef von New Orleans, Richard E. Pennington, der mit der Korruption im eigenen Laden aufräumen sollte. Oder Pfarrer Scheichenberger, der während der Grubenkatastrophe in Lassing als Seelsorger verzweifelte. Oder Barbara Schall, die Tochter von Bertolt Brecht, die den Nachlaß ihres Vaters gegen halbstarke Regisseure verteidigt.

Oder Wiederentdeckungen wie die des Philosophen Henry David Thoreau: ein verschrobener Weltflüchtling und Weiser aus Concord in Massachussetts, dessen Betrachtungen über zivilen Ungehorsam Generationen nach seinem Tode im Zusammenhang mit dem Bombenterror in Oklahoma plötzlich gespenstisch aktuell wurden. Thoreau übrigens war die Stimme des eigenen Herzens stets wichtiger als der Beifall der Öffentlichkeit.

Berührt haben mich die Bekanntschaften mit Allen Ginsberg und William Burroughs. Mit dem einen meditierte ich, mit dem anderen schoß ich in der Prärie auf Zielscheiben. Beide schlugen poetisches Kapital aus ihren biographischen Verwüstungen. Sie blieben bis zuletzt überraschend und entgingen auch im Spät-Ruhm der Gefahr, zu Götzen zu erstarren.

Solche Schicksale auf der Kippe, solche Biographien, solche Außenseiter-Helden sind befriedigender Erzählstoff.

Womöglich sind sie auch unverstellter durch jene Posen, die Idole einnehmen, ja einzunehmen haben. Die wirken oft wie Gefangene der Erwartungen ihrer Fans. Im Umgang mit ihnen geht es ja nie nur um Ruhm, sondern auch um Erlösungsträume.

Die Berühmtheit soll etwas für uns tun: Sie soll unser Leben verbessern und unsere Sehnsüchte vergolden. Idole müssen sich unsere Anbetung verdienen, jeden Tag aufs Neue – tun sie es nicht, kann die Verehrung der Fans bisweilen blitzschnell in Aggression und Haß umschlagen. Dann werden Götzenbilder zertrümmert.

Als Ruben Blades, der Salsa-Star, um die Präsidentschaft in Panama kandidierte, hatte er es nicht mehr mit Fans zu tun, sondern mit den Errettungsphantasien eines ganzen Landes. Und er brach ein.

Die Samba-Göttin Carmen Miranda bezauberte in den 30er Jahren die ganze brasilianische Nation – doch sie wurde von der Bühne gepfiffen, als sie begann, in Hollywood zu arbeiten. Sie hatte der Heimat den Rücken gekehrt und galt fortan als Verräterin. Erst nach ihrem tragischen Ende, nach ihrer Heimkehr im Sarg, versöhnte sich die Nation wieder mit ihr – Hunderttausende begleiteten schluchzend den Trauerzug.

Carmen Miranda hatte Brasilien verjüngt. Sie war ein Flirt,

der selbst in der Pop-art-Brechung durch einen Transvestiten Jahrzehnte nach ihrem Tod noch seliges Lächeln auf die Gesichter eines längst abgebrühten Publikums zauberte.

Ein Flirt, unter dem sie selber irgendwann zerbrochen war. Als Todesursache wurde eine Überdosis Tabletten angegeben. Über die Ursache dahinter sind sich ihre Landsleute einig: Carmen Miranda war zerbrochen an der Frage: „Wer bin ich, wo gehöre ich hin?" Die Hand der Toten hielt einen Spiegel. Auch das ist Schicksal von Idolen.

Das Verrückte an unserer überschnappenden Götzenindustrie ist wohl, daß sie mittlerweile an ihrer Selbstabschaffung arbeitet. Die Fetischisierung des Ruhms hat eine Inflation an Stars geschaffen, und diese geht logischerweise einher mit einer ungeheuren Entwertung der einzelnen Berühmtheit. Kurz: Wenn alle Mick Jagger sind, ist es keiner mehr – auch so ist es unmöglich geworden, Mick Jagger zu sein: Götzendämmerung. Vielleicht kommen wir aber auch anders dahinter, daß unsere Sucht nach Idolen – sowie unsere Selbstidolisierungen – infantil sind.

Es geht in dieser Sammlung ja nicht nur um Götzen am Ende des zwanzigsten Jahrhunderts, in denen wir uns spiegeln, um ihren Schmelz, ihre Geheimnisse – sondern auch um die heimlichen Helden, die eines verstanden haben: daß Ruhm nichts ist und Lebensglück nicht im Rampenlicht zu finden ist.

Mein einsames Idol in dieser Sammlung ist jener merkwürdige Professor in den kolumbianischen Llanas, der mitten im Bürgerkriegsgebiet eine pazifistische Ökokommune gründete – Paolo Lugari, der über die Zeiten hinweg Thomas Morus' „Utopia" weiterträumt.

Unsere Sehnsucht nach Idolen und die eigene Sucht nach Ruhm – das ist im Grunde die gleiche Falle. Als Ausweg empfiehlt Georg Franck eine größere Selbst-Aufmerksamkeit, eine gesteigerte Wachheit für die Wunder des eigenen Lebens. Erst dann auch ist man frei, dem Mitmenschen jene Aufmerksamkeit zu widmen, die er verdient.

Das wäre Aufklärung am Ende dieses Jahrtausends.

Wahre Aufklärung heißt ja nicht, daß wir über Gott triumphieren. Nein, siegreich ist die Aufklärung erst dann, wenn wir es schaffen, ohne Götzen zu leben.

1 SIEGEN MIT ALI

Die Nacht, in der wir George Foreman k.o. schlugen

Wir wollten ihn noch einmal siegen sehen. Wir brauchten diesen Sieg. Und als er es tatsächlich geschafft hatte in dieser afrikanischen Voodoo-Nacht, diesem Wahnsinn aus Soul und Leopardenfellen und Schlachtgesängen – „bomaye, töte ihn", riefen die Fans in Zaire –, da waren sieben Jahre sinnlosen Wartens ausgelöscht. In dieser Nacht zum 30. Oktober 1974 wurde der große Betrug annuliert: Muhammed Ali war wieder Meister aller Klassen, der Größte, der Champ.

Muhammed Ali, der furchtlose Drachentöter. Zu seinen Füßen das Monster. Ein paar Schrecksekunden lang sah es so aus, als käme Foreman wieder hoch, und als begänne der Alptraum erneut. Doch dann war es vorbei, endgültig, und wir bastelten einen weiteren Joint.

Foreman brauchte lange, um sich von dieser Niederlage zu erholen. Heute ist er ein freundlicher Buddha und Muhammed Ali ein kranker Mann mit Götzengesicht, und einige meiner Freunde sind tot und andere Generalvertreter für Baumaschinen in einem endlosen Leben.

Doch damals ging es ums Ganze. Wir saßen um den Fernseher herum wie um ein Lagerfeuer in der nächtlichen Wildnis eines besetzten Hauses und waren für Muhammed Ali wie jeder zweite auf der Welt. Wir waren unter hundert Millionen Zuschauern von New York über Kapstadt bis Tokio, und wahrscheinlich sahen auch Aborigines zu und Walfänger am Polarkreis. Jeder hatte seine eigene Rechnung zu begleichen, und wir hatten unsere. Wir hatten das Haus, das seinem Abriß durch eine ehrliche Betonbirne entgegenächzte, nicht direkt besetzt. Es war keine *politische* Landnahme. Man duldete uns. Wir wohnten umsonst.

Es gab ziemlich vieles umsonst damals, und wir hatten uns an die moralischen Siege gewöhnt, die einem in den Schoß fallen, wenn man jung ist und auf der Seite der Entrechteten kämpft, die zufällig immer die eigene ist.

Die Gesellschaft schuldete uns, so wie sie Muhammed Ali den goldenen Gürtel schuldete, denn Ali war Jugend schlechthin, der Gott der Jugend, die ewige Pubertät. Wir waren verdorben durch die Triumphe Muhammed Alis in den sechziger Jahren und unsere eigenen, aber beide lagen in der Vergangenheit.

Die Wahrheit war, daß es sich ausgetanzt hatte und die plattfüßigen siebziger Jahre dabei waren, das alles zu annulieren. Die Party war vorbei, all diese ewigen Sit-Ins mit Lederfransen, Vietnamkitsch und Mädchen in Batikleibchen, und die bleierne Zeit hatte begonnen mit Drogentod und Terroristenirrsinn. Willy Brandt war zurückgetreten, man sprach von „Tendenzwende", und die Frauen trugen häßlichen, züchtigen Schlabberlook.

Doch mit dem „Rumble in the jungle", diesem großen Tamtam im Herzen Afrikas, erlebten die sechziger Jahre ihr Satyrspiel. Noch einmal, in ironischer Überhöhung, trat das Schöne gegen das Häßliche, das Gute gegen das Böse an. Ali sollte seinen Titel wiederbekommen, der ihm von den Mächten der Finsternis 1967 geraubt wurde, weil er sich geweigert hatte, nach Vietnam zu gehen. Diese Rechnung war noch offen, ein letzter, nostalgischer Sieg war zu holen.

Es war ziemlich wirr, was wir uns damals zwischen Pot und Wein, Suhrkamp und Soft Machine zusammenphantasierten, aber es lief darauf hinaus: Wenn Ali es doch noch schaffen sollte in dieser Nacht, sich den Titel zurückzuholen, hatten wir die ganze Zeit recht gehabt. Dann war bewiesen, daß es Dinge umsonst gab, einfach weil man jung war und damit auf die Seite der Genialen und Schönen gehörte.

Es sah allerdings nicht danach aus. Foreman war ein Knochenbrecher, und Ali hatte sich als sterblich gezeigt in den Kämpfen zuvor. Irgendwie ahnten wir: Wenn Ali wieder verprügelt werden würde, würden auch wir über kurz oder lang vom Leben Dresche beziehen.

Was wiederum bewies, daß wir von den Regeln im Ring so wenig verstanden wie von einem geregelten Küchenplan, denn es war einige Zeit her, daß Muhammed Ali das Boxen, diese Schufterei am Sandsack, mit Witz und Schnelligkeit und Anmut zur Kunst transzendiert hatte. Die Wahrheit war, daß er Gewicht zugelegt hatte und langsamer geworden war, und auch wir waren keine sechzehn mehr.

Doch für uns war der Mann, der in dieser Nacht in Kinshasa in den Ring stieg, immer noch die Erinnerung an die Tage der

Schwerelosigkeit. Er war die Verschmelzung von Politik und Pop. Er war immer noch Ali, der Kriegsdienstverweigerer, und Ali, der Sonny Liston in der ersten Runde ausgeknockt hatte, und er war Ali, der erste Rapper, der das Establishment in Stegreif-Reimen verhöhnte, denn alle seine Gegner waren Establishment, und daher waren sie auch unsere Gegner.

In Afrika war er auf der Höhe der Kunst als Manipulator in einer wochenlangen Psychoschlacht. Da war der „Jahrhundertkampf", die 15-Millionen-Rekord-Börse, die kurzfristige Verschiebung des Kampfes, da waren all die unglaublichen Pressekonferenzen. Ali verspottete Foreman in Versen, er war der Meister der rituellen Droh- und Schreispiele, ein afrikanischer Griot auf dem globalen Dorfplatz, er studierte die Schlachtgesänge ein: bomaye, töte ihn. Und am Ende war Foreman – weiß.

Tatsächlich: Foreman war weiß, und wir alle waren schwarz. Mit Ali kämpften die Entrechteten und die, die hip waren. Auf Alis Seite standen Norman Mailer, Sammy Davis, Henry Fonda und James Brown. Foreman dagegen hatte deutsche Schäferhunde und war ein Schläger. Wer gegen Ali antrat, kam aus dem Lager der Unterdrücker. Man hielt Foreman vor seiner Ankunft in Zaire tatsächlich für einen *Weißen* – ein Beweis für Alis manipulatorische Magie.

Natürlich war das alles unfair. Alle anderen waren schwärzer als Ali. Es war Frazier, der aus dem Ghetto kam, und es war Foreman, der sich gegen Vorstadt-Straßengangs an die Spitze prügelte. Ali dagegen war Mittelschicht, war schon mit zwölf der Wunderknabe, mit 17 das Boxgenie, mit 18 Goldmedaillengewinner. Es waren elf weiße Geschäftsleute, die Anfang der sechziger Jahre in ihn und sein Training investierten. Ali war durch und durch Mittelklasse, doch genau deshalb gelang es ihm so leicht, sich als unser Idol zu etablieren in einer Revolte, die eine der Mittelklasse-Kinder war. Ali war cool. Foreman war es nicht.

Ali war ein ironischer Künstler, doch wie er für uns in dieser Nacht siegte, das war der Gipfel der Ironie. Wir wollten ihn noch einmal tanzen sehen, und er gewann – plattfüßig. Kein Tänzer, sondern ein Kämpfer, der mit beiden Beinen auf den Brettern stand. Ein Boxer in den siebziger Jahren.

Und wie er den Kampf gewann! Er ging tatsächlich durch die Hölle. Die paar Shuffle-Schritte in der ersten Runde – wie ein Zitat aus alten Zeiten. Und dann stand er platt auf den Sohlen. Er schlug seine Jabs nicht nur mit links, sondern auch lässig mit rechts und öffnete damit die Deckung kilometerweit. Er provozierte Foreman. Und dann stellte er sich in die Seile und steckte ein.

Tatsächlich, er provozierte den Vulkanausbruch und stand in einer Lava aus Schlägen. Er bezwang seine Angst vor dem Schlimmsten dadurch, daß er sich mitten hinein stellte. Und das Schlimmste waren Foremans Mörderhaken, war seine schiere Kraft. Drei, vier Runden lang setzte er sich dem aus. Dann hatte er es überlebt, und Foreman war ausgeglüht.

Nun wurde Ali aktiv, er stach zu, mit links, mit rechts, er traf genauer, er ging hinein in Foreman, tänzelte wieder heraus, und plötzlich gingen die Runden an ihn. Und dann, in der achten, dieser Schlag, den Foreman nicht kommen sah.

Ich kann nicht sagen, daß ich mich je für die Black Muslims interessiert hätte. Ali behauptete nach dem Kampf, daß ihm Allah die Rechte geführt hätte. Das hieß, daß auch wir kurzfristig Allah auf unserer Seite hatten. Wie auch immer. Für Sekunden hatte in diesen fürchterlichen siebziger Jahren noch einmal die richtige Seite gewonnen.

Ich verehrte Muhammed Ali schon, als ihn alle Welt noch Cassius Clay nannte und schon den Größten. Damals schickte er sich an, Karl Mildenberger zu vermöbeln. Der Starschnitt der „Sport Illustrierten" von 1966 zeigte Mildenberger mit Brisk-Frisur und dem sanften Stumpfsinn des Opfers, das auf die Hinrichtung wartet, bleich wie ein gepudertes Baby, und dann dieses dunkle, arrogante Gesicht von Cassius Clay, in dem die Schweißtrofen blitzten wie Diamanten, gefährlich, animalisch, ein afrikanischer Prinz.

Er war schlank für einen Schwergewichtler, er war groß, und wenn er beim Auswiegen die Runden prophezeite, in denen er seine Gegner ausknocken würde, war klar, daß er mit der Vorsehung im Bunde war. Größenwahn? Es war etwas anderes. Es war Ego, ein absolutes, gigantisches Ego, das ihn unverwundet durch die Hölle trug. Dieses Ego hatte Unschuld. Ein Ego, das Gefährdungen ignoriert und recht behält. So etwas ist vielleicht als Kunststudent eine Zeitlang ungestraft möglich, doch im Boxen kann es tödlich sein.

Kein Schwergewichts-Boxer weiß vor dem Kampf, was auf ihn zukommt. Schwergewichtsboxer riskieren ihr Leben, besonders einer wie Ali, der leicht schien und keinen Killer-Punch hatte und sich nur auf seine Reflexe verließ, seine Jabs, mit denen er zustach, immer wieder, um dann wieder hinauszutänzeln aus der Todeszone – float like a butterfly and sting like a bee. Ein untypischer Boxer mit untypischer Körpersprache, einer, der sich nicht hinter die Hügel seiner Muskeln duckte, sondern der aufrecht und fahrlässig auf seine Gegner zuging wie ein Protestmarschierer, den Kopf weit zurück, immer pendelnd, immer unverletzt.

Das war Ali, wie ich ihn im Kopf hatte. Als er 1971 zum Comeback gegen Joe Frazier im Madison Square Garden antrat, war er schwerer geworden, aber ich weigerte mich, seine Besiegbarkeit hinzunehmen, und als er in der 15. Runde zu Boden ging, schaute ich weg. Es war obszön.

Und dann begann das Hoffen, das echte Hoffen, das mit Zittern zu tun hat und zunimmt, je aussichtsloser es ist. Ali war verwundbar geworden, er konnte bluten. Als ihm Ken Norton den Kiefer brach, schien es vorbei. Ali würde die offene Rechnung bleiben, ewig jung in der Erinnerung und eingeschlossen darin wie in Bernstein.

Doch dann gab es weitere Kämpfe, weitere Hoffnungen, ein paar Siege, und schließlich diesen Kampf der Giganten, den „Rumble in the jungle“ in Zaire.

Mit diesem Kampf in Kinshasa hatten die sechziger Jahre noch einmal gewonnen, ein paar Atemzüge lang, das Jahrzehnt, in dem jeder Kampf einer der Gesinnungen war, eine Schlacht der Guten gegen die Bösen, der Schönen gegen die Häßlichen, der Entrechteten gegen das Establishment. Alis Sieg in Kinshasa war Erfüllung und Ende des Boxens als ideologischer Krieg. Boxen hörte auf, Kinderkram zu sein und war wieder – Boxen. Seither ist es wieder das, was es vor Ali war: zwei Männer, die sich Schmerz zufügen, die sich dem Tod nähertrommeln. Es kommt nicht mehr auf Allah an oder die rechte Gesinnung. Sondern auf Furchtlosigkeit, Mut und den entscheidenden Schlag.

Was kam danach? Alis dritter Kampf gegen Frazier – eine der härtesten Schlachten der Geschichte, aber – Boxen. Und danach? Boxen. Nicht um das Gute in der Welt, sondern um Millionenbörsen. Wer kann sich noch an Leon Spinks erinnern? Wie heißt der gegenwärtige Weltmeister? Holyfield? Heute ist Boxen nichts als Boxen. Nicht die schlechteste aller Varianten.

Allerdings – diese rechte Gerade in der achten Runde von Kinshasa tut heute noch gut.

2 HEIM IN DIE PFÜTZE

Berliner Provinzposse um Marlene Dietrich – wem gehört die fesche Lola?

„Bis zur Erschöpfung“ hatte Hanns Leske sich reingehängt, aber vor ein paar Wochen war er bereit zur Aufgabe. Damals hatte er sich geschworen: „Ich rühre keine Hand mehr für Marlene Dietrich.“

Für alle, die es nicht wissen: Marlene Dietrich ist eine Schauspielerin von zweifelhaftem Ruf und zudem tot. Doch Hanns Leske hat Macht, und er war bereit, diese dafür auszuspielen, daß eine Straße nach ihr benannt wird. Oder wenigstens irgendwas.

Hanns Leske ist ehrenamtlicher Fraktionschef der Sozialdemokraten in der Bezirksverordnetenversammlung von Schöneberg. Als solcher hat er sich für die Dietrich in die Bresche geworfen. Hat gekämpft bis zur letzten Patrone. Aber keiner hat es ihm gedankt. Bis auf die Weltöffentlichkeit, „die sich schon gewundert hat, was da bei uns los ist“.

Hanns Leske sitzt im Schöneberger Rathaus, das jetzt nur noch Schöneberger und nicht mehr Weltpolitik macht. Drei kahle Räume. Eine Kaffeemaschine, eine Grubenlampe auf dem Heizkörper, helle Quadrate auf der staubdunklen Wand. Die Fotos, die dort hingen, stehen jetzt auf einem leeren Aktenschrank, Gesicht nach unten: Ernst Reuter, Louise Schröder.

Auf zwei zusammengerückten Tischen dieses ästhetischen

Elendsreviers liegt die Mai-Ausgabe der ROTEN ZORA der Jungsozialisten. Sie berichtet von der „Auschwitzfahrt '96" und ist total ergriffen von der eigenen Betroffenheit: „Es mag seltsam klingen, aber das ganze Lager vermittelt einem, auch ohne daß man an das Hintergrundwissen denkt, ein Gefühl von Unbehaglichkeit."

Dieses beachtliche Gespür für die „Unbehaglichkeit" des Holocaust kann natürlich nur ein Jungsozialist aufbringen, also einer, der gut ist. Durch und durch gut. Der sein Gutsein streichelt und tätschelt und bemurmelt und nur dann daraus aufschrickt, wenn das Bafög gekürzt wird oder die CDU einen Antrag stellt, und meist kommt ja beides zusammen.

Aber wie ist Marlene Dietrich, die strahlende, blitzkluge, frivole Göttin in diesen Sumpf aus dumpfer Anständigkeit geraten? Wie konnte die blonde Venus im Nerz, die allenfalls als Provokation für Tierschützer interessant war – „Pelzschlampe" schmierte ein Unbekannter auf ihr Grab –, zur sozialdemokratischen Sirene werden? Auch das ist die Schuld der CDU, die ein ebenso trüber Haufen ist in Schöneberg. Die hat Marlene Dietrich dem Bezirksverordneten Leske ins Parteilager getrieben.

Für die Welt ist sie eine Göttin, in Schöneberg ist sie ein Kampfgeschoß gegen die Rechten, praktisch wie eine linke Ersatzbezirksverordnete. Gegen ihre Feinde hat sich Marlene Dietrich stets behauptet. Aber wird sie diese Freunde überstehen?

Berlin hat sich immer schwergetan mit dem deutschen Hollywoodstar, der das Jahrhundert überstirnte, vielleicht weil es sich nie ernstgenommen fühlte unter dem ironischen Blick und häßlich fühlte unter der kalkulierten Schönheit und provinziell unter der mondänen Ikonographie der Filmgöttin. „Der blaue Engel" verachtet den Spießer, den er verführt. Der rächt sich. Schon immer.

In diesen Tagen schwebt der blaue Engel über der Stadt und verhext sie und scheidet das alte Berlin vom neuen. Das alte zeigt sich noch einmal von der allerschlechtesten Seite. Und das neue bietet Anflüge fröhlichen Irrsinns. Wie erinnert man sich eines Weltstars?

Das neue, das postmoderne Zukunfts-Berlin, führt es vor. Da

soll ein Marlene-Memorial gegenüber der US-Vertretung errichtet werden – Lola in Pose, samt Strumpfnaht und Zylinder, alles in Bronze. Drumherum Plakate, Fotos, Erinnerungsstücke. Tag und Nacht sollen Marlene-Dietrich-Filme laufen, pausenlos, als eine Art Reeducation-Programm für das alte Berlin und seine dumpfen Spießer, bis es in ihren märkischen Sandschädeln brummt: Sie ist gut, Marlene Dietrich ist eine gute Deutsche, sie gehört zu uns. Als ob es darauf ankäme. Sie ist ein Star!

Gleichwie: Unterstützt wird diese Initiative von Billy Wilder, der mit der Dietrich „Zeugin der Anklage" drehte, und von Milos Forman, und das, obwohl sie nicht in „Amadeus" mitspielte. Angeregt wurde die Sache von Atze Brauner, der den Hollywoodregisseuren wohl klarmachen konnte, daß man nur so Berliner Weltstars in Berlin durchsetzen kann, nämlich wie es in Döblins „Berlin Alexanderplatz" heißt: „Rumm rumm, wuchtet die Dampframme ..."

Doch typisch sind diese ehrenwerten Promis nicht für Berlin. Typisch sind der Bezirksverordnete Leske und sein Marlene-Problem, typisch die Schrotthändler und Dackelbesitzer, die ihm das Leben schwermachen. Die zischeln: „Für uns hat die Dietrich nichts getan." Und die sind gegen Leskes Pläne, eine Straße in ihrem Bezirk nach ihr zu benennen.

In Deutschland hatte die Diva nie eine Chance. Entweder Vaterlandsverräterin oder Tuntenschwarm, dazwischen gab es nichts, weder die spielerische Anbetung der Franzosen für ihre Leinwandgötter noch die naive Schwärmerei, die Amerikaner ihren Stars entgegenbringen. Deutsche Idole sprechen Dialekt oder sind Komiker. Doof kommt immer gut, dann sind sie auf Augenhöhe.

Im Fall der Dietrich verschlimmert sich die Sache dadurch, daß sie die Vorzeigedeutsche der Ausländer ist. Sie hatte tolle Beine, sie hatte immer zu essen, und sie hat sich nicht schuldig gemacht.

Besonders das letztere kann man ihr nicht verzeihen. Der Neid ist ein deutsches Grundgefühl. Erst recht der Neid auf ein historisch schuldfreies Leben, eines mit goldenen Geländern, die sie rausführten damals, 1930, als sie Sternberg nach Hollywood begleitete.

Dort wurde Marlene Dietrich zum Star. Dort drehte sie „Marokko“ und schüttelte ihre Pumps von den Füßen, um Gary Cooper in die Wüste zu folgen. Und dort war sie die verruchte Abenteurerin in „Shanghai Express“, die die legendären Worte sprach: „It took more than one man to change my name to Shanghai Lily.“ Kurz: Sie hatte Sex und Studio-Künstlichkeit und Überlebensgröße, also all das, was in Deutschland ein paar Jahre später als dekadent und „artfremd“ galt.

Hitler und Goebbels umwarben sie dennoch. Doch sie blieb, wo sie war, trotz einer Karriere-Flaute in den späten Dreißigern, vielleicht, weil sie ausgeprägte Überlebensinstinkte hatte, und ganz sicher, weil sie nicht mit ansehen wollte, wie man Juden auf LKW verlud.

Ihre Schwester war mit einem Kinobesitzer in Bergen-Belsen verheiratet, der für die Abendunterhaltung des Wachpersonals sorgte. Marlene dagegen kam mit den Siegern zurück, den militärischen und den moralischen.

In Paris, wo sie bis zu ihrem Ende lebte, verehrte man ihr Blumen und Orden – in Berlin wurde sie, bei einem Konzert 1960, fast von der Bühne gepfiffen.

Von allen Vorwürfen, die man der Dietrich in Berlin macht, ist wohl der rätselhafteste der, einst die Uniform der U.S. Army getragen zu haben. Dabei war doch niemand nach dem Krieg amerikabegeisterter als die Schöneberger, die sich 1963 an Kennedys „Ich bin ein Berliner“ besoffen. Dennoch: Marlenes Sprung auf die Siegerseite verzieh man ihr nicht, diese amerikanische Deutsche war fremder, und das gehört zu den Berliner Rätseln, den Absurditäten der wirren, opportunistischen Nachkriegszeit.

Nun allerdings strafft sich Berlin, weil es nicht mehr frontstädtisch, sondern weltstädtisch ist, und Leske strafft mit. Weltstar und Weltstadt – das gehört irgendwie zusammen, dachte er sich, besonders in Schöneberg, wo die Dietrich 1901 als Tochter eines preußischen Polizeileutnants geboren und 91 Jahre später auf eigenen Wunsch neben der Mutter auch bestattet wurde.

Ja, als Tote sie war heimgekehrt 1992 nach Berlin, auch wenn sie erst nach einer jämmerlichen Zeremonie aus verrutschtem Pomp und offener Ablehnung auf dem Friedhof an der Stubenrauchstraße ihre letzte Ruhe fand. Nachdem die gesetzliche Sperrfrist von fünf Jahren abgelaufen war, schlug Leske vor, eine Straße nach ihr zu benennen.

Leske hatte auch gleich einen Vorschlag parat: den Tempelhofer Weg. Die Straße verlief nicht gerade im Herzen des Bezirks, war keine elegante Brücke in die Mitte, sondern eher ein verschämter Asylantrag für den Bezirksrand, ein Sammelsurium aus Ölpfützen, Autowerkstätten und Kleingärten, der in einen Recyclinghof mündet.

Hier eine Marlene-Dietrich-Straße, das hatte Witz. Eben jenen Berliner Witz, der die Imbißbude am Wasserwerk „Pension Meerblick" tauft und sich dabei buchstäblich bepißt vor Lachen. Zu den Geheimnissen Berlins gehört ja nicht nur das untrügliche Gespür für den falschen Ton, Berliner Schnauze genannt, sondern auch die Entschlossenheit, jede der Instinktlosigkeiten, die diese auskotzt, dufte zu finden. Wenn der Berliner feiert, dann beginnt man zu frösteln. Wenn die Stadt zur Ehrung ausholt, dann gnade den Geehrten.

Leske immerhin war zufrieden. Er hatte den Weltstar gebucht, aber praktisch unter Ausschluß der Öffentlichkeit und der eventuell erregbaren Stammwähler im Bezirk. Doch Leske hatte sich verrechnet. Die Schrottbesitzer am Tempelhofer Weg machten mobil. Eine Adressenänderung koste Geld. Und überhaupt: „Was hat die Dietrich schon für uns je getan, die war doch immer draußen."

Das ist Berlin, Bezirk Schöneberg. Ein Biotop aus hängebäuchigen Dackeln, rechtsradikalen Rentnern, die SPD wählen, und taxifahrenden Lehrern, die aus jeder Kneipe eine zotteli-ge Multikulti-Karawanserei machen und ihr Döner auf türkisch bestellen. Schöneberg ist die Pest, weshalb der Tempelhofer Weg gar nicht so unrepräsentativ ist.

Vielleicht ging der CDU der Vorschlag deshalb zu weit. Sie beantragte, wenn es denn sein müsse, eine noch zu bebauende Brache am Güterbahnhof nach der Diva zu benennen. Der richtige Ort, so ließ sich zwischen den Zeilen lesen, um eine Vaterlandsverräterin zu ehren. Die nächste „Ehrungs"-Stufe ist wohl das Fahndungsplakat.

Nun kamen die Grünen, die die Bezirksbürgermeisterin stellen, mit einem eigenen Vorschlag. Wie wäre es, den „Kaiser-

Wilhelm-Platz", eine Verkehrsinsel mit drei Betonkübeln, nach dem Weltstar zu benennen? Schöneberg ist nicht reich an Plätzen. Doch zwischen Schuhladen „stepstep", Burgerking und der mit einer Pickelhaube versehenen Mall „Kaiser-Wilhelm-Passage" wäre noch ein Flecken.

Für Außenstehende mag dieser Vorschlag eine Beleidigung sein. Eine Kränkung des jeweiligen Namenspatrons, für einen solchen Kurzwarentümpel geradestehen zu müssen. Im Falle Wilhelms ist die Sache nur Majestätsbeleidigung. Doch im Falle der Dietrich wäre es, eindeutig, Gotteslästerung.

Die CDU schäumte nichts desto trotz gegen den grünen Vorschlag – doch aus entgegengesetztem Grund. Ein so schönes Stückchen Berlin, so der Subtext ihres Protestes, ist die Dietrich nicht wert. Doch auch der Sozialdemokrat Leske winkte ab. „Das wäre wohl unhistorisch", meinte er, und – der stählerne Populismus ein Grundelement erfolgreicher Basisarbeit – „bei den Bürgern wohl kaum durchzusetzen".

Nun aber erschienen erste Artikel in der NEW YORK TIMES, im GUARDIAN über die Schöneberger Posse. Kein Platz für die Dietrich? titelten sie. Leske erinnert sich nicht ohne grimmigen Stolz. „Wir hatten mittlerweile internationale Geltung." Es gab also Handlungsbedarf, denn Berliner Politiker machen sich über nichts so gern den Kopf wie über die Frage, was man „draußen" wohl von der Stadt hält. Leske schlug vor, vorerst den Bürgersaal im Schöneberger Rathaus nach Marlene Dietrich zu benennen. Schon um der NEW YORK TIMES das Schandmaul zu stopfen. Und dann weitersehen.

Während sich die Weltöffentlichkeit für Momente von Berlin abwandte, um sich mit dem Hunger in Korea, den Bomben in Israel, dem Euro zu beschäftigen, ging Leske mit seinem Vorschlag in die Bezirksverordnetenversammlung. Und dort – die Welt guckte immer noch weg – lief er ins offene Messer der CDU. Die hatte Leske mit einem listigen Gegenantrag ausgehebelt – der Saal solle viel eher in „Willy-Brandt-Saal" umgetauft werden. Wolln wir doch mal sehen, ob sich die Sozialdemokraten trauen, da gegenzustimmen.

Ein Coup! Das Sitzungsprotokoll verzeichnet eine Leske-Rede aus Stakkato-Rufen, zusammenhanglosen Schreien, Stoßseufzern. „Respekt, CDU", rief er, „das ist so was von einem über den Tisch ziehen und dann noch fett lachen und grinsen dabei, daß ich nur sagen kann, wie kann man eigentlich dann noch, obwohl ...“ Und der Satz flattert noch einige Seiten so weiter.

„Das war dann die schwärzeste Stunde“, sagte er. Damals war er fest entschlossen, für Marlene nie wieder eine Hand zu rühren.

Einer, der damals aufatmete, war Helmut Söker, pensionierter Bauarbeiter und Sozialdemokrat. Er bewohnt Marlene Dietrichs Geburtshaus in der Leberstraße 65, Parterre links. Erst kürzlich war das Haus freundlich blau getüncht und mit einer Bronzeplakette versehen worden: „Dem Blauen Engel“.

„Ich kannte sie ja nicht persönlich“, sagt Söker und läßt die Anker auf seinem Bizeps freundlich tanzen. „Aber sie soll ja die eigene Tochter mit Männern und Frauen ... also, das steht ja alles im Buch, das die Tochter geschrieben hat.“ Die Filme schon. Die schon. Die sind okay. „So was wird ja heute nicht mehr gedreht.“ Aber deswegen eine ganze Straße umbenennen? Nicht mit ihm, nicht mit Söker. „Wir Kleinen müssen dafür doch wieder blechen.“

Die wahren Fans von Marlene Dietrich konnten also durchatmen, denn die Ehrungsdrohung durch Schöneberg schien vorerst abgewendet. Und Hanns Leske, auch das ein angenehmer Seiten-Effekt, würde sich nun endlich vor seiner Diplomarbeit verkriechen und womöglich darin verschwinden.

Hanns Leske ist 44. Er hat ein paar hundert Semester Politologie an der FU hinter sich („Reden wir nicht davon“) und will nun wirklich im nächsten Jahr Prüfung machen („Irgendwas über die Anfänge der DDR“). Der Brillant am kleinen Finger ist ein Erbstück der Mutter, das schwarze T-Shirt ist von der Algarve, die Gesinnungslage von der 68er-Stange. Er ist in der SPD, weil sie „einen klaren Klassenstandpunkt“ hat und die „Partei der Unterprivilegierten“ ist, wobei er sich darüber ausschweigt, ob er Politologen dazurechnet.

Sommerpause für Marlene also? Fehlanzeige. Ein Beschluß von Parteikollegen aus dem Nachbarbezirk Tiergarten, ein Areal am Potsdamer Platz nach der Diva zu benennen, hatte Leske zurückgeholt auf die Politbühne, ja geradezu galvanisiert, denn jetzt geht es um Bezirks-Konkurrenz.

Leske ist zurück. Gänsehaut für Dietrich-Fans. Es ist wie das unendliche Schreckensfinale in dem Thriller „Fatal Attraction", wo man die irrsinnige Mörderin Glenn Close endlich erledigt glaubt und ersoffen in der Badewanne – da kommt sie noch einmal messerschwingend hochgeklappt. So wie Leske, der sich nun erneut auf Marlene stürzt.

Einer wie Leske: Er schwärmt für das „alte DDR-Fernsehen mit seinen politischen Dokumentationen" und für die Kicker von Borussia Mönchengladbach. Er hat einfach eine Schwäche für die untere Tabellenhälfte. Kurz: Der Leske-Horror übertrifft den von Glenn Close spielend.

Nun ist er entschlossen, den Tiergarten-Kollegen Marlene zu entreißen: „Schließlich hatten wir die Idee zuerst." Plötzlich koaliert er mit den Grünen. Plötzlich findet er es „wundervoll", den Kaiser-Wilhelm-Platz umzutaufen und gar nicht mehr „unhistorisch". Plötzlich erinnert er sich an die Sozialistengesetze. „Sympathisch war der mir eigentlich nie."

Marlene Dietrich dagegen ist eine Pazifistin, mehr noch, eine Widerstandskämpferin, eine Rosa Luxemburg mit Wimperntusche. Er wird, gemeinsam mit den Grünen, „Infostände" aufs Trottoir stellen. „Wir machen das mit Flugblättern, wo draufsteht, welche Ehrungen sie schon gekriegt hat." Das muß doch ziehen. Das Ausland guckt schließlich zu. Mit Marlene gegen die CDU. Und gegen die Putschisten aus dem Nachbarbezirk.

Nun also ist für Marlene-Dietrich-Freunde tatsächlich Gefahr im Verzug. Für sie hatte der Vorschlag von Baustadtrat Horst Porath aus dem Tiergarten Sinn gemacht.

Die Dietrich gehört ins neue Reißbrett-Berlin, eine Planskizze erst, eine Luftwurzelgegend. Sie gehört in dieses zukunftsfrohe Niemandsland am Potsdamer Platz, in das postmoderne Wolkenkuckucksheim zwischen Sony Center und Mercedes-Benz und Deutscher Kinemathek mit ihrer Marlene-Dietrich-Sammlung.

Nur in diesem Stadtflecken, wo die Erinnerungslosigkeit herrscht, eine Art poetische Amnesie, kann die Diva, die Deutschland aus guten Gründen fernblieb, eine neue Heimat finden. Eben in einem durch und durch synthetischen Raum.

Doch noch sind die häßlichen Kräfte des alten Berlin nicht besiegt. Der Schöneberger Kiez macht mobil, pro und contra, mit einer politischen Geiselnahme, die mit der Dietrich nichts und mit rasenden roten und schwarzen Spießern alles zu tun hat. Leske wird seine Flugblätter verteilen, entschlossen, die Filmdiva den Knirpsträgern und Naßfrisuren seines Bezirks über den Scheitel zu ziehen und gegen die CDU zu punkten. So schnell gibt sich das alte Berlin nicht geschlagen.

In einer Kampfpause allerdings könnte es, wenn es hinhörte, ein Gelächter vernehmen, ein bekanntes Glucksen, das einer Göre gehört und einer Göttin mit gezupften Augenbrauen und ironischem Blick.

3 DIE GEJAGTE JÄGERIN

Lady Dianas Tod und die weltweite Trauerhysterie

So wollte sie gesehen werden. Redakteure von LE MONDE hatten Fotos mitgebracht zum Interview, ihrem letzten, aus denen Diana dasjenige aussuchen sollte, das ihr am liebsten sei. Sie griff nach dem Schnappschuß, der sie mit einem todgeweihten pakistanischen Baby zeigt.

Sie hält das Kind ichversunken, mit geschlossenen Augen, sie schmiegt sich an dieses kleine Leben, sie trauert um den Jungen und um sich. Ein in Wahrheit verstörendes Bild: zwei verlorene Kinder, die sich gegenseitig trösten. So wird sie erinnert, als Königin der Herzen, und wer das alles zweifelhaft findet, weiß nichts über die Macht von Bildern.

Diana, Princess of Wales, lebte längst in jenem symbolischen Raum, den sie selber kreiert hatte und in dem sie souverän herrschte mit Hilfe der verteufelten Klatsch-Reporter und Fotografen. Sie war die Grace Kelly der neunziger Jahre, nervöser, unsicherer, und sie ging den entgegengesetzten Weg: Sie eroberte zuerst den Palast, um dann im Himmel der Popkultur zu funkeln. Doch auch sie hatte Herz und Güte und schließlich sogar eine Yacht im Mittelmeer.

Sie symbolisierte den Stil einer Epoche wie vor ihr nur Jackie Kennedy. In ihr spiegelte sich die Generation, die nach Vietnam und Watergate groß wurde, die den dogmatischen Feminismus hinter sich ließ, die Ehen erträumte und Scheidungen durchlitt und Fashion-Statements für wichtiger hielt als Wahlergebnisse.

Ihr öffentliches Leben begann 1981 mit Maggie Thatcher und den Royalisten. Es endete unter der Labour-Aristokratie Tony Blairs nach einem glänzenden Erdrutschsieg der Republikaner. Ihr Tod entfachte eine ungeahnt antimonarchistische Stimmung im britischen Volk; die Königin mußte schließlich vor Diana ihr Haupt beugen und schmallippig Reverenz erweisen.

Lady Diana Spencer begann als scheue Bruthenne für das Geschlecht der Windsors – und endete als Prinzessin des Volkes, weit außerhalb des Schlosses. Sie war Cinderella, doch erst im Schneewittchen-Sarg wurde sie wahrhaft unsterblich, heilig gesprochen in demokratischer Beschützerwut und erdballumspannender Trauerseligkeit und tatsächlich grenzenloser Infantilität.

Sie war die schicke Moderne in den Mauern der Tradition. Sie spielte Rachmaninow auf Staatsvisite, tanzte mit John Travolta in Ronald Reagans Weißem Haus, und sie litt unter Eßstörungen. Sie war der Traum aller Couturiers und Yuppies dieser Welt. Darüber hinaus war sie die Mutter des künftigen Königs von England. Kurz: Sie hatte mehr Macht über die kollektive Phantasie als Queen Elizabeth II. und Demi Moore zusammen.

Ihr öffentliches Leben endete, wie es begann: mit einer Zeremonie in Westminster Abbey. Es ist die Aufgabe des Protokolls, durch Ordnung zu besänftigen in einer unordentlichen Welt, und eigentlich versteht sich niemand besser darauf als das englische Königshaus. Das Protokoll beruhigt die Nerven. Es verspricht sicheres Geleit im Chaos der Gefühle, ganz besonders, wenn es das letzte ist.

Dieses letzte Protokoll allerdings annullierte alle Siege, die der Buckingham Palace mit dem ersten vor 16 Jahren errungen hatte. Damals führte das Schloß Regie in voll entfalteter Empire-Pracht. Doch in den Tagen nach Dianas Tod wälzte sich das Volk trauernd und stumm protestierend am Palast vorbei wie an einer düsteren Ruine für eine Rotte von lichtscheuen Molchen.

Das letzte Protokoll wurde den Windsors aus den widerstrebenden Händen gewunden. Ihre Devise: korrekte Etikette für ein Nicht-mehr-Mitglied des Königshauses, also niedrig hängen. Das Volk dagegen forderte allen Pomp der Welt und ein Trauerfest, wie es nie eines zuvor gegeben hatte.

Eigens für die Zeremonie textete Popstar Elton John seine Ballade „Candle in the wind" neu. Er hatte das Lied einst einer anderen Unsterblichen gewidmet, Marilyn Monroe, die wie Diana mit 36 gestorben war – zu früh und damit nie: „Auf Wiedersehen, Englands Rose, Du wirst für immer in unseren Herzen blühen."

Tatsächlich hatte Diana die Bastion der Windsors gesprengt mit nichts als ihrer Zerbrechlichkeit und dem Terrorismus eines scheuen Lächelns. Aristokratie, die wirklich bedeutsame, das begriff sie besser als die gegnerische Sippe in Tweed und Breeches, findet heutzutage auf dem Titelblatt von VANITY FAIR statt, und nicht in den Leitartikeln der Londoner TIMES.

Die Windsors waren nach der Scheidung aus purem Selbsterhaltungswillen zu dieser unberechenbaren Lifestyle-Supernova auf Distanz gegangen. Nach Monaten der Abstinenz fand die Prinzessin von Wales erst wieder eine Erwähnung im königlichen Terminkalender in den Festlegungen, wie ihr Leichnam nach Westminster Abbey zu überführen sei. Totenwache, Streckenverlauf, Kleiderordnung. „Die Trauer wird von den Mitgliedern der Königlichen Familie und ihren Angestellten bis zum Tage der Beerdigung einschließlich dieses Tages eingehalten. Diejenigen in Uniform werden Trauerschleifen tragen; diejenigen in Zivil werden schwarze Krawatten und dunkle Farben tragen."

Das Protokoll als Bollwerk. Ein wesentliches und unverzichtbares besonders in diesen Tagen, wo das hysterisch weinende Volk Blumen streute wie bei einer nachgeholten Hochzeit und die Traum-Prinzessin für immer heimholt – heim ins Herz.

Die Rührung über den Tod der Ikone hatte die Mehrzahl auch der seriösen Kommentatorengehirne in Rührei verwandelt. Lediglich George Will in der WASHINGTON POST titelte lapidar: „Berühmtheit ist infantil, synthetisch und manchmal tödlich." Der Rest sabberte.

Sicher, da war bisweilen auch die angemessene Trauer um eine junge Frau, die in einem Pariser Tunnel tödlich verunglückte und zwei minderjährige Söhne hinterläßt. Doch überwiegend gab es das sinistre Stochern im Kitsch, das Schwelgen im „Opfertod", gab es Trauerraserei und Leichenschmauserei und bigotte TV-Talks, daß die Quoten nur so troffen.

Und natürlich gab es unappetitliche Trittbrettfahrereien wie die von Kanzler Kohl und anderer Politiker, die den VIP-jagenden Reportern und der Presse insgesamt strengere Grenzen gezogen haben wollten. Da lag die Leiche Dianas, und der deutsche Kanzler, der nur dressierte Pressebücklinge in seiner Nähe duldet, vernudelt den ihm unbequemen Berufsstand nach dem Motto: „Mich fragen sie auch immer so frech nach den Arbeitslosenzahlen."

Dabei ist es doch so einfach: Dianas Beruf war es, berühmt zu sein, und sie war berühmt, weil sie berühmt war. Und mit dieser sinnleeren Tautologie, einer Erfindung unseres späten Jahrhunderts, starb die Prinzessin des Volkes sozusagen in Erfüllung ihrer Pflichten: als Lockvogel und Gejagte in einem tödlichen und erschütternd banalen Spiel des Jet-set, in aller Öffentlichkeit, die nun einmal der Lebensraum von Berühmtheiten ist.

Sie urlaubte im rummelnden August in St. Tropez, und daß ein Urlaub ausgerechnet dort nichts anderes ist als ein getarnter Pressetermin, das können nur zynische Anwälte bestreiten, die sich auf Schmerzensgelder für VIPs spezialisiert haben. Sie tafelte an jenem verhängnisvollen Samstagabend im Pariser Hotel „Ritz Carlton" mit ihrem neuen Geliebten, was bei einer Celebrity ihres Formats einer formalen Pressekonferenz schon sehr nahe kommt. Ein Ausbleiben der Paparazzi – das wäre ein echter Grund, nervös zu werden.

Sie starb einen absurden Tod in einem absurden Milieu in einer absurden Zeit. Doch auch das ist eine Leistung dieses letzten Trauer-Zeremoniells: Es verlieh einem unnötigen Ende schicksalhaftes Gewicht; prognostizierte 2,5 Milliarden Fernsehzuschauer in 187 Ländern wollten Abschied nehmen, also die gesamte zivilisierte Welt. In den Straßen Londons waren Millionen angesagt, die sich verneigen wollten, eine mächtige Allianz aus Popstars und Teenagern, First Ladies und Rentnern.

Sie war die bestausgeleuchtete Frau des Jahrzehnts, doch wer sie wirklich war, wußte sie womöglich selbst am allerwenigsten. Aber darauf kam es auch gar nicht nicht an an diesem letzten Samstag, als die Welt von Diana Abschied nahm. Sie war genau das, was jeder in ihr sehen wollte. Es war ein blöder Tod, ein banaler Tod, der in eine höhere Ordnung gerückt wurde.

„Heute kriegt ihr uns nicht“, soll der Fahrer Henri Paul den Fotografen zugerufen haben, als er seinen Mercedes 280 S am Hotel Ritz vorfuhr, um die Prinzessin und den Milliardärssohn Emad „Dodi“ Al-Fayed in seine Stadtvilla zu bringen. Ein Wettrennen also durchs nächtliche Paris, mit klaren Vorteilen für die Limousine, die anderen hatten nur Motorräder. La dolce vita in den Neunzigern. Jäger und Gejagte, Prinzessinnen-Routine.

Der Fahrer in dieser Nacht ist so lässig, wie man nur sein kann, wenn man das Äquivalent von zehn Whiskys im Blut hat. Es ist das alte Spiel, muy macho: PS unter dem Fuß, Fusel im Kopf und auf dem Rücksitz die begehrteste Trophäe der Welt. Ein blonder Schwarm. So verletzbar. Muy Macho.

Neben Diana sitzt Dodi Al-Fayed, der Mann, der sie erobert hat. Oder hat sie ihn erobert? Jägerin oder Gejagte, wer weiß das schon?

Sie hatte schon kurz nach ihrer Trennung von Prince Charles darüber gesprochen, sich einen reichen Älteren zu angeln, und nun war sie ausgerechnet an Dodi hängengeblieben. Sie folgte damit in den Eckdaten einem Szenario, das es bereits gab, einem Drehbuch, das die Trivialmythologie des 20. Jahrhunderts protokollgerecht einer schönen Entthronten bereitstellt: Jacqueline Kennedy hatte es vorgemacht, damals mit Aristoteles Onassis, und es war geglückt.

Wie kann eine zerbrechliche Pop-Prinzessin, wie konnte Diana diesem Anlehnungs-Sog, dieser etablierten Rollenverpflichtung überhaupt entgehen? Damals, bei Jackie O., war es der Tankermilliardär, der das Establishment entsetzte, zwei Köpfe kleiner, korpulent und Ausländer sowieso, ein Playboy, absolut unwürdig. Und nun war es wieder ein Playboy, allerdings einer, dessen Schecks des öfteren platzten. Doch der Rest stimmte: kleiner, Ausländer, neureich, ungeliebt.

Die Lady war das Kronjuwel der Sammlung, mit der sich der ägyptische Clan der Al-Fayeds ins Herz der britischen Gesellschaft durchkaufen wollte. Dodis Vater, der den rasenden Lebensstil seines Sohnes mit 300 000 Mark monatlich finanziert haben soll, gehörte bereits das Kaufhaus Harrods in London, in dem sich die Society einkleidet, sowie die Pariser Stadtvilla Eduards VIII., jenes Thronfolgers, der wegen seiner Leidenschaft für eine zweifach geschiedene Amerikanerin nicht König werden durfte. Vater Al-Fayed sah aufs britische Establishment als eine „Verschwörung von Verbrechern, Schwulen und Rassisten" von der Höhe seines Vermögens herab. Nun also die Prinzessin des Volkes. Was für eine Eroberung! Was für eine Schwiegertochter!

Und erst deren Söhne, ein wahrhaft goldener Enkelzuwachs. Papa Al-Fayed wäre „Opa Mohamed" für den englischen Thronfolger – wenn das keine süße Pointe darstellte für einen neureichen Außenseiter, der mit plumpen Schmiergeldzahlungen die Wahlniederlage der Tories mit herbeigeführt hatte.

Di und Dodi – eine bizarre Liaison, die sorgenvolles Kopfschütteln bei den Gemüsefrauen der Welt auslöste. Ob das wohl gutgeht mit diesem Hallodri? Doch dann wiederum, seufzend und vielleicht versonnen lächelnd, der Araber als solcher, also als Liebhaber ... und es gibt ja auch gute wie Omar Sharif.

Wie groß die Irritation über Di's letzte Liebelei wirklich war, kann an dem Tempo ermessen werden, mit dem der ägyptische Playboy nach dem Unfall vergessen und entsorgt wurde. Prinzessin Diana dagegen lebt im Echoraum trivialer Mythen allein weiter, und dort wird sie auch in Zukunft ihre Schatten werfen, in all den Diana-Sightings und Poesiealben, die da kommen werden.

Schon jetzt gibt es eine „Diana-Verschwörungs"-Seite im Internet, ein Fantasy-Planschbecken für die Diana-Irren dieser Welt, die den Unfall als getarnten Mord dechiffrieren. Wer steckte dahinter? Unzufriedene Paparazzi? Camilla Parker Bowles? Die amerikanische Waffenlobby? CIA und Secret Service? Das Königshaus? Der Al-Fayed-Clan? Mercedes-Benz?

Dodi Al-Fayed hatte durchaus seine popmythologische Funktion. Er hat Dianas Ende dramatisiert, war Verführer und Todesengel, wahlweise Schurke oder glühender Liebhaber. „Möge sein Körper Parfüm für sie gewesen sein", schrieb die Kolumnistin Kate Moses in ihrem schwärmerischen Abschied im mondänen Internet-Magazin SALON. Möge sie ein letztes, wahres Liebes-Glück gefunden haben, dafür hatten Groschenblattrentner und die modernen Frauen dieser Welt seit Jahren gemeinsam gebetet.

Es schien ganz so, sie selbst hatte es herausposaunt in ihrem südfranzösischen Urlaub der kalkulierten Indiskretionen und choreographierten Schlüsselloch-Geständnisse: Sie war angekommen.

Sie ist 36 Jahre alt, sie ist „durch die Hölle" gegangen, sie lebt und ist schöner denn je. Was für eine Revanche an Charles, der sie verschmäht und der gerade mit Camilla Parker Bowles deren 50. Geburtstag gefeiert hatte!

Daß Diana an diesem letzten Abend ausgegangen ist mit ihrem Freund ins „Ritz", war selbstverständlich ein Statement. Wer die Abgeschiedenheit sucht, geht nicht ins „Ritz". Diana, die aerobic-gestählte Jägerin, hatte an ihrem letzten Abend den Paparazzis gegenüber einmal mehr aufgetrumpft, als Eroberin und Eroberte, und sie ließ sich einmal mehr auf dieses „blödsinnige Sado-Maso-Spiel mit den Fotografen ein", wie sich ihre Bewunderin, die amerikanische Feministin Camille Paglia, erboste. Einmal zuviel.

Ihr Tod, so schnell und grausam, trieb die Groschenblätter an den Kiosken der Welt in Konkurrenz zu sich selber. Die *Aktuelle* etwa berichtete noch in ihrer Ausgabe vom 1. September von den Schmusereien auf der Fayed-Yacht, brachte Bikini-Fotos und Glücksgeständnisse.

Schon am nächsten Tag mußten die druckfrischen Haufen mit Sonderausgaben überkübelt werden, mit einem Titel, der alles versprach, alles durchrührte und alles hielt: „Diana tot. 16 Sonderseiten. Die Tragödie. Oh Gott, warum ist das geschehen. Das letzte Foto."

Diana war beides: Jägerin und Gejagte, und zwischen beiden lag oft nur eine Rotation der Druckerpresse. Ihr Leben, ihr Sterben ergibt keine antike Tragödie von schicksalhafter Unausweichlichkeit – so etwas lassen die schattenlosen letzten Jahre dieses Jahrhunderts nicht zu –, aber eine TV-Serie voller tragischer Wendungen, mit einer nervösen, anmutigen, neurotischen Heldin, das allemal.

Sie selber mochte „Denver Clan", sah die „Eastenders", und

sie war absolut fasziniert von den Romanen Danielle Steeles und Barbara Cartlands, ihrer Stiefgroßmutter, deren Bücher in den Supermärkten mit Goldlettern und dicken roten Herzen in Drehregalen rotieren.

Sie lebte diesen Kosmos aus tragischen Lieben und Traumhochzeiten, aus intriganten Nebenbuhlern und strahlenden Rittern, einen Kitsch, der grausam ist, wenn man versucht, ihn zu leben, und den man doch nie aus den Augenwinkeln läßt, weil er die Herzen tatsächlich höher schlagen läßt.

Sie ist 16, als sie Prince Charles zum ersten Mal sieht, ein pummeliger Backfisch, vorlaut, naturverbunden, gräflichen Geblüts, kein As in der Schule – die einzige Auszeichnung, die sie für ihre Leistungen erhält, gilt der Pflege ihres Hamsters.

Sie spielt Klavier. Sie ist beliebt. Und, das wissen Freunde, sie ist eisenhart und zäh in der Durchsetzung ihrer Ziele. Diana, die androgyne, ephebenhafte Göttin der Jagd und der Wälder – sie bekommt stets, was sie will.

Da sie aus einer zerbrochenen Familie stammt, träumt sie von einer richtigen. Die Mutter ging mit einem reichen Tapetenhändler fort, sie wuchs nach einem bitteren Sorgerechts-Streit bei ihrem Vater auf. Wer das hinter sich hat, will Familie, will eine tüchtigere Gattin, eine bessere Mutter sein. Eine Familie? Unsinn: DIE FAMILIE!

Der Königssohn sucht, er ist bereits über 30, seine Eltern sind stammbaumnervös, und sie drängen. Der Brautwerber, ein polospielender, gefühlsgehemmter Brüter, mag kein Ausbund an Männercharme sein, aber er verspricht eines: Familie in ihrer Granitversion, Ehe als tausendjährige Bastion, keinen Gefühlsrausch, sondern ein Sicherheitsschloß, kurz: die Endstation Sehnsucht für ein Mädchen aus einer dysfunktionalen Familie.

Ob sie ihn liebe? „O ja", himmelt Diana vor Reportern. Ihr zukünftiger Gatte ist etikettebewußter. Was hat Liebe, diese Erfindung des Bürgertums, mit dynastischer Politik zu tun? „Was bedeutet das schon, Liebe?" fragt er, und erst später soll klarwerden, daß da eine andere ist, die die kollektive Phantasie ebenfalls beschäftigen wird: eine Ältere, die Jugendfreundin Camilla, Schneewittchens Nemesis.

Die „Gefährlichen Liebschaften", die in den Gruselkammern des Windsor-Schlosses gespielt werden, sind eindeutig besetzt:

Parker Bowles ist die giftig-böse Glenn Close und Lady Di die schneeweiße, blütenlippige Michelle Pfeiffer, die sich im Intrigennetz zweier erfahrener Spieler verheddert.

Doch das alles ist erst als dunkle Ahnung spürbar. Die Hochzeit am 29. Juli 1981 ist Lady Dianas Traumschleuse, die Membrane zur anderen Seite, die Passage in die öffentliche Legende – danach ist ihr Leben nie nur privat, sondern immer auch repräsentativ, bedeutsam, symbolisch. Ihre cremefarbene Schleppe ist 7,50 Meter lang, ihre Augen schimmern feucht, ihr Ja-Wort vaporisiert vor 750 Millionen Zuschauern, selbst die hartgesottensten Zyniker greifen nach dem Taschentuch.

Nur elf Monate später gebiert sie dem Prinzen den Thronfolger, weitere zwei Jahre später den Ersatzerben, doch da ist die Liebe bereits mausetot. Charles sucht in den Moosen und Mooren Schottlands die Zweisamkeit mit der erfahrenen Seelenfreundin, und Prinzessin Diana hungert panisch die Überpfunde ab, die von den Schwangerschaften geblieben sind. Sie erfriert in Windsor Castle. Sie schreit in den gelegentlichen Streitereien ihren Frust heraus und hämmert mit ihrem Tennisschläger auf das leere Ehe-Bett ein.

Wärme, Aufmerksamkeit, Anerkennung erfährt sie in der Öffentlichkeit. Es ist eine körperlose, narzißtische Liebe – dieses Petting mit Millionen, das ihr die Zuneigung des Königsgatten nicht nur ersetzt, nein: Mit ihren Popularitätswerten triumphiert sie über ihn und den Rest der Windsors, dieser „Scheißfamilie“, die so gar nicht New Wave ist.

Sie schreibt dem starren Protokoll ihre eigene Zeichensprache ein, mit ihrem Körper, ihren Designer-Roben, ihrem Augenaufschlag: Nicht die 1000jährige Tradition glänzt, sondern eine moderne Frau von kalkulierter Schüchternheit, ein anmutiger Darling mit Sexappeal, eine schlanke Jägerin. Sie ist der gestaltgewordene Flirt mit den Kameras, die ihre manipulative Zerbrechlichkeit wiederum zum Ereignis werden lassen. Wenn sie auftritt, tanzt sie, während der königliche Rest wirkt, als stemme er Bierfässer im Kilt.

Die achtziger Jahre sind die Dekade, in der die Oberfläche endgültig über die Substanz siegt. Dianas schwarzes schulterfreies Kleid, auf den Stufen hinauf zur Oper, ihr Busenansatz, die blonde Strähne über den blauen Augen – das ist emblematischer als Charles' Grundsatzreferate über eine neue Architektur und die Wonnen fleischfreier Ernährung.

Während Charles Polopferde reitet und Mystiker liest, telefoniert Diana stundenlang mit Freundinnen, besucht die gängigsten New-Age-Therapeuten, den ganzen Bauchladen moderner Ersatzzuwendung hoch und runter, und dann brütet sie Stunden allein im Bett über einem Leben, das sie verfehlt findet, weil es nicht den Romanen ihrer Großmutter entspricht.

Sie nimmt sich Liebhaber, die wenig taugen, sie hockt in ihren Gemächern, knabbert Salatblätter und klammert sich an ihre Söhne, von denen vor allem der ältere, William, zum Trostspender wird. Sie droht ihrem Mann mit Selbstzerstörung: Sie stürzt sich die Treppe hinunter und in eine Vitrine, versucht sich mit einem Obstmesser zu erstechen, ein ungeliebtes Kind, das die düsteren Schatten der Kindheit wiederkehren sieht.

Von den Dramen hinter der königlichen Kulisse erhält die Öffentlichkeit nur in Omen, in Andeutungen Kenntnis. Da ist ein Ohnmachtsanfall der unterernährten Prinzessin auf einem Staatsbesuch in Australien. Bei einem öffentlichen Polospiel verweigert sie Charles einen Kuß. Ansonsten halten sich beide an das formale Arrangement: getrennt gehen und vereint schlagen, bei Benefizveranstaltungen und öffentlichen Terminen zum Wohle des Landes und der Krone.

Doch dann, 1992, schreit sie heraus, was in der Fernsehgesellschaft jeden Nachmittag herausgeschrien wird. Sie macht ihren Neurosenkatalog öffentlich und den der Windsors. Ihre Rache ist fürchterlich: Sie öffnet Windsor Castle für die Couch-Potatoes der Welt.

Für die Biographie „Diana, Her True Story" füttert sie den Autor Andrew Morton mit all den saftigen Details, den bösen und trivialen Innenansichten des Palastlebens und ihrer privaten Hölle. Sie fällt aus dem Rahmen, und sie fällt weich. Selbst, als sie in einem Fernsehinterview von ihren Seitensprüngen erzählt, wird sie von ihrem kollektiven Liebhaber, der Öffentlichkeit, in die Arme genommen.

Diana ist heimgekehrt ins Volk und findet Verständnis bei ihm in einer liebenden und gehässigen Nivellierung nach unten: Vor Oprah Winfrey oder Margarete Schreinemakers sind wir alle gleich. Ihre Geständnis-Bulimie erreicht Rekordauflagen. Diana, die Märchenprinzessin, ist transformiert in die unglückliche Herzensverbündete der Remmidemmi-Talkshows. Sie hat die gleichen Eßstörungen und die gleichen Schwierigkeiten wie die Kioskbesitzerin im West End.

Demokratie will Anteilnahme, die stets gefräßig ist und immer hungrig. Der lustvolle Geständniszwang von oben und die Überwachung von unten gehören zusammen, denn ein einseitiges Recht auf Manipulation mag das Volk auch der vergötterten Berühmtheit nicht einräumen, da ist es revolutionär.

So ist es nur logisch, daß Bänder von intimen königlichen Telefongesprächen auftauchen, mitgeschnitten von unscheinbaren kontaktgestörten Bastlern und gelangweilten Pensionären in Palastnähe. Auf den Bändern flüstert Diana mit James Gilbey, einem Gin-Erben, der sie 14mal sein „Tintenfischchen" nennt. Sie flunscht und schmollt und schmachtet, einsam in Damastkissen und tränenreich wie längst vergilbte viktorianische Poesie. Zwischendurch bestellt sie bei ihrem Butler Salat mit Joghurt-Dressing.

Charles' Konversationen sind robuster, naturnäher. Er phantasiert sich in Camillas Unterwäsche.

Die verdutzten Untertanen nehmen ergötzten Anteil an den königlichen Sauereien. Und sie ergreifen eindeutig Partei. In der öffentlichen Arena hat Charles keine Chance gegen seine Frau. Er protestiert vergebens gegen ihre „gezinkte Märtyrerei", doch neben dem blonden Hascherl wirkt er wie Marquis de Sade in derben Hochland-Tretern.

Während Diana für die Fotografen ein aggressives, sonderbar hingebungsvolles Jagdspiel mit einer Schönen bedeutet, wird Camilla Parker Bowles als ein Paket Runzelfleisch höhnisch getötet. Unter einem Foto, das sie neben einem Pferd zeigt, textet Fleet Street: „Mit wem von beiden würden Sie lieber ins Bett steigen?" Die Empörung, die heute jeden Ballonbauch im Sissy-Fieber über die Verrohung der Mediensitten schwitzen läßt – damals blieb sie aus. Allerdings ist Parker Bowles auch nicht die Ikone der „modernen jungen Frau von heute".

Es ist Diana, die triumphiert. Gemeinsam mit ihrem mächtigen Verbündeten, einer komplett regredierten Öffentlichkeit, entschlossen zur Schlammschlacht, ringt sie dem Buckingham

Palace ein üppiges Scheidungsabkommen ab. Sie darf den Titel der Princess of Wales behalten. Sie darf mietfrei im Kensington Palace wohnen bleiben. Ihre Abfindung: 15 Millionen Pfund.

Vor allem die satte Abfindung ist ein symbolischer Sieg, mit dem sie unter den moderneren Feministinnen reüssiert – sie hat es geschafft, Rache zu nehmen an einem Mann, dafür, daß er ihr keine Rosenblätter über den Lebensweg streute. Geld tut weh: Willkommen im „First Wives Club". Diana ist sinnlich und schön und hat den Windsors die Eier abgerissen.

Jeden Morgen arbeitet sie nun im Fitneßstudio und betet am Tempel ihres Körpers. Sie stemmt Gewichte, um ihre Armmuskulatur zu stärken – ein Therapeut hatte ihr empfohlen, ihren Frust im Boxring loszuwerden. War sie in ihren frühen Palast-Jahren Sissy, jung, bulimisch, kulleräugig, und später die weiße Andromeda, an den königlichen Felsen geschmiedet und entblößt der Meute dargeboten, so emanzipierte sie sich mit der Scheidung als moderne Amazone, die ihre tödlichen Waffen zu nutzen weiß: Lippenstift, enger Rock und der cleverste Anwalt, der für Geld zu haben ist.

Hingerissen verfolgt vor allem das weibliche Publikum ihre Emanationen und Manipulationen. Sie verkörpert einen unideologischen Scharaden-Feminismus: Sie übt grenzenlose Macht aus durch ihre Images. Sicher, bisweilen bedient sie sich des alten feministischen Lehnvokabulars, etwa wenn sie die Fotografen anfährt: „Könnt ihr nicht mal jemanden anderen vergewaltigen?" Doch im Grunde sind die Fotografen ihre Verbündeten.

Mit ihrer Hilfe gelingt ihr ein überraschender ikonografischer Terraingewinn für die moderne Frauenbewegung, und zwar mit einem dort sonst verachteten Rollenklischee. Die Feministin Camille Paglia hat es in ihrem Essay über Diana als ihre wirkungsvollste Waffe dechiffriert: die Prinzessin als Mutter und Madonna.

Mit ihren beiden Söhnen, schreibt die Paglia, war Diana unverwundbar. Ohne sie wären ihre schmollenden Betteleien um eheliche Aufmerksamkeit nur pubertär und irrelevant gewesen, ein zickiges Upperclass-Gör, das sich weigert, erwachsen zu werden. Doch ihre Kinder bedeuten nicht nur Seelenstütze in bedenklichem Ausmaß, sondern auch publizistischen Kugelfang. Sie geben ihr marmorne Statur.

Diana ist, schreibt Paglia, die sorgende Mutter, die Pietá, „eine moderne katholische Maria mit Lust auf Rock'n'Roll". Machtvoll verstärken die Groschenblätter dieses Image und senken es ins kollektive Unbewußte ab. Sie beginnen Fotos zu manipulieren, etwa dicke Tränenspuren über die Wangen einer traurig wirkenden Diana zu malen, bis sie aussieht wie eine jener italienischen Madonnenfiguren, deren Tränenwunder Glaubenshysterien auslösen.

Madonnen vollbringen Wunder. Lady Di soll zutreffend den Schlaganfall ihres Vaters prophezeit haben. Ihre hellsichtige Fähigkeit blieb jedoch nicht auf Menschen beschränkt: Auch den Herzinfarkt des galoppierenden Allibar, Prinz Charles' Pferd, sagte sie voraus – prompt brach das Tier zusammen. Popmythologie.

Kurz nach der Scheidung traf sie auf einer Party Jeremy Irons, der davon sprach, daß er die Schauspielerei für eine Weile an den Nagel hängen wolle. „Ich auch", sagte Diana. Wie aber sollte das gehen? Wie ist ein Leben ohne öffentliche Wirkung zu führen?

Der symbolische Raum hatte sie ein für allemal verschlungen, und in diesem Spiegelkabinett, das jede Bewegung vertausendfacht, kann eine Identität, die keinen Rollenhalt mehr hat, leicht zersplittern.

Glamourgirl und Tröstende, Rock'n'Roll und Mutterlöwin, das war das mythologische Terrain, in dem sie neue Sicherheit fand in den letzten Monaten. So konnte sie jene genuine Fähigkeit zur Geltung bringen, derentwegen sie geliebt wurde: Sie konnte Menschen berühren.

Wenn sie mit Aidskranken sprach und mit Drogenabhängigen, wenn sie Obdachlose besuchte oder krebskranke Kinder im Arm hielt, dann wirkte ihre Wärme unverstellt, ihre Anteilnahme echt, sie war unberührt vom Blitzlichtgewitter und schien sogar darin zu wachsen. Sie war Medium in einer Mediengesellschaft, war Höhepunkt und Abschluß einer Epoche, die den Lebenssinn in schierer Bekanntheit sucht, einer gläsernen Gesellschaft, die Privates von Öffentlichem nicht mehr zu trennen weiß.

Prinzessin Diana wurde nicht berühmt durch ihr humanitäres Engagement wie Mutter Theresa, die durch ein aufopferndes Leben in den Sterbehospitälern Kalkuttas den Respekt der Welt erfuhr. Sie ging den umgekehrten Weg. Sie lieh dem humanitären Einsatz ihre Berühmtheit, sie füllte ihr Star-Appeal auf mit einem schönen Sinn, einer guten Sache, einer, an die sie mit vollstem Herzen glaubte.

„Wir waren alle Zeugen ihres irrlichternden Schicksals, ihres Kummers an der Grenze der Neurose", sagte der französische Soziologe Edgar Morin. „Und auf einmal hat sie ihre Sorge für andere bekundet, in Bosnien, gegen die Minen, für verwaiste Kinder. Das hat ihr viel Zuneigung gebracht."

Der zynische Verdacht, ihr Wohltätigkeitswerk sei nur Glamourtermin und Imagereparatur gewesen, oder eine Art flüchtige Sinngebungsdiät im leeren Dauerstreß zwischen Friseurtermin und Dinnerparty – dieser Verdacht kam bei ihr nie auf. Ihr Engagement wirkte echt.

„Ich beobachte Menschen sehr genau", sagte sie Le Monde. „Und ich erinnere mich an sie. Jede Begegnung, jeder Besuch ist etwas ganz Besonderes." Und über das Foto des pakistanischen Jungen gebeugt: „Der Kleine ist tot, ich habe es schon gespürt, bevor ich ihn in den Arm genommen habe. Ich erinnere mich an sein Gesicht, seine Schmerzen, seine Stimme ..."

Sie war, unter den klickenden Kameraverschlüssen, fähig zur allergrößten Intimität, und welche ist größer als die mit einem sterbenden Kind? Doch dieselbe Diana stapfte mit strammem Schritt über die Skipiste in Lech, um Fotografen zu verscheuchen, weil sie sich bei der Jause mit ihren mampfenden Buben gestört sah.

Paradox, sicher, doch bei ihr schienen Gefühle wie Liebe, Scham, Trauer stets in zwei Versionen zu existieren: in der privaten und in der anderen, für Hunderte von Millionen von Zuschauern.

Sie besaß ein untrügliches Gespür für symbolische Gesten. Im Juni ließ sie ihre königlichen Roben versteigern, all die Verpuppungen, leere Schalen einer noch leereren Vergangenheit, die verschiedenen Stiftungen 3,3 Millionen Dollar einbrachten. VANITY FAIR titelte: „Wiedergeborene Diana".

Sie hatte sich neu erfunden. Nun hatte sie überhaupt keine

Probleme damit, sich dort Feinde zu machen, wo sie, in einem früheren Leben, als brave Alliierte galt: Ihr Engagement für die Ächtung von Landminen etwa spickte sie mit Invektiven gegen die abgewählten Tories.

Sie kannte Einsamkeit und Krankheit und Sucht. Wie Evita Perón verwandelte sie ihre Fehler in ihre größte Tugend, wenn sie sich als „Prinzessin des Volkes“ an die Ränder der Gesellschaft begab, stets in Reichweite der Kameras. Sie hatte sich selber so oft verirrt, schien sie diesen Menschen zu sagen. Sie brauchte Hilfe genauso wie jene, denen sie half.

Es wird immer ein Rätsel bleiben, warum das Herzleid einer Prinzessin besonders diejenigen zu Tränen rührt, die auf Knien durch ihr Leben rutschen müssen. Doch die beiderseitige Anteilnahme, sie war im Falle der Lady Di nicht nur kannibalistisch, sondern auch von einer wundersamen, wärmenden Magie.

Ihre letzte erdfeste Emanation versprach tragfähiger zu sein als alle vorangegangenen. Es war dieser dämliche Jet-set-Tod, der sie auslöschte – und sie gleichzeitig überführte in eine andere Gestaltwerdung, die noch weit unantastbarer ist, weil sie dort wurzelt, wo sie sich immer am sichersten gefühlt hat: im kollektiven Traum.

Das Haus Windsor wird sich danach ausrichten müssen, will es nicht als leere, überflüssige Bastion weggefegt werden. Hoffnung besteht, denn da ist William, der Erstgeborene, dazu auserkoren, den Trauerzug anzuführen. In Wahrheit eine Krönungszeremonie. Wie damals, als der kleine John Jr. vor dem Sarg seines Vaters John F. Kennedy salutierte, stolz und tapfer und zukunftversprechend, so ist es auch jetzt die nachfolgende Generation, die über den kollektiven Schock des Landes symbolisch hinaushelfen soll.

William vielleicht bringt das Kunststück fertig, die Moderne mit der Tradition zu versöhnen, den Traum mit einem überalterten Zeremoniell und die kollektive Phantasie mit der Wirklichkeit. Diesmal wird sich der Palast bewegen müssen, denn eines ist sicher: Prinzessin Diana lebt in der Erinnerung fort, und selbst wenn sich die Hysterie über ihren jähen Tod irgendwann gelegt haben wird, wird sie bleiben.

4 DER FÜRST DER FINSTERNIS

Amerikas faszinierte Wiederentdeckung von Richard Nixon

In dieser Nacht, seiner letzten als Präsident, ist das Weiße Haus ein Spukschloß voller Schatten und endloser Korridore. Allein, taumelnd, unrasiert, den Kopf zwischen die Schultern gezogen, schleppt sich der Geschlagene durch die leeren Hallen, vorbei an den Porträts seiner Vorgänger. Vor einem bleibt er stehen. „Wenn sie dich anschauen, sehen sie, wie sie sein möchten", flüstert Richard Nixon vor dem Kennedy-Gemälde. „Wenn sie mich anschauen, sehen sie, wie sie sind."

Und die Amerikaner schauen, faszinierter denn je, schaudernd und grübelnd: Mit „Nixon", einem Dreieinhalbstunden-Epos des Filmemachers Oliver Stone, kehrt der Fürst der Finsternis unter den amerikanischen Präsidenten machtvoll ins öffentliche Bewußtsein zurück.

Gleichzeitig konkurriert Ted Turners TV-Sender TNT mit einem eigenen Nixon-Spielfilm. Das Magazin Newsweek widmete dem alten neuen Politstar eine Titelgeschichte. Und der New Yorker spöttelt treffend: „Nixon hat sein bestes Jahr seit seinem Wahlerfolg von 1972."

Nachdem Oliver Stone mit seinem Kennedy-Film „JFK" noch einmal das Strahlen von Camelot vorgeführt hat, verhext er die Nation nun mit dem dunklen Gegenbild. In Nixons düsterem Ehrgeiz, seinem verbissenen Knüppelweg nach oben erkennt sich die Nation eher wieder als im Siegerlächeln der ewig jungen Kennedys.

Nixons Rückkehr zur Respektabilität war bereits Ende der siebziger Jahre in den Interviews mit David Frost eingeleitet worden. Er galt nicht länger als gefährlich, sondern als interessant. Er war über Watergate gestolpert, aber er hatte Mao die Hand gedrückt. Der Mann, der Kambodscha bombardieren ließ, war selbst durch die Hölle gegangen und wiederaufgetaucht als Elder Statesman, der am Kaminfeuer die Aussöhnung mit Rußland empfahl.

Als Nixon starb, gaben ihm fünf Präsidenten das letzte Geleit. Und ihre Landsleute standen mit ihnen „wie Kinder", so Newsweek, „am Grabe eines Vaters, der voller Fehler war". Der Mann, der sein Amt wie kaum einer vor ihm mißbraucht hatte, wurde gewürdigt, sogar vorsichtig geliebt. Selbst Präsident Bill Clinton konnte nicht umhin, in seiner Eloge Kapital aus der neuerwachsenen Magie der einstigen Unperson zu schlagen, und sprach von dessen Größe.

Und so wie Clinton bei seiner letzten Wahl den Kennedy-Mythos mit Erfolg beschwor, so versuchen sich die republikanischen Hoffnungsträger derzeit für das anstehende Rennen als Nixons Erben zu präsentieren. Es ist, als würde ein Wahlkampf, dem schon vor dem Start die Puste auszugehen droht, durch einen Untoten neues Leben gewinnen.

Bob Dole, Nixons Freund und Protege der letzten Jahre, ließ der Los Angeles Times Briefe zukommen, in denen Nixon dem „lieben Bob" taktische Ratschläge erteilte. Doles Schachzug war eine fast bolschewistische Geste – der Thronerbe, der vor Nixons Sarg hemmungslos weinte, präsentiert das politische Testament des großen Vorgängers.

Es ist ein Handbuch zur Machterringung: „Rennen Sie so weit Sie können nach rechts, um nominiert zu werden", schlägt Nixon dem Senator vor. „Um die Präsidentschaftswahl zu gewinnen, müssen Sie allerdings so schnell wie möglich zur Mitte zurückrennen."

Ein Szenario, an das sich Bob Dole bisher gehalten hat. Da gab es Prügel für das linke Hollywood und kurz darauf eine Entschuldigung bei einer Schwulenorganisation, Flirts mit dem rechten Rand und schnellen Rückzug in die Mitte: der entschlossene Zickzackkurs zur Macht. Nixon spielt mit.

Sein Vermächtnis ist das einer durchaus unideologischen Politik. Er ließ kommunistische Reisbauern bombardieren und schloß Frieden mit den kommunistischen Supermächten. Er weitete den Vietnamkrieg aus und strich den Verteidigungshaushalt zusammen. Er ließ Studenten verprügeln und erließ Gesetze zum Umweltschutz. Er kungelte mit dem Big Business und setzte Mindestlöhne durch.

In Umfragen unter Historikern rangiert Nixon als schlechtester Präsident der Geschichte. Kommentatoren wie Jonathan Rauch in The New Republic machen ihn für Spätlasten wie das riesige Haushaltsdefizit verantwortlich. Durch die Aufstockung der Sozialversicherung, ein Wahlkampfgeschenk von 1972, habe er den Startschuß zur Staatsverschuldung gegeben: „Reagan hat die Karre in den Graben gefahren, aber Nixon hat vorher die Bremsen gelöst."

Einig sind sich alle darüber, daß Nixon die US-Gesellschaft polarisiert hat wie kaum ein zweiter. Das war es, was Stone interessierte, als er vor Jahren mit den Vorbereitungen zu seinem Film begann. Nixon, so verrückt es auch klingen mag, war fester Bestandteil der amerikanischen Popkultur.

Der Regisseur, sonst der Preßlufthammer des amerikanischen Kinos, widersteht dabei der Versuchung, auf einer erledigten politischen Karikatur herumzuhauen. Statt dessen entdeckt er in dem Politiker, den er wie viele seiner Generation auf der Straße bekämpfte, einen Gestrauchelten: Nixon als amerikanischer Jedermann, als zerrissener Held der Vorgänger-Generation – Stone hat den Film seinem Vater gewidmet.

Es ist das Drama eines Zukurzgekommenen: Geboren 1913 als Sohn eines verarmten Krämers und einer strengen Quäkerin, einer „Heiligen", an die er sich im Moment des Scheiterns, in seiner Abschiedsrede im Weißen Haus, erinnern wird. Er studiert mit dem Stipendium seines Bruders und leidet sein Leben lang darunter, daß erst dessen Tod ihm die Möglichkeit eröffnete, aufs College zu gehen und dadurch später die politische Arena zu betreten.

Nie einer der Brillantesten, machte er seine Defizite durch Fleiß wett. Seine Kommilitonen nennen ihn den „eisernen Hintern". Bereits mit 33 wird er Kongreßabgeordneter. Harte Arbeit und Ehrgeiz – vor dem Straßenremmidemmi der Babyboomer war das der American Way of Life, und darin erkennt sich die Nation heute wieder.

Es sind die späten vierziger Jahre, in denen die Jagd auf Rote Wahlen gewinnt – und Nixon jagt. Er beschmiert politische Gegner als Kommunisten, er bezichtigt Alger Hiss mit Hilfe von zwielichtigen Zeugen der Spionage, er triumphiert mit patriotischem Haß und reaktionärem Tumult.

Seine machiavellistische Grundüberzeugung, daß die Menschen „nur auf Furcht, nicht auf Liebe reagieren", ist längst zur Binsenweisheit in der politischen Auseinandersetzung geworden. Damals, 1952, kommt die Partei an ihm nicht mehr vorbei, als sie ihn zu Eisenhowers Vize kürt.

Drüben an der Ostküste schmiert der versnobte Kennedy-

Clan den Sprößlingen den Weg an die Spitze. Hier, in Kalifornien, kämpft ein Straßentreter um die Macht. Charme hat er nicht. Er ist gehemmt. Er weiß, er ist ein „Introvertierter, den es in eine extrovertierte Branche verschlagen hat".

Gefühle zeigt er nur, wenn sie politisch Dividende bringen – dann kommen sie als billige Sentimentalität daher, etwa in der schamlosen „Checkers"-Rede, mit der er den Verdacht auf unerlaubte Wahlkampfspenden zurückweist. Er spricht gerührt über sein bescheidenes Häuschen und seinen kleinen Hund.

Nein, Klasse hat er nicht – so einen pflegen die Kennedys am Dienstboteneingang abzufertigen.

Nixon ist der stets gehetzte Vertreter, der für einen Abschluß seine Seele verkauft. Nicht von ungefähr beginnt Stones Film mit einem Trainingsstreifen für Vertreter aus den Fünfzigern. „Schau den Leuten in die Augen", sagt der Coach, „sie mögen Ernsthaftigkeit." Nixons Augen bleiben starr. Ab und zu reißt der Mund zu einem gehetzten Lächeln auf – die Augen erreicht es nie.

Da ist eine tiefliegende, nie erschlossene Verletzung, die der walisische Schauspieler Sir Anthony Hopkins instinktiv aufspürt. Er sieht weder aus wie Nixon, noch hat er dessen Akzent, doch nach wenigen Minuten ist er Nixon – umgeben von einer Aura grenzenloser Einsamkeit.

In der TV-Debatte von 1960 treffen die beiden Amerikas zum erstenmal aufeinander: Nixon und Kennedy. Das ächzende gegen das lächelnde Amerika. Keiner nimmt so richtig wahr, daß es Kennedy ist, der Nixon als Eisenbeißer rechts überholt und mit der Lüge einer Raketenlücke für Aufrüstung wirbt. Nixon wirkt unrasiert, finster – das zählt.

Zwei Jahre später unterliegt Nixon im kalifornischen Gouverneursrennen. Seiner Frau Pat, bis dahin treuer Ehesoldat, fehlt der Mut, weitere Demütigungen zu ertragen. Sie ahnt plötzlich: Er wird verbrennen, sie muß sich retten. Im Schlafzimmer droht sie ihm mit Scheidung. Er bricht zusammen. „Das ist doch nur, was sie wollen", stößt er hervor. Alles ist politisch – mit Pats Weggang hätten seine Feinde gesiegt.

Selten hat Stone behutsamere Szenen gedreht: Nixon weint und schwört, der Politik den Rücken zu kehren. Er steht vor ihr, ein hilfloser kleiner Mann mit hängenden Schultern, und drückt ihr einen Kuß auf. Dann tritt er vor die wartende Pressemeute und verabschiedet sich auf seine Art, gleichzeitig wehleidig und mit verhaltener Wut: „You won't have Nixon to kick around anymore" – in Zukunft habt ihr keinen Nixon mehr, den ihr treten könnt.

Sechs Jahre später allerdings ist es Pat, die ihn treibt. Die nach dem Goldwater-Debakel heillos zerstrittene Partei braucht Nixon und nominiert ihn. Als dann der zweite Kennedy ermordet wird, ist ihm der Sieg nicht mehr zu nehmen. Dort oben steht er und reißt die Arme empor, die Finger zum Victory-Zeichen gespreizt. Stone zeigt ihn im Moment des Triumphes wie aufgehängt an den Händen, emporgerissen von einem Schicksal, das ihm nun zufallen läßt, was er sich nicht erkämpfen konnte.

Mit Nixon als Präsident, so sahen es die Babyboomer bisher, hatte Dracula das Weiße Haus erobert. Da waren Tote in Vietnam und Tote in den eigenen Straßen. Auf seiner Yacht hört der Präsident von den vier Studenten der Kent State University, die bei Demonstrationen erschossen worden sind. Seine zynischen Berater, Kissinger und Haldeman, besprechen den Vorfall in erster Linie als politische PR-Schlappe.

Nixon bleibt stumm. Er starrt auf sein halbgares Steak, aus dem plötzlich Blut quillt. Angewidert wirft er die Serviette auf den Teller. Dann murmelt er: „Ich würde gern kondolieren, aber Nixon darf das nicht."

Stone führt Nixon, mit verblüffender Nachsicht, als Betroffenen und als Gefangenen vor. In einer imaginären Sequenz zeigt er den Präsidenten, der sich morgens um vier zum Lincoln Memorial chauffieren läßt. Er steigt die Stufen hinauf zu den kampierenden Hippies und diskutiert mit ihnen: Er will wissen, warum sie ihn hassen.

Stone zeigt nicht Sympathie, aber Verständnis für einen, dem seine Herkunft Grenzen gesetzt hat und der nun verführt ist von der Wahnsinnsspirale der Macht. Das ist wohl die erstaunlichste Umdeutung des Films, und sie wird nachhaltiger prägen als alle Geschichtsbücher zusammen: Die Babyboomer-Generation hat Frieden geschlossen mit dem einstigen Erzfeind – eine Wunde verheilt.

Welch ein Spektakel schließlich dieser Höllensturz. Der

mächtigste Mann der westlichen Welt stolpert über einen drittklassigen Einbruch. Da ist Nixon, der mit Kissinger im Bunkerkoller der letzten Tage betet, der trinkt und – vor prasselndem Kaminfeuer und gleichzeitig laufender Klimaanlage – Erinnerungen beschwört, ein gestürzter Shakespeare-Held, der immer wieder die Geisterstimmen auf den Bändern abhört, die er heimlich mitschneiden ließ, und der Geständnisse flüstert wie dieses: „Der Tod hat mir den Weg zur Macht geebnet. Vietnam. Die Kennedys. Das war die Schneise für mich. Über Leichen hinweg. Vier Leichen ..."

Dieser Abgang ist eine Tragödie und gleichzeitig eine Farce, denn mittlerweile weiß jeder: Das Weiße Haus finanzierte auch nach Nixon weit Schlimmeres als Einbrüche, log umfassender, kaltschnäuziger und vor allem cleverer als er – verraten die mitgeschnittenen Gespräche nicht den heimlichen Wunsch nach Enthüllung und Sühne?

Ganz ohne Verschwörungstheorie kommt Stone auch in diesem Film nicht aus. Was treibt Nixon, was verdrängt er, worunter leidet er? Natürlich: unter Kennedys Ermordung. Anspielungen auf eine Mitschuld Nixons streut Stone zur Genüge, und wie schon in „JFK" ist J. Edgar Hoover mit von der Partie sowie jede Menge finsterer Exilkubaner.

Als Eisenhowers Vize sei Nixon mit den Planungen für ein Attentat auf Castro befaßt gewesen. Codename der Aktion: „Track 2". Der Plan wurde nie ausgeführt, doch als drei Jahre später die Schüsse in Dallas fallen, soll das „Track 2"-Team die Finger im Spiel gehabt haben.

Das, so Stone, war das Geheimnis, das Nixon in die Falle trieb. Warum sonst wurde der windige Watergate-Einbrecher Howard Hunt geschmiert, wenn nicht, um ihn als Mitwisser jenes viel größeren Skandals zum Schweigen zu bringen? Es war die Spur dieses Geldes, der die Reporter der Washington Post folgten – sie führte ins Weiße Haus, ganz an die Spitze.

Da sind die 18 Minuten, die auf den Bändern aus dem Oval Office fehlen – wäre es nicht möglich, daß sie eine Reminiszenz des Präsidenten auf „Track 2" und Kennedy enthalten?

Doch anders als bei „JFK" läßt sich Stone diesmal von seiner Obsession für Verschwörungen nicht völlig aus der Kurve tragen. Daß Nixon einen lebenslangen Kennedy-Komplex hatte, ist belegt. Über die Gründe dafür muß nicht spekuliert werden. Nixon wußte: Der andere wurde geliebt, er wurde lediglich gefürchtet. Im Schöpfungsdrama der amerikanischen Nachkriegsgeschichte war jener die Lichtgestalt, er selber die Ergänzungsfigur: Luzifer. Erst zusammengenommen erschließen sie die Seelenlage der Nation.

So ist Oliver Stones „Nixon" tatsächlich wie der Blick in einen dunklen Spiegel. Die Nation schaut ihn an und erkennt sich selbst.

5 „KEINE LUST, FÜR'S GUTE ZU TROMMELN"

Gespräch mit Harrison Ford

Sie waren es, der Sidney Pollack dazu überredete, den Humphrey-Bogart-Klassiker „Sabrina" noch einmal zu drehen. Mit Ihnen in der Hauptrolle. Was hat Sie daran interessiert?

Ich hatte vorerst die Nase voll von action-geladenen Harrison-Ford-Streifen. Ich wollte wieder mal einen romantischen Film machen, aber einen mit Ecken und Kanten. Dieser Linus ist eine sehr komplexe Figur.

Erkannten Sie sich in ihr wieder?

Klar, sonst könnte ich sie nicht spielen. In allen Rollen gibt man sich selber preis. Der Typ ist grausam, aber auch komisch, und am Ende voller Wärme. Linus ist ein Widerling. Trotzdem soll das Publikum hoffen, daß er Sabrina am Ende kriegt. Das war die Schwierigkeit.

Ist dies eine Dekade für Märchen?

Nein. Ich glaube, das Original aus den Fünfzigern war viel märchenhafter als unser Film. Wir sind bissiger, gemeiner. Da ist die Szene, wo Linus' Mutter ins Büro kommt und sagt: „Ich fühle mich schrecklich." Und er sagt nur: „Dann nimm 'ne Tablette." Das wäre in den 50er Jahren nicht möglich gewesen.

Haben Sie das Original mit Humphrey Bogart gesehen?

Sicher. Und mir war klar, daß ich es völlig anders machen muß. Es sind andere Zeiten heutzutage – und Bogart und ich sind vollkommen verschieden.

Im Film behaupten Sie, Sie würden ein Obdachlosenasyl finanzieren, eine zynische Lüge, nur um Sabrina zu beeindrucken. In Ihrem wirklichen Leben allerdings unterstützen Sie tatsächlich Männerwohnheime.

Ja, das „Homeless Garden"-Projekt. Wir sind da immer noch stark engagiert. Aber ich habe keine Lust, darüber zu reden.

Sie schirmen Ihr Privatleben fast fugendicht ab. Lange Zeit war nicht einmal bekannt, daß Sie in Wyoming wohnen.

Ich halte nichts davon, als Hollywood-Star für die gute Sache zu trommeln. Die muß durch sich selber wirken und nicht dadurch, daß eine bekannte Nase dafür wirbt.

Es gibt Schauspieler, die mit ihrem Namen für bestimmte Politiker und deren Programm werben.

Das kann jeder halten, wie er will. Ich tue es nicht.

Es hat sich herumgesprochen, daß Präsident Clinton kürzlich bei Ihnen zum Dinner war.

Das ist richtig. Ich hatte ihn bei der Gelegenheit zum ersten Mal getroffen, und es war sehr angenehm, ein paar Stunden mit ihm zu verbringen. Aber das war rein privat – kein Kommentar dazu.

Stimmt es, daß Sie Buddhist geworden sind?

Nein. Das ist eine Zeitungsente der „New York Times". Meine Frau, eine Filmproduzentin, hatte die Rechte der Autobiographie des Dalai Lama erworben. Und wir begannen, uns für die tibetanische Sache zu interessieren. Wir haben ein freundschaftliches Verhältnis mit dem Dalai Lama, sind aber keine Buddhisten geworden. Im übrigen würde das niemanden was angehen.

Sie spielten in vier der zehn erfolgreichsten Filme der Geschichte. Kürzlich hat man Sie zum „Star des Jahrhunderts" gewählt.

Es war grausam. Eine Veranstaltung von Kinobesitzern in Las Vegas. Sie haben eine Reihe meiner Film-Clips vorgeführt. Es war, als sei mein ganzes Leben in Sekundenschnelle an mir vorübergerauscht. Es bestätigte meine schlimmste Befürchtung. Ich sagte mir: So ist es, wenn du stirbst. Du kommst nicht in den Himmel, sondern nach Las Vegas.

Wie haben Sie Ihre Rolle als gieriger Geldhai studiert? Sind Sie mittags in die „Oyster Bar" in Manhatten gegangen?

Mußte ich gar nicht. Das Zeug ist alles in mir drin. Schließlich bin ich ja auch Geschäftsmann.

Was sind die Stärken von Sidney Pollack?

Er kennt das Handwerk perfekt. Dazu ist er ein exzellenter Drehbuchautor, ein guter Schauspieler. Er kann also jede Perspektive einnehmen. Und ich wollte einen Regisseur, dem ich mich völlig überlassen kann. Wie gesagt, an einem weiteren Harrison-Ford-Film war ich nicht interessiert.

Ein altmodisches Märchen für die 90er, ein Film ohne Prügel und Explosionen – meinen Sie, so etwas kommt an?

Schwer zu sagen, ich habe an keiner Testvorführung teilgenommen. Es hängt auch davon ab, was zum Filmstart sonst noch in die Kinos kommt.

Ein Haufen Action, eine Serie von Neuaufgüssen. Was halten Sie von Senator Bob Doles Statement, daß Hollywood verdummt und die Moral untergräbt.

Genügt Ihnen: Quatsch?

Mit Ausrufezeichen?

Machen Sie zwei. Man könnte auch sagen: Pferdekacke (horse-shit). Ein kalkulierter Versuch, Hollywood mit der Linken in Verbindung zu bringen. Gleichzeitig will er Subventionen für die streichen, die Ausbildung und Jobs nötig haben. Wer untergräbt hier die Moral?

Dole macht Wahlkampf mit derartigen Äußerungen. Wäre es nicht eine Herausforderung für Sie, Clinton zur Wiederwahl zu verhelfen?

Ich will genauso wenig für das Verantwortung übernehmen, was Clinton tut. Ich habe meine eigene Meinung.

Bestimmte politische Programme liegen einem doch näher als andere?

Ich werde die öffentliche politische Arena nicht betreten. Das hat auch ganz egoistische Gründe. Es hätte einfach Nachteile für mich und meine Arbeit, wenn ich mich derartig festlegen würde. Und ich glaube, daß jedes Argument leidet, wenn es von einem Star ausgesprochen wird. Weil keiner auf das Argument schaut, und jeder auf den Star. Man verliert das Problem aus dem Auge.

Welches werden die großen Herausforderungen der nächsten zehn Jahre sein?

Wir verschwenden unsere Ressourcen, plündern die Erde, verteilen falsch. Wenn das nicht aufhört, werden wir politisches Chaos und ewigen Bürgerkrieg haben.

Und der Bürger Harrison Ford wird sich dagegen weiter engagieren.

Ganz sicher.

6 PAKT MIT DEM TEUFEL

Die Film-Göttin Carmen Miranda und die Wiederentdeckung des Latino-Girls

Wie aus einem Revue-Himmel gefallen, steht sie in Rios Innenstadt vor einem Schaufenster mit Brautmoden, eine Erscheinung, eine Flittergöttin, eine kollektive Erinnerung. Da ist dieses irre Lächeln aus roten Lippen und weißen Zähnen, die Finger gespreizt über einem Kleid aus zehntausend Pailletten, die Mascara-Augen zum Flirt verdreht, einem Flirt mit Millionen.

Mit flüchtiger Verwunderung blicken die Fahrgäste einer vorbeiratternden Straßenbahn auf diesen Spuk vor dem Schaufenster, staunend über die fremde Spiegelung, diese Kino-Ikone im weißen Schaum der Hochzeitskleider.

Sie trägt eine Kreation auf dem Kopf, in der Früchte liegen, die Tracht der Bahianerin, der Marktweiber aus dem Norden. Carmen Miranda, die Frau mit dem Bananenhut, ist für ein paar Sekunden zurückgekehrt.

Erick Barreto, Rios schönster Travestie-Star, zeigt sich befriedigt über die Wirkung, die er mit seiner Camouflage erzielt. Immer noch läßt die Frau, die er verkörpert, den Puls schneller schlagen, selbst im Taumel-gewohnten Rio. „Jeder kennt Carmen“, sagt er. Er zupft seinen Turban zurecht, tätschelt die Paillettenflut. „Carmen Miranda hat Brasilien verkörpert wie später nur noch Pele.“

Noch heute, 40 Jahre nach ihrem Tod, erkennt sich die Nation in ihr wieder, in ihren Sambas, ihrer tanzverzückten

Albernheit genauso wie in all den grotesken Transformationen, als wären es die eigenen: ihrer Verkürzung zum Klischee, zum brasilianischen Exportartikel. Die Nation hat sie geliebt und gehaßt.

Carmen Miranda war der erste Star und das erste Opfer jener Verwertungsmaschine, die in dem jüngsten Buch des amerikanischen Kulturkritikers Benjamin R. Barber „McWorld" genannt wird: die Verschlingung der Peripherie durch die amerikanische Weltkultur. Die brasilianische Sängerin schaffte den Durchbruch zur höchstbezahlten Frau in Hollywood, und von dort wirkte sie zurück als Yankee-Karikatur der Latina.

„Sie war bereits ihre eigene Travestie", sagt Erick Barreto, als er wenig später vor dem Palace Hotel über die Copacabana stöckelt. Und, mit dem Fatalismus der neunziger Jahre: „Klar hat sie sich verkauft – aber wer würde sich nicht verkaufen?"

Wochenlang stand das Publikum Schlange, um sich Erick Barreto in „Bananas Is My Business" anzuschauen, einem Dokumentarfilm von Helena Solberg über das Leben der Carmen Miranda. Der Film löste eine heftige Debatte aus, ein brasilianisches Selbstgespräch, in dem es um den Stolz der Nationalkultur ging, um Triumphe und Verrat und immer um Identität.

Doch nicht nur in Brasilien zeigte Solbergs Kino-Essay Wirkung. Die Kritiker der großen Filmfestivals verstanden, daß mit Carmen Miranda eine Fallstudie vorlag, deren Konturen erst heute, in den Neunzigern, begriffen werden können. In New York zog das Carmen-Miranda-Festival Zehntausende von Besuchern an. Eine neue Gesamtaufnahme ihrer Songs kommt dieser Tage als dickes CD-Paket auf den Markt.

„Carmen Miranda", sagt die Regisseurin des Films, Helena Solberg, „war das Latino-Girl schlechthin: unseriös, übertrieben, plakativ, sie war Pop-art, bevor es Pop-art überhaupt gab."

Carmen Miranda kam 1909 in Portugal zur Welt. Ein Jahr später emigrierte die Familie und ließ sich in Rio de Janeiro nieder, wo der Vater als Friseur arbeitete und Carmen eine französische Ordensschule für die Unterschicht besuchte. Mit 15 arbeitete sie als Hutmacherin – eine wunderschöne Spielszene in Solbergs Film zeigt ein Mädchen, das mit Spitzen und Hutnetzen hantiert und übermütig singt.

Es ist die Zeit der Musiksalons und europäischen Demimonde in den Kasinos, die späten zwanziger Jahre mit ihren gelackten Stenzen und anämischen Frauen, die Welt, nach der sich der Teenager Carmen in Tagträumen verzehrt. Mit 20 steht sie zum ersten Mal in einem Aufnahmestudio und singt „TaI“ – ein Erfolg über Nacht.

In den dreißiger Jahren beherrschen ihre Sambas den Markt. Ihre Platten sind Millionenseller, sie singt in Cabarets und im Radio, gilt (bis heute) als beste Interpretin brasilianischer Musik, ständig auf der Suche nach neuen Rhythmen, neuen Songs, neuen Bühnenshows. 1939 erscheint sie in der Tracht der Bahiana: grellfarbige Stoffe und ein Hut aus Obst.

Broadway-Impressario Lee Shubert sieht ihre Tuttifrutti-Nummer und engagiert sie vom Fleck weg. Die amerikanische Kritik ist fasziniert. Brooks Atkinson schreibt in der New York Times: „Sie singt mit geschlossenen Augen und verhaltenen Gesten, aber sie verströmt eine Hitze, die die Produktion von Aircondition in diesem Sommer mächtig ankurbeln wird.“

Kurz darauf erliegt sie den Verheißungen Hollywoods. Bereits ihr erster Film in den USA, „Down Argentine Way“, macht den Preis klar, den sie für ihren Erfolg zu zahlen hat: ihre Identität und später ihr Leben.

Vom ersten Moment an wird die Fremde auf das reduziert, was an ihr fremd ist. Hollywoods schrille Version einer „echten“ Latina ist Welten entfernt von der jungen, beschwingten, charismatischen Sängerin im Rio der dreißiger Jahre, wie sie von Helena Solberg in einer Dokumentarszene gezeigt wird.

Doch Carmen Miranda kokettiert mit ihrem neuen Image. Sie liefert, was der Markt verlangt. Bei ihrer Ankunft in Amerika wird sie gefragt, welche englischen Wörter sie kenne. „Männer, Männer, Männer“, kichert sie, und: „Geld, Geld, Geld.“ In Solbergs Film ist dabei nur Erick Barretos Mund zu sehen, lebensgierig und energisch, die geschminkten Lippen zu einem aggressiven Lächeln über die Zähne hochgerissen.

Anderthalb Jahre später kehrt sie aus Amerika nach Rio zurück, entschlossen, ihre Karriere hier fortzusetzen. Tausende begrüßen sie am Pier. Doch als sie einige Tage später auf einer Benefiz-Gala im piekfeinen Casino de Urca vor die High Society tritt, wird sie empfangen wie eine vulgäre Verräterin.

Ihr unschuldiger Fehler: Sie begrüßt das Publikum in englisch. Es bleibt kühl. Sie singt ihre erste Nummer. Eisiges Schweigen liegt über dem Saal. Irgendwann verläßt sie, in Tränen aufgelöst, die Bühne. Anderntags schreiben die Zeitungen: „Sie hat ihren Rhythmus verloren, ihr Timing, sie ist völlig amerikanisiert."

Musikkritiker Caribe da Rocha saß damals im Publikum. Nun geht er auf die 90 zu, ein kahler Picasso-Schädel, der sich in seiner Villa in Rios Nobelviertel Leblon über seine vergilbten Kolumnen beugt. „Im Grunde waren sie neidisch auf Carmen", erinnert er sich. „Die High Society" – er spuckt die Worte mit Verachtung aus – „mochte sie sowieso nie." Carmen, sagt er, war wie Elvis. Sie kam von unten. Sie sang keine französischen Chansons, sondern den afrikanisch inspirierten Samba. „Sie war ihnen zu unabhängig, zu frech."

Zwei Wochen später tritt Carmen Miranda erneut auf, diesmal vor ihren einfachen Fans, bewaffnet mit dem Song „Dizeram que voltei americanizada" – „Sie behaupten, ich bin als Amerikanerin zurückgekommen". Das Konzert war ein Bombenerfolg. Doch als einige Tage danach ein neues Filmangebot aus Hollywood eintrifft, packt sie die Koffer. Nie wieder wird sie in Brasilien auftreten.

Aber sie wird das Land auf Dauer definieren. Der Zweite Weltkrieg sah nicht nur den Aufstieg der USA zur Supermacht, sondern auch die Geburtsstunde von McWorld: Für Roosevelt war der globale Export amerikanischer Werte und Symbole ebenso wichtig wie der militärische Erfolg gegen den Feind.

Roosevelts „Politik der guten Nachbarschaft" suchte den unberechenbaren lateinamerikanischen Kontinent zum Verbündeten zu machen – den Hollywood prompt in ein tropisches Paradies übersetzte, in welchem freundliche amerikanische Touristen mit gutgelaunten Latinos schwer einen losmachen. Reiseleiterin in diesen Breitwand-Fetzen: Carmen Miranda.

Sie führte sie „Down the Argentine Way" (1940), verbrachte mit ihnen diese wilde „Nacht in Rio" (1941) oder auch ein ganzes „Wochenende in Havanna" (1941), in gebrochenem Englisch, mit rollendem Kopf und ständig wachsenden Obstpyramiden auf dem Kopf.

Ihre Apotheose erlebte sie in Busby Berkeleys „The Gang's

All Here". Hier, in einer ins Absurde gesteigerten Kitschorgie, tänzelt Carmen Miranda an einem Spalier von überdimensionierten Erdbeeren vorbei – aus ihrem Kopf aber strömt ein Amazonas von Bananen in den Himmel, eine Bananen-Explosion, die aus der Tänzerin nur ein Anhängsel macht, eine Puppe im Tuttifrutti-Nirvana. Das Zeichen hat von der Person vollständig Besitz ergriffen, hat sie verschlungen, ausgelöscht. Heute wird Carmen Miranda mit diesem Film als erste Pop-Ikone gefeiert – damals spürte sie, daß sie im Gefängnis ihrer Selbstparodie festsaß. Sicher, es war eine Luxuszelle: Sie residierte in Beverly Hills und war 1945 die bestverdienende Frau in den USA. Doch sie wollte mehr.

1947 kaufte sie sich aus ihrem Vertrag bei 20th Century Fox aus und versuchte, ihr Rollenklischee als Latino-Ulknudel abzustreifen. Wenigstens das wollte sie sein: die Blondine, die den Kerl am Ende tatsächlich kriegt, nicht immer nur die gutgelaunte beste Freundin. Von den vier Filmen, die sie noch drehte, war jedoch nur der Groucho-Marx-Streifen „Copacabana" (1947) ein Achtungserfolg.

Carmen Miranda sah sich zunehmend isoliert – die flitterbunten Revue-Filme mit dem Latino-Touch waren nicht mehr gefragt. Die Frau, die in ihrer alten Heimat als Verräterin galt, war in der neuen nun ein ausgelaufenes Modell. Sie hatte, so Solberg, „den Pakt mit dem Teufel geschlossen" – und der begann nun abzukassieren.

Sie versank in tiefen Depressionen. Eine desaströse Ehe mit dem Filmproduzenten David Sebastian, der sie wie einen entkräfteten Zirkusgaul durch die Konzertsäle und Cabarets des Landes jagte, verschlimmerte ihren Zustand. Sie nahm Tabletten. Sie vereinsamte.

Sie floh zurück nach Rio, riegelte sich im Palace-Hotel an der Copacabana ein und war dort nur für ihre Familie zu sprechen. Kaum zu Kräften gekommen, fuhr sie zurück, um bereits eingegangene Verträge einzuhalten, in Las Vegas, in Havanna. Am 5. August 1955 trat sie in der Fernsehshow von Jimmy Durante auf. Es sollte ihr letzter Auftritt sein.

In einer Tanznummer brach sie zusammen. Jimmy Durante dachte, sie sei nur gestolpert und witzelte, als er ihr aufhalf. Doch dann hörte er sie keuchen: „Jimmy, mir ist die Luft ausgegangen." Durante entgegnete leise: „Laß mich das Reden besorgen, meine kleine Carmen." Sie raffte sich auf und verabschiedete sich bei Durante und dem Publikum, rückwärts schreitend und winkend und lächelnd, mit dem Song: „Good Night Mambo".

Als Ehemann Sebastian am nächsten Vormittag in ihr Zimmer ging, fand er es leer. Die Tür zum Badezimmer stand offen. Ob sie in der Badewanne eingeschlafen war? Zwischen Schlafzimmer und Badezimmer war ein kleiner Flur mit Schränken, in denen sie ihre Parfüms aufbewahrte. Carmen Miranda lag auf dem Boden und sah aus, als schliefe sie. Sie wachte nie wieder auf.

Als Todesursache wurde eine Überdosis Tabletten angegeben. Über die Ursache dahinter sind sich ihre Landsleute bis heute einig: Carmen Miranda war zerbrochen an der Frage: „Wer bin ich, wo gehöre ich hin?" Die Hand der Toten hielt einen Spiegel.

Nahezu eine Million Menschen säumten die Straßen, um einen letzten Blick auf ihren Sarg zu werfen. Vor dem Rathaus spielte ihre Band „TaI", Carmens ersten Erfolg. Die Menge sang nicht mit – sie summte, ergriffen und traurig. Carmen war nun endgültig heimgekehrt. Tag und Nacht defilierten die Menschen an der aufgebahrten Sängerin vorbei, um Lebewohl zu sagen.

Einer, der damals mit Abschied nahm, ist heute 90 und lebt in einem Apartment mit Blick auf den Zuckerhut, nicht weit von ihrem Grab: Mario Cunha, Carmen Mirandas Jugendliebe, ein Ruderchampion der dreißiger Jahre. Sie war 16, als er sie kennenlernte und sie zum ersten Rendezvous in ein Teehaus ausführte.

„Schon damals sprach sie von nichts anderem als davon, berühmt zu werden", sagt der Alte. „Sie wußte genau, was sie tat." Wußte sie es wirklich? Auf einem Sekretär in Cunhas Apartment steht ein Foto, das sie ihrem jungen Liebhaber widmete. Mit blauer Tinte, in energischen Schriftzügen, hat sie darauf geschrieben: „Mein Geliebter, ich tue alles, um Dir zu gefallen."

Wahrscheinlich ist es das, was die tragische Liebesaffäre der Carmen Miranda mit ihrem heimischen Publikum charakterisiert hat. Sie tat alles, um anzukommen. Und merkte erst zu spät, daß sie sich dabei verlor. Ihr lebenslanges Werben wurde erst nach ihrem Tod mit unverfälschter Liebe erwidert.

„Erst heute“, sagt ihre 80jährige Schwester Aurora – auch sie eine Sängerin –, „entdecken die Menschen, daß sie eine vielseitige Künstlerin war. Sie variierte ständig. Sie kreierte nicht nur ihre eigenen Kostüme, sondern auch musikalische Stile.“ Gemeinsam mit der Popsängerin Marilia Pera sang Aurora vor einiger Zeit in New York auf einer riesigen Freiluftveranstaltung die Songs ihrer Schwester, vor einem Publikum, das hauptsächlich aus begeisterten Teenagern bestand.

Ohne Umschweife erklärt Caetano Veloso, brasilianischer Popstar und Komponist, Carmen Miranda zum Inbegriff lateinamerikanischer Musik, zum universellen Zeichen, das überall in der Welt gelesen werden kann. „Wenn ich sie in meinen Songs zitiere, ist es, wie wenn Andy Warhol eine Suppendose auf die Leinwand bringt.“

Der Lebenskonflikt der Miranda, das Problem von Identität und Differenz, wird erst heute, in den neunziger Jahren, als politisches Problem sichtbar. Es markiert die Frontlinien aus Barbers Untersuchung „Jihad vs. McWorld“: auf der einen Seite die globale Eingemeindung im Dienste des Konsums und auf der anderen Seite das grimmige ethnische Auftrumpfen dagegen.

Carmen Miranda gelang der spielerische Umgang mit den Identitäten noch nicht, der Madonna ein paar Jahrzehnte später zur Verfügung stand. Oder Erick Barreto, dem Transvestiten an der Copacabana.

Ob er gern die Frau wäre, die er verkörpert? „Nie im Leben“, sagt er bestimmt. „Ich kann mir aussuchen, wer ich sein will.“ Carmen Miranda konnte es nicht.

7 SCHWITZEN FÜR DEUTSCHLAND

Helmut Kohl beim Sultan von Brunei, dem reichsten Mann der Welt

Gereizt sieht der Kanzler aus, als er aus dem Flugzeug steigt und auf der obersten Stufe der Gangway verharrend die Sonne verdunkelt. Verärgert. Womöglich wegen des 16-Stunden-Fluges, womöglich, weil er den Bordfilm schon kannte, womöglich auch, weil derzeit das Regieren keinen Spaß macht. Ganz sicher aber auch wegen der Tatsache, daß der Sultan von Brunei nur seinen kleinen Bruder geschickt hat, um ihn, das Monument der deutschen Einheit, zu begrüßen.

Das allerdings ist eine Frage des Protokolls, und mit dem nimmt es der reichste Mann der Welt genau. Schließlich ist es etwas anderes, wenn er Michael Jackson einfliegen läßt oder ein neues Polopferd. Aber das hier ist der deutsche Kanzler, und da gibt es Spielregeln, die auch er begreifen muß. Der Sultan ist Staatschef, also ranghöher als Helmut Kohl, der nur ein Regierungschef ist. Deshalb schickt er nun seinen kleinen Bruder. Der sitzt in der Regierung.

Doch auch der ist entschlossen, dem Repräsentanten eines – dem Vernehmen nach in wirtschaftliche Schwierigkeiten geratenen – Landes nicht zu lang entgegenzuschwitzen. Erst als sich die Maschine „Konrad Adenauer" der Luftwaffe über die Palmen auf das Rollfeld gesenkt hatte, und keine Sekunde früher, war Prinz Mohamad Bolkiah mit einem weißen Mercedes Coupé über den glühenden Beton am Rande der königlichen Golfplätze an den roten Teppich geprescht.

Rund 80 deutsche Delegationsmitglieder schwanken die Hintertreppe hinab und bauen sich zerknittert und übermüdet am roten Teppich auf, Bonner Beamte und Unternehmer und Journalisten, und alle stellen sich insgeheim die Frage der Fragen: Was sollen wir hier?

Nun, Brunei war fällig. Der letzte Besuch des Kanzlers mußte 1988 vorzeitig abgebrochen werden – damals starb Franz Josef Strauß, und Brunei fiel hinten runter. Im übrigen kann man sich überall nützlich machen. Also bauen sich die Delegationsmitglieder am Teppich auf und ersetzen die abwesende jubelnde Menge und knipsen, was das Kamerazeug hergibt: den

Kanzler, das Rollfeld, den Mercedes, die staubigen Palmen, den Kanzler und dann noch mal den Kanzler. Eine Klassenfahrt zum Äquator, Auftakt einer elftägigen Reise, die weiter nach Australien, Neuseeland und Hongkong führt.

Weiter weg kann man gar nicht sein vom deutschen Schlamassel in diesen Tagen, und hier, an der Nordküste Borneos, stimmen die Eckdaten: Die Sonne scheint, das Geld sprudelt in Form von Öl aus der Erde, es gibt keinen Steuerstreit, weil es keine Steuern gibt und erst recht keine Opposition – ja der Standort Brunei klingt, als hätten ihn sich zwei deprimierte CDU-Regierungsmitglieder am Telefon zusammengeträumt.

Eine sozialistische Revolte konnte 1962 mit britischer Hilfe niedergeschlagen werden, und seit 1967 herrscht der Sultan unangefochten über mittlerweile 295 000 Untertanen und 800 Polopferde. Die letzteren sind in klimatisierten Ställen untergebracht. Kurz und gut: Der Sultan ist noch regierungsdienstälter und unangefochtener als Helmut Kohl, was einen Gedankenaustausch durchaus beflügeln kann: Von Brunei lernen heißt siegen lernen.

Allerdings ist Hassanal Bolkiahs Rezept kaum tauglich: Er beschäftigt rund 60 Prozent der Bevölkerung beim Staat, also bei sich selbst, und das schafft von vornherein mehr Loyalität, als sich der deutsche Kanzler je erkaufen könnte. Doch er tut noch mehr. Rund zehn Prozent der Bevölkerung sind mit ihm verwandt – und so etwas kriegt selbst der Kanzler der deutschen Einheit nicht mehr hin, zumindest nicht in den Monaten bis zur nächsten Wahl.

Am frühen Abend hat sich die Gereiztheit des Regierungschefs gelegt. Im Speiseraum des Sheraton-Hotels, das vom deutschen Tross übernommen wird, bedient er sich am üppigen Buffett und ruft dem Mann einer überregionalen Tageszeitung launig zu: „Bei euren Herausgebern ist das Essen besser."

Der Kanzler signalisiert damit zweierlei. Erstens: Hier im Busch gibt's keinen, der vernünftig kochen kann wie in Oggersheim. Zweitens: Er, der Kanzler, löffelt seinen Pudding mit den unmittelbaren Vorgesetzten des Journalisten. Also, mein Junge, sei auf der Hut.

Der Mann, ein brillanter und manierenbewußter Wirtschaftsjournalist, lächelt höflich. Der Kanzler rückt die dampfende Pyramide auf seinem Teller zurecht. Dann dreht er sich noch einmal um: „Ich rede ausdrücklich vom Essen und nicht von den Gesprächen." Und das ist das dritte Signal: Er kann es sich sogar erlauben, die Vorgesetzten des Journalisten zu beleidigen. Sie fressen ihm trotzdem aus der Hand. Und nun lacht der ganze Berg, der Kohl heißt, aus der Höhe herab.

Und der Zeitungsmann lacht pflichtschuldig mit, denn noch das ruppigste Kanzlerwort bedeutet eine verquere Form von Nähe, und jeder Witz, den die schiere Macht reißt, ist natürlich ein Volltreffer.

Leutselig gesellt sich Kohl später zu den „Pressefritzen" am Poolrestaurant, und schlagartig werden die Frotzeleien frommer, ersterben die Gespräche schließlich ganz, und ganz plötzlich, wie durch ein Wunder, schrumpfen gestandene Journalisten und TV-Stars zu Kindern, die mit allem, was sie sagen, immer nur das eine versprechen: lieb zu sein.

Es ist nicht nur Respekt, sondern die Vorsicht vor der Unberechenbarkeit eines Mannes, der nie vergißt. Und darin gleicht der Sultan aus Bonn dem aus Brunei: Er kennt sich bestens aus in den Redaktionen seines Landes, kennt Lebensläufe, politische Herkunft, Hierarchien. Er kann Karrieren fördern, kann sie knicken.

So lauschen die schweißgebadeten Presseleute den Schnurren aus der Pfälzer Jugend, geben sich köstlich amüsiert, wagen Einsprüche allenfalls kokett und praktizieren jene kultivierte Form von Krümmung, die den Platz in der Kanzlermaschine sichert und damit das tägliche Brot für jede Redaktion: das Interview, das Foto.

Helmut Kohl weiß, was er tut, und er genießt seine Macht wie einer, der allzu lange allzu wenig ernst genommen wurde. In seiner Plauderei mit den Journalisten bricht er immer wieder aus in Tiraden über ihre schwarzen Schafe, weshalb fast jeder in seiner Entourage den merkwürdigen Ehrgeiz entwickelt, ein weißes zu sein, aber ein Schaf auf alle Fälle – keins möchte durch Sophistication kränken.

Doch was soll's: Es ist schwül am Pool, und irgendeiner hat tatsächlich Whisky aufgetrieben, der später hilft, nach Abgang des Kanzlers, die selbstverordnete Würdelosigkeit zu vergessen, und drei bruneiische Sänger dudeln Country-and-Western-Schnulzen. Man ignoriert dabei den bleichen, zwei-Meter-langen Hagestolz Andreas Fritzenkötter, der als Kohls Adjutant von einer Tischecke aus die Runde observiert und aussieht wie der unsympathische Klassenstreber, der heimlich mitschreibt, um später zu petzen.

Die Karten wandern auf den Tisch. Es wird gezockt. „Green green grass of home" am Rande des tropischen Regenwaldes, und man trinkt sich über die nagende Frage hinweg: Was machen wir hier eigentlich? Und wie verkaufen wir das, was immer wir hier vorfinden – und es wird auf ein laues Nichts hinauslaufen – den Leuten zu Hause?

Eine Möglichkeit ist: Geld bestaunen. Geld kommt immer gut. Dazu bietet sich am nächsten Morgen ausgiebig Gelegenheit, denn da geht es zum Sultan nach Hause, direkt in ein Märchen aus Tausendundeiner Nacht.

Der königliche Palast am Ufersaum des Brunei-Rivers ist ungefähr so groß wie Bonn. Er war vom Sultan mit 1778 Zimmern als größter Palast der Welt konzipiert worden. Und tatsächlich gelang es ihm, die Rekordmarke zu nehmen und das Ding mit 500 Millionen Dollar in den Regenwald zu rammen, als Mischung aus Lunapark und Volkspalast – außen viel Beton gegen Bomben und innen viel Gold für die Augen.

Während Kanzler und Sultan ins Plaudern kommen, murmelt ein Fotograf: „Das ist nie im Leben Goldstaub." Er starrt auf den schimmernden Flies. „Goldstaub würde die Putzfrau doch wegsaugen." Logisch. Es sind eher dicke Goldfäden, die in den Teppich des Audienzsaals gewirkt sind und nur den Eindruck von nachlässig gestreutem Glimmer geben.

Der Bundeskanzler ist bestens gelaunt. Er hat sich für das Protokoll-Foul am Flughafen revanchiert. In einem Überraschungsangriff hat er verlangt, daß die Klimaanlage, die für gleichmäßige 18 Grad in allen Räumen sorgt, gedrosselt wird. Bruneiische und deutsche Befehlsketten laufen kreuz und quer, bis Kanzleramts-Bürochef Walter Neuer Vollzug melden kann. Nun bestimmt der Kanzler die Temperatur der Gespräche und die Inhalte sowieso, denn irgendwann fragt der Sultan ermattet nach Einheit und Währungsunion – und worüber redet der deutsche Kanzler lieber?

Kurz darauf müssen die Delegationsmitglieder wieder beschäftigt und besonders die Presseleute erneut von ihren Gewissensbissen abgelenkt werden („Was kostet das alles an Spesen, und wie mach' ich der Heimatredaktion klar, daß ich tatsächlich arbeite?"), und auch auf diesen Ernst-Fall hatte man sich zuvor in regem Depeschenverkehr zwischen Bonn und Brunei wochenlang vorbereitet.

Es steht also an: Bootsfahrt durch die Pfahlbauten-Siedlung im Brunei-Fluß und die Besichtigung der Moschee. Damit können die Journalisten sich im übrigen nützlich machen. Sie testen für den Kanzler, der den gleichen Trip für den Nachmittag geplant hat, und zwar ungestört. Also: Ist die Moschee wirklich staunenswert genug, und wo liegt die Belastbarkeitsgrenze für die schmalen Holzboote?

Für die Klassenfahrt ins Grüne hat sich die rührige Frau Rademacher von der deutschen Botschaft in Brunei bestens vorbereitet. Im Sightseeing-Bus spricht sie über das Bildungssystem (Colleges in England) und die Saisonfrüchte (Mangos), doch die Pressemeute kommt sofort zum Kern, zur anderen großen Brunei-Frage: Also wie läuft das nun mit dem Sultan und seinen beiden Frauen? Vertragen die sich?

„Locker", sagt Frau Rademacher, und allen fällt ein großer Stein vom Herzen, und jeder denkt: So was klappt also doch. Und noch einmal: Von Brunei lernen heißt siegen lernen. Wichtig ist nur, fügt Frau Rademacher an, daß die erste Frau mit „Her Majesty" angeredet wird und die zweite mit „Royal Highness". Also nicht einfach mit Schatz und Mausi.

Auf den Stufen der schönen neuen Moschee repetiert der Führer den Namen „Kohl" voller Andacht. Ob er ihn kenne? „Nein." – „Er sieht ungefähr so aus", sagt einer aus der Delegation und zeichnet mit erhobenen Armen eine Art King Kong in den Himmel. Der Führer erblaßt. Dann beginnt er von den Segnungen des Sultans zu psalmodieren, was durchaus als Übersprungreaktion zu deuten ist.

Der Marmor für die Moschee wurde aus Italien herbeigeschafft, der 3,5-Tonnen-Leuchter aus Österreich und die Wolle für die Gebetsteppiche aus Neuseeland. Geknüpft wurden sie in Thailand. Globalisierung der Wirtschaft und die Segnungen des Sultans für alle.

Denn die Moschee hatte der Sultan dem Volke anläßlich eines seiner Geburtstage geschenkt, was auf die Frömmigkeit des Volkes schließen läßt, denn es hätte sich ja auch ein paar von diesen schwarzen Ferraris wünschen können, die sich der Sultan in Modena speziell anfertigen läßt.

Bald übertrumpfen sich auch die Bonner mit Geschichten von der Großzügigkeit des Sultans. Einer kann sich an dessen letzten Besuch in Deutschland erinnern, vor allem an die Shopping-Tour durch die lokalen Juweliergeschäfte für die jüngste Tochter, für die ein Diadem gesucht wurde. Schließlich wurde die passende Platin-Diamant-Kreation gefunden und gleich fünfmal in Auftrag gegeben, „weil die Kleine", so die Sultans-Gattin, „die Dinger immer wieder verliert".

In all diesen deutsch-bruneiischen Überblendungen, dieser politischen Form von Tropenwahnsinn, kommt es zu überraschenden Synapsen. Während der schwungvollen Kurverei zwischen den Pfahlbauten auf dem Brunei-River schwärmt der FDP-Bundestagsabgeordnete Helmut Haussmann plötzlich: „Wäre ein toller Wahlbezirk, den könnte man vom Wasser aus betreuen."

Surreal die Bemerkung, sicher, aber was ist es nicht auf diesem Trip? „Apokalypse Bonn" bei 100 Prozent Luftfeuchtigkeit, Männer in Boss-Hemden auf einer Mission, den Flußlauf aufwärts in den Regenwald hinein, und leider sagt einer: „Da würdet ihr Liberalen aber erst recht absaufen", was natürlich wiederum erschütternd gewöhnlich ist und die Stimmung zerstört.

Worauf sich das Politspiel „Wer gewinnt?" anschließt, das einer wie der Sultan nur vom Polo her kennt, bei den Bonnern aber tägliches Brot ist: Taktik und Mannschaftsaufstellung ein Jahr vor der Bundestagswahl. Haushaltsexperte Purps von der SPD: „Natürlich muß es der Schröder machen – es gibt ja immer noch ein paar in unserer Partei, die gewinnen wollen."

Vielleicht ist auch das eine Möglichkeit, der Frage „Was soll ich hier auf dem dämlichen Fluß am anderen Ende der Welt auf Kosten der Steuerzahler?" auszuweichen: Man nimmt sich einfach die liegengebliebene strategische Arbeit mit in den Urlaub – oder zumindest das Bonner Kantinengerede.

Spät gibt es doch noch handfeste Ergebnisse, die nach Arbeit riechen, doch noch einen Spesengrund: Kanzlerberater Joachim Bitterlich informiert in einer Suite des Sheraton-Hotels über den Abschluß eines Vertragswerkes mit der bruneiischen Regierung, das sowohl ein Investitionsförderungsabkommen umfaßt als auch die Absichtserklärung zum Bau einer Raffinerie.

Das Pressecorps schlürft diese Information, notiert sich das Auftragsvolumen (2,6 Milliarden Mark) und nimmt befriedigt zur Kenntnis, daß der deutsche Vertragspartner in Leipzig sitzt und somit „gerade auch die neuen Bundesländer“ (Bitterlich) indirekt von dem Staatsbesuch profitiert haben.

Womit auch die Frage („Was machen wir hier eigentlich?“) befriedigend beantwortet werden kann: Wir schaffen Brot und Arbeit für den Osten. Kurz darauf welkt diese Hoffnung wieder. In einem Vier-Augen-Gespräch erklärt ein bruneiischer Journalisten-Kollege: „Es wird hier nie zum Bau einer deutschen Raffinerie kommen, die Konkurrenz aus Singapur und Bangkok ist einfach zu stark, da könnt ihr gar nicht mithalten. Die ausgehandelte Studie ist pure Staatsbesuchs-Kosmetik. Euer Mann wollte mit Erfolgen glänzen.“

Ach so? Bevor sich die Enttäuschung über den Bluff in die Reporterköpfe senken kann, wird ihnen ein neuer Reisegrund zugespielt – auf die Bonner PR-Maschine ist Verlaß. Also: Brunei, so ist zu erfahren, sei sehr an dem Ausbau des Fremdenverkehrs interessiert. Ist es da nicht selbstverständlich und geradezu vaterländische Pflicht, sich im Interesse der bruneiisch-deutschen Beziehungen als Probetourist zur Verfügung zu stellen?

Fest entschlossen zur eigenen Bedeutsamkeit und mittlerweile voll akklimatisiert und beflügelt von den Rufen des Muezzins, werfen sich die Delegationsmitglieder am Abend in dunkle Anzüge, um auf dem glänzenden Bankett in dem bescheideneren Ehefrauen-Palast den Erfolg der schwierigen Brunei-Mission zu begießen.

Diesmal soll auf der Gegenseite auch der Sultansbruder Prinz Jefri dabeigewesen sein, der wegen einer obskuren Callgirl-Geschichte vom Sultan der Würden des Finanzministers enthoben worden war, aber vorläufig noch sein Bruder blieb.

Beobachter berichten um Mitternacht bewegt, wie der Bundeskanzler auf die guten deutsch-bruneiischen Beziehungen angestoßen und in seiner Tischrede noch einmal die Wichtigkeit des Euro betont habe. Der Sultan, ein eher altmodischer Dollar-Sammler, habe auch dafür Verständnis gezeigt.

Da draußen ein schwerer Tropenregen niedergeht, verzichtet man auf den anschließenden Besuch des Lunaparks und findet sich schnell wieder im Hotel ein, um es sich bei schmunzelnden Pressebeschimpfungen des Kanzlers so richtig gemütlich zu machen.

Im übrigen müssen sich alle schon auf den nächsten Programmpunkt vorbereiten: Badeurlaub am Wochenende mit dem Kanzler in Cairns, dem Tauchparadies an der Ostküste Australiens, bevor in Canberra erneut am Ausbau der Beziehungen, zu wem auch immer, gearbeitet wird.

Das Mitglied der Wirtschaftsdelegation Gunter Schmalz, von der „Sächsischen Aufbau- und Qualifizierungsgesellschaft mbH", vormals Trabant-Werke, wird nicht dabeisein.

Der Mann aus Zwickau, ein sympathischer, ewig schwitzender Mittdreißiger, konnte sich weder für Moscheen noch den Vergnügungspark so richtig erwärmen, dafür um so mehr für Sachen wie „duale Bildungssysteme" und „private/public partnership". Er ist zufrieden. Seine Dienste werden möglicherweise hier gebraucht. Monatelang hat er dafür in Bonn und in Brunei antichambriert.

Jetzt nach Australien weiter? Er schüttelt den Kopf. „So'n Urlaub kann ich mir schon rein zeitmäßig gar nicht leisten", sagt er. „Irgendeiner muß doch schließlich arbeiten."

Der Kanzler der Einheit, so viel läßt er durchblicken, ist eine Riesenenttäuschung für ihn. Der durchdämmert nur noch im Autismus der Macht die milden Abendstunden seiner historischen Rolle. Wahrscheinlich war das seine Mission: die blühenden Landschaften zu versprechen.

Aufbauen müssen sie andere.

8 PFLICHT ZUM UNGEHORSAM

Der wiederentdeckte Philosoph Henry David Thoreau und Amerikas rechte Terror-Szene

Noch einmal beginnt auf der Brücke über dem Concord-River die Schlacht um die Freiheit. „Die Rotröcke stehen dort drüben", sagt David, ein pensionierter Systemanalytiker mit mächtigem Bauch, gewienert und gestriegelt in Uniform. „Unsere Leute sind vom Hügel heruntergestürmt, und nun geht's los."

Er senkt seine Muskete. Das Bajonett schimmert gefährlich. Kurz schwankt Davids Entschlossenheit, weil er warten muß, bis der Dackel eines Spaziergängers ausgepinkelt hat. Doch dann geht er zum Sturmangriff über.

Jeden 19. April – und der letzte bildete da keine Ausnahme – wiederholen Davids patriotische Trachten-Milizionäre das Scharmützel von 1775, das den Startschuß zum Unabhängigkeitskrieg gegen die britischen Kolonialherren gab – eine Steuerrevolte zunächst von grollenden Untertanen, die einer fernen Regierung mißtrauten.

„Es war ein sonniger Tag", sagt David, „ein guter Tag, um für die Freiheit zu sterben", damals, als zum erstenmal die Siedlermiliz und reguläre britische Einheiten bei Concord in der Nähe von Boston aufeinandertrafen.

Doch von nun an, das spürt David, wird ein anderer 19. April Concords patriotischen Feiertag auf immer überdröhnen: der Knall von Oklahoma am 19. 4. 1994, die 5000-Pfund-Bombe, die das Federal Building sprengte und dem Haß auf die Regierung gräßliche Gestalt gab. Das symbolträchtige Datum war von den Attentätern mit Bedacht gewählt, um ihre Tat als revolutionären Akt gegen staatliche Unterdrückung erscheinen zu lassen.

David schaut ratlos durch seine randlose Brille auf den trüben Concord-River. Er umklammert seinen Vorderlader, als suche er Halt. In Oklahoma explodierte kein tschechischer Sprengstoff ausländischer Terroristen, sondern Düngemittel, eine Farmer-Bombe aus dem Heartland. Der Verdächtige Timothy McVeigh sieht aus, als könnte ihn sich David zum Schwiegersohn wünschen. Glatt rasiert, unauffällig, höflich, ein guter Soldat. Dieser Terrorist, murmelt David, ist kein

Russe oder Araber, sondern einer von uns, ein Amerikaner. Wie weit ist es mit dieser Nation gekommen?!

David verabscheut das Attentat zwar aus vollstem Herzen – er hat jedoch, wie viele, ein irritierendes Verständnis für die Motive. Mit dem Attentäter ist er sich einig darüber, daß die Welt wie damals 1775 auf der Brücke in Gut und Böse zerfällt. Das Böse trug Rot, das Gute trug Grün.

Heute ist es zwar ein wenig komplizierter, denn der Feind ist ein abstraktes System. Doch böse ist es um so mehr. Es ist eine Politik, die Drogen und Schwangerschaftsabbrüche zuläßt und Schulgebete verbannt. „Der Bomber", sagt David, „wollte ein Loch ins System sprengen."

Davids Ausführungen machen deutlich, daß die Wahnsinnstat von Oklahoma keine isolierte Randepisode ist, sondern aus der Mitte der Gesellschaft kommt. Staatsverdruß ist keine Exzentrik, sondern amerikanische Tradition – er gehört zum Gründungsmythos der ganzen Nation.

Man traut der Regierung, oder zumindest finsteren Cliquen in ihr, nur das Schlimmste zu. Nicht von ungefähr gehören Verschwörungstheorien zur amerikanischen Folklore. Noch heute glauben manche, daß Kennedys Gehirn in einer geschlossenen Abteilung des Parkland-Hospitals in Dallas lebendig erhalten wird und mit einem Computer Schach spielt.

Wer weiß, ob das FBI bei der Oklahoma-Bombe nicht doch seine Hand im Spiel hatte? „Möglich ist alles", sagt David. Die Verachtung für die eigene, demokratisch gewählte Regierung reicht besonders in Concord weit zurück.

Concord, der 17 000-Seelen-Ort, ist ein Theme-Park der amerikanischen Geschichte. Am Monument Square liegt der Friedhof der ersten Siedler, weiter unten rot geschindelt Wright's Tavern, das Hauptquartier der Engländer. Kaum ein Baum, kein Säulenkapitell ohne Verweise auf Gewalt oder Geist, auf Blut oder Epen, und meistens sind beide verknüpft. Heute beherbergen die schmucken Fassaden Bistros und Antiquitätenläden und Espresso-Bars für Yuppie-Pendler aus Boston und für Touristen.

In Concord fiel nicht nur der erste Schuß für die Unabhängigkeit, hier wurde er auch besungen. In der Mitte des vorigen Jahrhunderts war Concord das amerikanische Weimar. Um

Ralph Waldo Emerson, den Philosophen und Yankee-Goethe, drehte sich ein Kreis von Dichtern, Naturschwärmern und Sozialrevolutionären, die sich die Transzendentalisten nannten.

Unter ihnen war ein großnasiger Lehrer mit Flaum am Kinn: Henry David Thoreau (1817 bis 1862). Der Mann, der bereits damals eine Zumutung war, ist heute eine Provokation: ein uramerikanischer Schriftsteller, der in keinem Schulbuch fehlt, und zugleich ein intellektueller Herold des Widerstands gegen die Staatsgewalt.

Vielleicht muß man ihn lesen, während der Fernseher läuft und Rush Limbaugh, der reaktionäre Maulheld unter den amerikanischen Kommentatoren, seine populären Tiraden herunterklappert, um zu begreifen, wie aktuell Thoreau ist. Zu Lebzeiten war er ein Sonderling. Nun bereitet sich seine Heimatstadt Concord darauf vor, ihn zu feiern.

Thoreau haßte die Regierung bis ins Mark. Der Kongreß? Nichts als „wortreiche Schlauheit". Er weigerte sich, Steuern zu zahlen. Er klingt wie ein rechtsradikaler Milizionär. Und doch ist er ein Klassiker, von dem der Dichter Robert Frost sagte: „Er steht über allem, was Amerika hervorgebracht hat."

Vor 150 Jahren zieht Thoreau in den Wald bei Concord. Während das Städtchen den Patriots' Day zelebriert, hackt er Weißtannen, aus denen er seine Klause baut. Während Emersons Hymne auf den „Schuß, der um die ganze Welt gehört wurde", an der Nordbrücke deklamiert wird und alles nur stolze Feierlichkeit ist, mißt Thoreau Bretter ab. Und als das Städtchen mit Pomp den 4. Juli feiert, den Tag der Unabhängigkeit, begibt sich Thoreau in seine Hütte, um Unabhängigkeit zu leben.

Wohl keiner versteht es, das individuelle Auftrumpfen gegenüber dem Staat so wortmächtig zu Papier zu bringen wie er. „Walden", das Buch über seine Einsiedelei, ist die Bibel des amerikanischen Individualismus. Und die etwa gleichzeitig entstandene Streitschrift „Über die Pflicht zum Ungehorsam gegen den Staat" dessen glühende Essenz. Wer den Verdruß des Durchschnittsamerikaners verstehen will, muß Thoreau lesen.

Als er an den Waldensee zieht, ist Thoreau so alt wie der Oklahoma-Attentäter: 27 Jahre. Und wie McVeigh trägt er den

Groll des Zukurzgekommenen in sich. Die Leute schütteln den Kopf über ihn. Da hat er an der Harvard-Universität studiert, und was ist aus ihm geworden? Ein arbeitsloser Sonderling! Die väterliche Bleistift-Fabrik bringt kaum etwas ein.

Seinen Job als Lehrer hatte er verloren – ihm war von der Schulbehörde vorgeworfen worden, daß er seine Schüler nicht richtig erzöge, weil er sie nicht prügelte. Thoreau reagierte auf seine Weise: Er griff sich wahllos eine Handvoll Zöglinge heraus, züchtigte sie und kündigte.

Emerson, der Geistesfürst im behaglichen Landsitz, predigt Naturbetrachtung und Selbstbeschränkung. Thoreau handelt. Er gehe in die Wälder, sagt er, um sich mit den Grundgegebenheiten des Lebens vertraut zu machen und sich in der Todesstunde nicht fragen zu müssen, ob er gelebt habe.

Während die jungen Männer seiner Generation auf nach Westen ziehen, um ihn zu erobern, besiedelt Thoreau innere Reiche, übt die „Kunst der Niederlassung". Eine spirituelle Landnahme: Wo er gerade sitzt, gehört ihm die Landschaft, ja gehören ihm alle Farmen, auf die sein Blick fällt, und er kennt ihren Preis auf Dollar und Cent – er ist gleichzeitig Buddha und Yankee.

Penibel führt er Buch. Bretter, Schindeln, Latten – eine Hütte für 28 Dollar und 12,5 Cent. Sein Schlachtruf: „Simplify", vereinfachen! Er hackt Bohnenfelder aus dem Boden, baut Kartoffeln an und errechnet später den Profit von zwei Jahren: 8 Dollar, 71,5 Cent. Das erste Kapitel seines „Walden"-Buchs ist eine frühmarxistische Kritik der Ökonomie, und Thoreau hat überhaupt keine Probleme damit, sich ständig zu widersprechen.

Wird das Konzert der Vogelstimmen am stillen See vom Pfeifen der Eisenbahn nach Boston zerrissen, meditiert Thoreau über Abenteuergeist und Versklavung durch die Moderne, um sich gleich darauf in antisozialen Attacken zu winden. Dann höhnt er über die Damen der Gesellschaft, die „Zierkissen sticken, um nur ja nicht ein zu lebhaftes Interesse an ihrer Bestimmung zu verraten". Oder er hetzt über die Zeitungen und ihren „Ansichtsdunst".

Der Mensch, sagt er, brauche nichts als frische Luft und eine kleine Kiste, um sich nachts schlafen zu legen und vor dem

Regen zu schützen – Lob dem Penner-Leben oder dem des Guerrilla-Kämpfers, der auf sich allein gestellt ist. Er ist antiindustriell, verwünscht Gewerbe, Handel und den Finanzverkehr. Er empfiehlt: Fasten. „Was plagen sich die Menschen so? Wer nicht ißt, braucht nicht zu arbeiten." Er ist gleichzeitig Franz von Assisi und Heinrich Heine.

Von der rührendsten Naturbetrachtung, der Versenkung in das Spiel der Taucher auf dem silbernen See oder in die Stimmen der Eulen, dieser „Mitternachtshexen", die über verlorene Lieben klagen, von schauerromantischer Verzückung und heiligem Naturernst also stürzt er sich, ohne jeden Übergang, in Tiraden über Geld und Politik, um sich gleich darauf über die indischen Weden oder die Ilias zu ergehen. Einem staunenden Holzfäller übersetzt er die mahnenden Worte Achills an Patroklus.

Thoreaus Waldeinsamkeit ist ein Totengottesdienst, und „Walden" ist ein Trauerbuch. Sein Bruder starb drei Jahre vor Beginn der Abgeschiedenheit. In jungen Jahren hatten er und John sich in die gleiche Dame verliebt. Sie nahm keinen von beiden, sondern den, den ihr Vater erwählt hatte. Seitdem hatte Thoreau das Interesse an Frauen verloren. Er findet sie „fluffy", zu verzärtelt.

Hier im Wald lebt er die perfekte Bindungslosigkeit, freut sich über die „süße, wohltuende Geselligkeit" der Natur, genießt die „Blüte des Augenblicks", erlebt sie im Rauschen des Regens, in jedem Laut und Blick um das Haus herum, so beglückt, daß neben ihr die „eingebildeten Vorteile der menschlichen Nähe unbedeutend erscheinen". Ekstatisch ruft er: „Ich hätte der erste oder der letzte Mensch sein können."

Er romantisiert seine Eremitenrolle – „ich war dabei, in den Urgrund der Dinge einzutauchen". Gleichzeitig ist sein Einsamkeitsheroismus komisch, denn schließlich lebt er sozusagen in Concords Hinterhof, gerade zwei Meilen vom Flecken entfernt, den er im übrigen fast täglich besucht.

Ein Jahr nach seinem Auszug in den Wald wird er verhaftet. Der Constabler, mit dem er befreundet ist, tut es nicht gern. Doch Thoreau hatte sich geweigert, Steuern zu zahlen. Kein Cent für eine Regierung, die die Sklaverei unterstützt und junge Männer in einen Krieg mit Mexiko hetzt. Im übrigen, und diese Einstellung teilt er mit den modernen rechten Milizen: Er will vom Staat in Ruhe gelassen werden.

Als Emerson an Concords Gefängnis vorbeigeht und seinen Freund hinter Gittern sieht, ruft er ihm zu: „Henry, was machst du da drin?“ Thoreau entgegnet: „Und was machst du da draußen?“ Auch wenn ihn seine Tante am nächsten Tag auslöst – gegen seinen Willen, wie er versichert –, er hat seine Rolle gefunden. Er nennt das Gefängnis angesichts einer Regierung, die er als willkürlich empfindet, den „angemessenen Platz für einen gerechten Menschen“. Und er fertigt Skizzen zu jenem Plädoyer, das ihn in der Nation und in der Welt berühmt machen wird: „Über die Pflicht zum Ungehorsam gegen den Staat“.

Es ist eine säurehaltige Attacke gegen jede Form von Staatsmacht. Thoreau kennt die Vorbilder. Das berühmteste, Sophokles' Drama „Antigone“, hat er selbst ins Englische übersetzt. Die Verfassung des Landes und seine Regierung, sagt er, seien für den gewöhnlichen Blick gar nicht schlecht. Aber!

„Von einem höheren Standpunkt gesehen aber sind sie so, wie ich sie beschrieben habe.“ Von dieser autonomen Trotzwarte aus nämlich ist der Staat „einfältig wie eine alte Jungfer“ und seine Regierung verlogen, ja, sie ist überhaupt an allem Elend schuld, und er verspottet jene, die „auf ihren Schutz nicht verzichten wollen“.

Thoreaus Prosa ist wie ein Vexierspiegel. Ihre Wahrheiten verändern sich je nach Lichteinfall. Sie haben Gandhi inspiriert und Martin Buber und Martin Luther King. Doch mit Leichtigkeit könnten sie auch von rechtsradikalen Terroristen als Bestätigungsliteratur gelesen werden. Das stadtflüchtige, antimoderne Milizenwesen kann Staatsverachtung und Selbstverherrlichung bei Thoreau nachblättern.

Thoreau selbst schließt gegen Ende seines Lebens Gewalt als politisches Argument nicht mehr aus. Seine Lobrede auf John Brown ist die auf einen politischen Killer: Brown, Aktivist gegen die Sklaverei, hatte mit seiner Bande fünf weiße Siedler niedergemetzelt und ein Army-Depot besetzt, bevor er gefangen und gehängt wurde. Seine Laufbahn besingt Thoreau als die „eines Meteors – eine helle Lichtspur in der Dunkelheit, in der wir leben“.

Thoreaus antistaatliche Widerstandsrhetorik macht deutlich, warum individuelle Gewalt nirgends so sehr fasziniert wie in Amerika. Ihr zugrunde liegt nicht die soziale Erlösungsutopie, sondern der Trotz des Einzelgängers, der das (Natur-)Recht in die eigenen Hände nimmt. Das gilt für politische Terroristen von links und rechts genauso wie für gewöhnliche Kriminelle.

In einem Editorial weist der *New Yorker* darauf hin, daß der Mord als Propagandamittel schon zu Thoreaus Zeiten entdeckt wurde. Die Regulatoren lynchten Viehdiebe, um ein Fanal zu setzen, und John Brown lynchte die, die Schwarze lynchten, aus dem gleichen Grunde.

Natürlich profitierten auch Gauner oder gewöhnliche Kriminelle von dieser Faszination. Die Wild-West-Killer können nach einiger Zeit als durchaus gesellschaftsfähig gelten. Wild Bill Hickok demonstrierte seine Pistolentricks schließlich in ausverkauften Häusern am Broadway, und für Jesse James galten bald mildernde Umstände – bereits sieben Wochen nach seinem Tode wurde behauptet, daß der Revolverheld mit seinen Morden lediglich auf das schwere Los der konföderierten Kriegsveteranen aufmerksam machen wollte. Doch eigentlich vergötterte man sie nur deshalb, weil sie das Gesetz in die eigenen Hände genommen hatten.

Der extreme Individualismus, den die Transzendentalisten um Emerson und Thoreau predigten – letzte Instanz war der innere Mensch, das Gewissen –, konnte nur paradoxe Siege erringen: Erfolgreich konnte die Bewegung erst sein, wenn sie als Gruppe zerfiel.

Thoreau, der radikalste und wirkungsmächtigste unter ihnen, verdingte sich nach seinem Waldexperiment bei den Emersons als Gärtner und Kindererzieher und starb mit 44 Jahren an einer Lungenentzündung, die er sich beim Vermessen von Baumstämmen im Winter zugezogen hatte.

Heute feiert das Städtchen Concord, das Thoreau einst als „Verdauungstrakt" für Klatsch und Gerüchte geschmäht hatte, seinen dunklen, spröden Sohn, den es vor 150 Jahren in die Wälder zog. Während die politische Unabhängigkeit des Landes mit Davids kostümierten Milizen und lautem Pomp und Gloria am Patriots' Day begangen worden war, wird die geistige Unabhängigkeit, die Thoreau vorlebte, in stiller Ekstase gefeiert werden, mit Vorlesungen, Morgenmeditationen und Naturmärschen. Jeder hier kennt „Henry“. John vom Colonial Inn, der geläufig über Schleiermachers Einfluß auf Thoreau spricht und wahrscheinlich der gebildetste Empfangsherr Nordamerikas ist, zeigt den Seitenflügel, in dem die Thoreaus einst lebten. Er versteht Thoreaus Wut gut. Amerika ist in schlechter Verfassung. Und nicht nur Amerika. „Die Verachtung der herkömmlichen Politik ist doch international.“

Der Waldensee, in dem sich in diesen Tagen ein blauweißer Frühlingshimmel spiegelt und der so geformt ist, als sei er tatsächlich „das Auge der Erde“, ist in den vergangenen Jahren zum Wallfahrtsort geworden. Rund eine halbe Million Besucher strömen jährlich an seine Ufer.

Die Originalhütte gibt es nicht mehr – die war schon von Thoreaus Zeitgenossen auseinandergenommen und zum Abdecken von Schweineställen verwendet worden. Doch es gibt eine Nachbildung – am Rande eines Riesenparkplatzes, der alle jene aufnehmen kann, die in Gruppen anreisen, um den sehnsüchtigen Blick auf einen Individualisten zu werfen.

Denise, die Historikerin des Waldensee-Projekts, gibt ihre Erläuterungen einer Gruppe von Hobby-Dichtern aus Connecticut, die ehrfürchtig durch die Fenster der Klause schauen: ein Bett, ein Stuhl, ein Sekretär, ein Ofen, sonst nichts. Vereinfachen!

Natürlich sprechen auch sie über Oklahoma und die Folgen. Denise, die wahrscheinlich so weit links steht wie Rush Limbaugh rechts, ist sich mit dem Radio-Großmaul in einem Punkt einig: Der Staat dürfe nicht zum Schnüffelstaat werden. Er müsse nach wie vor die Freiheitsrechte des einzelnen respektieren, auch die von rechten Spinnern. Und die Bombe von Oklahoma? „Wahrscheinlich ein Preis, den wir für diese Freiheit entrichten müssen.“

Dann führt sie die Gruppe am Waldensee entlang, auf dem reglose Angler in ihren Booten sitzen, und schließlich gelangen die Besucher hundert Meter über dem Ufer auf eine kleine Lichtung. Kahle Birken und Eichen werfen bizarre Schattennetze über den Waldboden, auf dem Granitpfeiler den Grundriß von Thoreaus Hütte markieren.

Daneben ein Haufen mit beschrifteten Kieselsteinen, die Thoreau-Pilger als letzten Gruß an ihren Henry hinterlassen.

Einer aus der Gruppe trägt ein selbstgefertigtes Gedicht vor: „How much he found that he could do without / 28 Dollar and 12 Cents it took to build a mansion for the mind."

Ein anderer interessiert sich nicht für Thoreau-Exegesen. Er hat sich von der Gruppe gelöst und beugt sich über den Fuß einer Eiche. Zarte Sprößlinge stehen im dunklen Moosbett. „Schau dir das Licht an und die Grüntöne", murmelt er versonnen.

Er klingt so abgewandt, als hätte er Thoreau verstanden.

9 LUFTSCHIFFE ÜBER DER SAVANNE

Paolo Lugari und seine Öko-Kommune „Las Gaviotas" in Kolumbien

Don Paolo Lugari philosophiert, ausgerechnet hier: Eingekeilt im Nachmittagsstau Bogotas doziert er über Thomas Morus' „Utopia", ein massiger bärtiger Renaissance-Fürst in Khakihose und Tropenhemd, die Hand am Steuerknüppel seines Range Rovers und die Augen fest ausgerichtet auf eine andere, schönere Welt. Schon vor langer Zeit hat er sich abgewöhnt, den täglichen Wahnsinn dieser belagerten Stadt an der Ostkette der Anden ernst zu nehmen.

Ein sichtbarer Wahnsinn: In die Graffiti an den Hauswänden, in all die durchbohrten Herzen und Liebesschwüre, mischen sich die Gewalt-Losungen der Guerrilla. Auf dem Platz Simon Bolivar demonstrieren kleine Jungen mit Engelsflügeln gegen den Terror, den von links und von rechts und den überparteilichen der Drogenbarone, gegen die Wachstumsbranche Mord insgesamt, die im vorigen Jahr 35 000 Opfer verbuchte.

Polizeihundertschaften riegeln die Innenstadt ab. In das Geschnarre eines Lautsprecherwagens, der für einen neuen Nachtklub wirbt, brüllen die Zeitungsverkäufer ihre Schlagzeilen über das neueste Attentat.

„Da", ruft Paolo kurz darauf und zeigt durch die Windschutzscheibe. „Das ist unser Werk." Hinter schmiedeeisernen Gittern im Garten des Präsidentenpalastes schimmert eine Batterie von – Solarfenstern. „Das ist die Zukunft", sagt Paolo und nickt begeistert.

Solarzellen als Rezept gegen den täglichen Terror? Ökowarmes Badewasser für den Präsidenten – ist das alles, was Paolo Lugari gegen das mörderische Elend Kolumbiens beizusteuern hat?

Lächerlich, auf den ersten Blick. Auf den zweiten nehmen sich die schrägstehenden Lamellen tatsächlich aus wie eine merkwürdige Kostbarkeit im Terror-Dschungel Bogotas. Sie sind Zeichen eines sanften Vorstoßes ins Zentrum der Macht, Coup einer grünen, einer pazifistischen Guerrilla: Eine Idee ist angekommen.

Eine Idee, die vor 25 Jahren in der Peripherie geboren wurde. Damals wurde „Las Gaviotas" („Die Möwen") gegründet, eine mittlerweile legendäre Kolonie von Wissenschaftlern und Arbeitern jenseits der Anden, eine Öko-Kommune in der menschenleeren, endlosen Savanne Ostkolumbiens.

Morus' Inselstaat „Utopia" blieb eine beflügelnde Reißbrett-Idee, Lugaris Modell Gaviotas dagegen ist erfolgreiche Wirklichkeit. Die Uno zeichnete die grüne Erfindersiedlung als beispielhaftes Lebensmodell für die Tropen aus. Gaviotas hat Staatsmänner beeindruckt und Dichter wie Garcia Marquez fasziniert. Der schrieb nach einem Besuch dort in eines seiner Bücher: „Für Paolo, Erfinder der Welt".

Las Gaviotas will mehr als nur alternative Technologie in einem Land der Dritten Welt. Es will die Alternative schlechthin. Lugaris Öko-Truppe hat nicht nur den Präsidenten alternativ umgerüstet – auch im Arbeiterstadtteil Tonal gibt es 7500 speziell beschichtete Solarfenster, die aus dem Himmel über Bogota Energie ziehen. Aber noch wichtiger ist das Konzept, das dahinter steckt – Umdenken, neue Wege einschlagen.

Paolo Lugari, das ist der Poet als Ingenieur, der Träumer als Realist. Er liebt Spielzeug. Sein Stadtbüro in Bogota ist voll davon, etwa diese Batterie kinetischer Skulpturen auf einem Bücherbord, die er zärtlich seine „Maschinen für Nichts" nennt. Noch der billigste Unfug ist eine Anregung. An diesem Tag ist es der „Fizzy Drinksmaker", ein gerade eingetroffenes amerikanisches Sprudelwasser-Gerät aus pinkfarbenem Plastik, das Lugari entzückt. Er will es in Gaviotas zeigen. „Warum sollen die Kinder der Arbeiter dort draußen Coca-Cola und anderes ungenießbares Zeug trinken, wenn sie ihren eigenen Sprudel in rauhen Mengen herstellen können?"

Man widerspricht Don Paolo ungern, aber in diesem Punkt sind Zweifel angebracht. Eher legen wohl die Guerrilleros ihre Waffen freiwillig aus der Hand, als daß irgendein Kind auf der Welt Coca-Cola gegen eine selbstgepanschte Brühe tauschen würde. Doch Don Paolo ist hingerissen von seiner Idee: „Eine Sodafabrik – ein weiterer Schritt zur Unabhängigkeit."

Auf dem kleinen Privatflughafen am Stadtrand kommt es zu Verzögerungen und langem Palaver mit dem Piloten. Lugari hätte sich für seine Utopie keinen riskanteren Standort wählen können – Gaviotas liegt mitten im Guerrilla-Gebiet. Der Flugzeugführer hat Angst.

Es sind nicht nur die vom Piloten mißtrauisch beäugten ausländischen Journalisten, die dort draußen gekidnappt werden könnten – über tausend Entführungen und Lösegelderpressungen jährlich sind Weltspitze. Es ist vor allem seine Maschine, um die der Pilot bangt. Man verspricht ihm, daß er sofort wieder zurückfliegen kann.

„Unsere Verteidigung ist, daß wir keine haben", murmelt Paolo, sobald der Pilot außer Hörweite ist. „In dem Moment, in dem wir Waffen bräuchten, wäre es besser, kein Gaviotas zu haben." Es grenzt an ein Wunder, daß die Siedlung in dem Vierteljahrhundert ihrer Existenz noch nie überfallen wurde. Wie schaffen die Alternativen das? Lugari lächelt: „Sie werden sehen."

Er zwängt sich in einen lächerlich kleinen Schalensitz, den „Fizzy Drinksmaker" auf dem Schoß, neben sich Gustavo Yepes, den nicht minder voluminösen Direktor der Musikhochschule. Mit ihm möchte Lugari die Philharmonie nach Gaviotas bringen und Chöre dort gründen. Das soll sein nächstes Großprojekt sein, neben der Sodawasserfabrik natürlich.

Als die Cessna ihre Flughöhe erreicht hat, erzählt Don Paolo von seinem Vater, dem es versagt geblieben ist, Gaviotas zu sehen – eine Woche, bevor dort das erste Zelt aufgeschlagen wurde, starb er.

Es hätte ihm gefallen, denn auch sein Vater, berichtet Don Paolo, habe stets nach dem ganz anderen Leben gesucht, ja eigentlich diese Sehnsucht erst in ihm entzündet. In den fünfziger Jahren war er aus Italien eingewandert, Sproß einer Adelsfamilie, die Kardinäle und Politiker hervorgebracht hatte, ein

Abtrünniger voller Verachtung für Geld und Titel, die, wie er zu sagen pflegte, „meistens durch Morde erworben wurden – nichts, worauf man stolz sein könnte".

Sein Vater: Anwalt und Architekt, Philanthrop und Plantagengründer, vor allem aber Lehrer für Paolo, der selten eine Schule von innen sah, aber bereits als Teenager Nachbarschaftsinitiativen gründete, sein Rednertalent entdeckte und Kommunalpolitik machte. Mit einem Stipendium der UN ging er nach Fernost als Entwicklungshelfer und arbeitete später als Stadtplaner an der Atlantikküste, ohne je den eigenen Plan aus den Augen zu verlieren: Utopia in den Tropen.

Die alte Cessna schüttelt sich durch Wolkengebirge, über Andenschluchten hinweg. Dann hat sie die letzte Hügelflanke hinter sich gelassen und segelt aufs Savannenmeer hinaus, eine endlose, windgekämmte Flut aus Gras. Nach zwei Stunden tauchen unvermutet Wälder auf, die Cessna zieht eine Schleife und stößt hinab.

Wälder in den Llanos, der herben grünen Savanne, deren fruchtbare Erdkrume gerade mal zwei Zentimeter tief und stark übersäuert ist? Nach langen Testreihen haben die Gavioteros eine Kiefernart in Nicaragua gefunden, die die Llanos annimmt wie Heimaterde. Zwei Millionen Bäume haben sie mittlerweile gepflanzt – eine gewaltige Lunge ist in der Savanne entstanden. Zwischen den Kiefern wachsen andere Pflanzen und Bäume, die typisch für die Orinoko-Region sind. Gaviotas hat den Regenwald zurückgeholt, der vor Millionen von Jahren die große Savanne bedeckte.

Mit einem Lkw, der an der Rollbahn wartet, werden die Gäste ins Dorf eskortiert. Lugari steht selig lächelnd auf der Ladefläche und schaukelt er an den Spalieren der Pinien vorbei wie ein siegreich heimkehrender Feldherr, den Sprudelmacher in der Hand. Neben ihm Verwalter Gonzalo, der in einem früheren Leben Journalist war.

Gonzalo berichtet den letzten Tratsch, die jüngsten Pflanzungsrekorde. „Noch drei Jahre", seufzt Lugari glücklich, „dann ziehe ich ganz hierher." In drei Jahren, so hat er errechnet, muß er keine Sponsoren mehr für sein Modelldorf auftreiben – dann ist Gaviotas unabhängig.

Die Gavioteros haben der Savanne abgetrotzt, was sie zum

Leben brauchen: Energie und Grundwasser, Gemüse und die Mast für Rinder, Schweine, Hühner. Sie sind keine Aussteiger, sondern ganz von dieser Welt, und die ist kolumbianisch: Das Zentrum der Siedlung ist ein Fußballplatz. Am Nachmittag werden die Kiefernpflanzer gegen die Leute aus der Harzfabrik antreten. „Die Fabrikarbeiter halten sich für was Besseres", meint Gonzalo. „Na ja, die kriegen den Arsch versohlt."

Unter Mangobäumen und üppiger Bougainvillea ducken sich die weißgetünchten Bungalows für die Arbeiterfamilien. Kinderlachen dringt aus den offenen Schulräumen, und Schlagermusik aus dem Gemeinschaftshaus, das ein polynesisches Spitzgiebeldach aus Aluminium trägt.

In Morus' Utopia sind Privateigentum und Geld abgeschafft, nicht aber die Sklavenarbeit. In Gaviotas verdient jeder mehr als den Mindestlohn des Landes, nutzt Schulen und das Gesundheitssystem ohne Bezahlung. Geld wird auf andere Weise bedeutungslos – wofür soll man die Pesos schon ausgeben? Wer einen Bungalow braucht, baut sich einen, und das Essen ist frei.

Don Paolo läßt sich auf einem dünnen Stuhl nieder, an einem großen runden Tisch, der das wichtigste Requisit der Gaviotas-Zentrale ist. Hier werden sämtliche Entscheidungen mit den Abteilungsleitern besprochen, hier wird Streit geschlichtet, und bei delikaten Fällen spielt Cecilia, Gonzalos Frau und gelernte Therapeutin, die Kummertante.

Die Öko-Kommune in den Llanos kennt keine Polizei, kein Gefängnis. Es existieren noch nicht einmal Schlösser vor den Türen. Morde, Vergewaltigungen oder andere Kapitalverbrechen hat es hier noch nie gegeben. Bei kleineren Raufereien trifft man sich am runden Tisch. Schlimmste Strafe ist der Ausschluß aus der Gemeinschaft.

Frauen sind weit in der Unterzahl. Luisa, eine junge Lehrerin, kichert: „Wer hier keinen Mann findet, findet nie einen." Man geht keine Ehen ein – man lebt zusammen. Direkt verdächtig harmonisch: Eifersucht, Seitensprünge soll es zwar geben, doch nichts, was den Gemeinschaftsfrieden dauerhaft stört. Eine Kirche sucht man in Gaviotas vergebens. Cecilia sagt schlicht: „Wir sehen Gott in der Natur, in den Vögeln und den Bäumen. Wir bringen unseren Kindern Nächstenliebe bei und

Ehrfurcht vor der Schöpfung – das ist die Grundlage für jeden Glauben."

Gonzalo balanciert ein Tablett mit Mokka-Tassen aus der Küche. Mit welkem Rascheln stieben Schwärme von Grillen vor ihm auf und fallen mit trockenem Plopp auf die Terrassen-Fliesen vor dem Verwaltergebäude zurück, braune dicke Viecher, eine Plage in diesem Jahr.

„Die Grillen sind die Pest", sagt Gonzalo.

„Sie sind ideal", widerspricht Paolo und schlürft den Begrüßungs-Espresso. „Sie sind der Grundstock für unsere Fischzucht." Gonzalo runzelt die Stirn. Nach Sinfonieorchester und Soda-Fabrik ist das nun Paolos drittes Großprojekt an diesem Tag, und der ist noch längst nicht vorbei.

„Wir hängen Glühbirnen über den Teich, die die Grillen anziehen. Irgendwann fallen sie erschöpft ins Wasser, genau in die Fischmäuler. Na?"

Gonzalo lacht. „Damit wären alle unsere Probleme gelöst." Das nun wieder fände Paolo Lugari schlimm: Keine Probleme zu haben, denn „Gaviotas lebt von Problemen".

Für Thomas Morus war die Stadt auf der Insel „Utopia" mit ihrem fast quadratischen Grundriß die Selbstdarstellung der menschlichen Vernunft, das berechnete Leben, der ideale Plan. Lugari dagegen verläßt sich eher auf Zufall und Spiel. Er will nicht den zentralistischen Terror, sondern die Magie des Versuchs, des ständigen Neubeginns.

Da ist das Problem der Solarfensterproduktion. Seit geraumer Zeit fallen die Steuererleichterungen für Solarenergie-Nutzer weg, Bogota setzt auf den Devisenbringer Öl. Nun hat Gaviotas' alternative Technologie Absatzschwierigkeiten.

Ende des Modells? „Wir sind kein Modell, sondern ein Weg", sagt Paolo, „wir müssen uns den Realitäten anpassen." Oder neue schaffen – etwa die Kiefernwälder. Schon vor geraumer Zeit hatte er herausgefunden, daß Kolumbien jährlich für fünf Millionen Dollar Lösungsmittel und Kolophonium einführt, genau die Stoffe, die sich aus Kiefernharz gewinnen lassen.

Nun hängen Plastikbeutel vor klaffenden Rindenschnitten an Tausenden von Kiefern, aus denen weiße Harzklumpen tropfen. An diesem Abend werden in der neuen Harzfabrik die ersten elf Tonnen Kolophonium abgefüllt.

Die ständige Bereitschaft, neue Wege zu gehen, zeigt sich auf einem Rundgang durchs Dorf. Die Dächer der Häuser lassen sich zur Seite kurbeln, um natürliche Ventilation zu schaffen. Kinder spielen auf einer Wippschaukel, die gleichzeitig Wasser in ein Planschbecken pumpt. Das knapp zwei Meter hohe Gefälle des zu einem Teich aufgestauten Flusses genügt, um das Dorf mit Licht zu versorgen. Oder dieses simple Zelt aus Klarsichtfolie: ein Riesentrockner für die in den feuchten Tropen ewig klamme Wäsche.

Schließlich besteigt Lugari mit seinen Gästen den LKW, um ihnen die Lebensversicherung von Gaviotas vorzuführen, die pazifistische Antwort auf die Kämpfe dort draußen, die Kämpfe der alten Welt: das Krankenhaus.

Diese Klinik mitten in den Llanos ist die einzige im Umkreis von Hunderten von Kilometern. Die Militärs, die Guerrilla, die paramilitärischen Killerbanden der Drogenbarone – alle Kriegsparteien sind auf sie angewiesen und respektieren Gaviotas daher als neutrales Territorium.

Es kam vor, daß sich verwundete Regierungssoldaten und Guerrilleros ein Zimmer teilten und der eine dem anderen das Krankenbett hochkurbelte.

High-Tech in der Savanne: Wie ein Floß schwimmt das Hospital auf der grünen Ebene, mit blauen und gelben Rohren und Solarzellen wie funkelnden Segeln. Errichtet hinter einer Baumgruppe in der Nähe des Flusses, wo der heiße Llanos-Wind sich abkühlen kann und in die Tunnel dringt, die in das Fundament des Krankenhauses gegraben wurden, um schließlich die Krankenzimmer über ein inneres Schachtsystem mit natürlichem Air-conditioning zu versorgen. „Eine uralte arabische Erfindung", erklärt Lugari stolz. Eine japanische Architekturzeitschrift hat die Klinik zu einem der 40 wichtigsten Bauwerke der Welt gekürt.

Ein Heckengang mit weißen Blüten verbindet die Moderne mit einem zeitlosen Gestern, führt von der Klinik hinüber in einen hölzernen offenen Giebelbau mit Hängematten – die Krankenstation für die Indios, die die modernen Pflegezimmer scheuen und lieber von ihren Familien umgeben sein wollen. Ihre Frauen kochen für sie, und der Rest der Familie arbeitet auf dem Feld, um die Hospitalrechnung zu bezahlen.

Vor der Klinik fallen die gelben, süßen Früchte eines mächtigen Guayaba-Baums in eine Betonrinne, die zum nahen Viehtrieb führt. Die Rinder lieben die Früchte, die obendrein die Verdauung fördern. Mit ihrem Dung wiederum versorgen sie eine Biogas-Anlage, die die Öfen der Klinik betreibt: ökologische Kreisläufe und Sinn noch in Nebendingen.

Solche Ideenläufe haben Lugaris Stellvertreter Gonzalo nach einem Zwischenspiel in Bogota wieder hierher zurückgebracht: Gaviotas, meint er, macht Sinn, und den kann die Stadt nicht bieten. Es macht Sinn, Bäume zu pflanzen und alternative Technologien zu nutzen, und vor allem macht es Sinn, seinen Kindern mehr mitzugeben als Soap-operas und Videoclips.

Schon früh geht die Sonne unter in den Llanos. Bäume und Büsche stehen schwarz gegen den roten Horizont, und auf dem Laster, der in die Siedlung zurückschaukelt, wird es andächtig still. Ein Kondor kreist über den Baumwipfeln, Wildenten fliegen rauschend auf, und in den Grillengesang mischen sich die Trompetenstöße der Tukane. „Um diese Zeit", sagt Lugari, „gibt es keine Worte, um auszudrücken, was die Llanos dir sagen wollen – nur Musik."

Tatsächlich lebt Gaviotas noch eine andere Utopie. Nicht die von Morus, sondern die frühsozialistische von Marx: morgens Jäger, mittags Sammler, abends Philosph. Die Musiker der Gruppe „Sentiment", die den Gästen auf der Terrasse vorspielen, pflanzen tagsüber Setzlinge oder melken die Kühe.

Manuel, der Windmühlentüftler, gibt mit den Maracas einen schleppenden Pasache-Rhythmus vor, Gitarre und Harfe fallen ein, und dann singt Abraham, der Chef der Logistik.

Vor 20 Jahren kam Abraham nach Gaviotas, jung, pleite, hungrig. Er arbeitete als Koch und Kachelbrenner, Hühnerzüchter, Elektriker, Traktorfahrer. Und jetzt singt er über die Arbeit auf dem Feld und den dämlichen Fabrikleiter, über die Bäume von Gaviotas, über seine fünf Töchter und die Orchideenzucht der Biologin. Währenddessen spazieren Paolo und Gonzalo unter dem Vollmond die Dorfstraße hinunter.

Die Nachtwanderungen sind Routine für die beiden. Gonzalo ist Stichwortgeber und realistischer Bremser. Und Don Paolo redet, gestikuliert, entwirft: Morus' predigender Philosoph Raphael Hythlodeus unter Mangobäumen. Nicht mehr um den täglichen Verwaltungskram geht es in diesen Nachtgesprächen, sondern um Visionen. Eine spielt dabei stets eine Rolle. Es ist Lugaris Lieblingsidee seit Jahren, eine Luft-Idee, ökologisch und poetisch zugleich: Zeppeline.

Irgendwann, hofft Lugari, wird es viele Gaviotas in den Llanos geben, Kolonien für pensionierte Ärzte, Ingenieure, Physiker und Biologen, Fachkräfte aus Europa und Nordamerika, die an der Welt von morgen mitarbeiten wollen. Zivilisationsmüde Enthusiasten werden in Öko-Hotels absteigen und die Vögel der Orinoko-Region in straßenlosen, unzerstörten Biotopen beobachten, und dann wird eine Flotte von Luftschiffen diese Öko-Inseln mit dem Atlantik, ja mit Europa verbinden: Leichte, schimmernde, lautlose Riesen über dem grünen Ozean.

Die Idee hat bereits Gestalt. Die Halle für die Harzfabrik, eine japanische Spende, war von Lugari schon bei der Errichtung so gewaltig geplant worden, daß sich die paar Kessel und Filteranlagen in ihr verlieren. Sie wartet auf ihre wahre Bestimmung: als Hangar, als Textilschneiderei für Zeppelinhäute.

Natürlich vergißt Lugari nicht, wo er lebt. „Die Häute müßten kugelfest sein." Dann will er wissen, ob es in Deutschland Ingenieure gibt, die sich mit so was beschäftigen. „In Gaviotas ist jeder willkommen."

Am nächsten Vormittag wartet ein nervöser Pilot auf dem Rollfeld, um Don Paolo zurück in die Stadt zu bringen. Lugari verabschiedet sich umständlich und viel zu lange. Dann geht er ein paar Schritte in die Llanos hinaus, atmet tief ein. Noch einmal spricht er über Thomas Morus. „Man muß über die Gegenwart hinwegträumen können", sagt er. „Aber man muß dabei die Füße auf dem Boden haben."

Er legt den Kopf in den Nacken, ein Berg an Zuversicht, und dann lächelt er. Über den grenzenlosen Himmel zieht eine Kolonne von silberweißen Wolken. Kein Zweifel: Die Zeppeline kommen.

10 „ICH DENKE OFT AN MEIN VERSAGEN“

Gespräch mit Tom Hanks

Es ist das fünfte Interview, das Sie heute geben. Forrest Gump würde sagen: „Dümmer geht's nicht mehr“.

Manche Interviews sind das wirklich. Aber dann gibt es andere, wo man einfach zusammensitzt und sich über Filme unterhält, und das macht Spaß.

Haben Sie in letzter Zeit einen guten Film gesehen?

„Apollo 13“ soll ganz gut sein. Mit Kevin Bacon, Bill Paxton, Kathlyn Quinlin ...

Gab es besondere schauspielerische Herausforderungen für Sie in diesem Film?

Wir wollten alles so genau wie möglich machen. Was passierte dort oben? Welche technischen Pannen lagen vor? Was haben die Astronauten gedacht, gesagt, getan?

Sie mußten auch eine ganz neue Sprache lernen: Astronauten-Jargon.

Über RCS-Systeme und SPS-Ventile kann mir keiner mehr was erzählen.

Sie sind 350 Mal in einem Jumbo in den Sturzflug gegangen, um Schwerelosigkeit herzustellen. Eingeweihte nennen diese Flüge „Kotztouren“.

Ich war einige Male kurz davor. Ich wollte, aber es kam nichts heraus. Ich war gewarnt worden und hatte wenig gegessen. Die anderen waren mir sehr dankbar dafür.

Mit der Astronautenrolle haben Sie, so war zu lesen, sich einen Kindheitstraum erfüllt.

Ach, das ist so eine Phrase. Sagt man so. Klingt gut. Aber tatsächlich fand ich es aufregend, eine echte Figur wie Apollo 13-Kommandant Jim Lovell zu spielen, statt eine Kinoerfindung wie Luke Skywalker.

Jim Lovell ist sich klar darüber, daß man ihn ab sofort für Tom Hanks hält.

Absolut. Und dann werden die Leute sagen: Ich hab Sie mir immer ganz anders vorgestellt.

Ist es nicht merkwürdig, wie das Kino Identitäten kreieren und auslöschen kann.

Ein Zeichen für die Macht, die das Medium hat.

Sind Sie sich dessen bewußt?

Natürlich.

Welchen Effekt hatte „Forrest Gump", der erfolgreichste Nicht-Science-Fiction-Film aller Zeiten, auf die amerikanische Psyche?

Keine Ahnung. Vielleicht haben sich einfach viele Leute wiedererkannt. Vietnam-Krieg, Straßenschlachten, erste Liebe, Verlassenwerden, der Tod von Nahestehenden – das alles überstanden zu haben und immer noch da zu sein, das hat wohl alle irgendwie berührt.

Forrest Gump wie jetzt auch Apollo 13 reicht in die Jahre zurück, als die Nation sich jung, frisch und allen Herausforderungen gewachsen fühlte. Das Klima hat sich rapide geändert.

Es gibt immer noch Menschen, die sich mutig großen Herausforderungen stellen, aber keiner spricht von ihnen. Die Menschen sind abgelenkter, zerstreuter. Die Unterhaltungstechnologien werden immer raffinierter, aber sie bringen uns nicht unbedingt weiter. Das war früher anders.

Hollywood steht derzeit stark unter Beschuß. Bob Dole, der republikanische Präsidentschaftskandidat, hat bestimmte Kinofilme für die Zerstörung der Werte verantwortlich gemacht. Er nennt „Pulp Fiction" als Beispiel.

Das war ein billiger, politischer Knie-Schuß. Die Gewalt-Filme der Leute, die ihm politisch nahestehen, nannte er nicht. Dabei gibt es durchaus Streifen, über die man diskutieren könnte.

Zum Beispiel?

Ich werde keine Titel nennen. Aber natürlich gibt es Streifen, in denen sinnlose Gewalt als Heldentat glamorisiert wird. Wenn in einem Flughafengebäude plötzlich Maschinengewehrsalven abgefeuert werden, ist das kein Spaß. Ich meine, es ist in Ordnung, daß es solche Filme gibt, aber sie haben nichts mit der Wirklichkeit zu tun.

Sie meinen die „Stirb langsam"-Filme mit Bruce Willis?

Ich finde diese Filme ganz unterhaltsam. Aber wenn es darum geht, daß Leinwand-Gewalt uns vergiftet, dann sollte man alle nennen, und nicht nur Filme von Oliver Stone. Die verheerendste Wirkung hat ohnehin das Fernsehen. Man dachte mal, es bringt uns zusammen und klärt uns auf und bringt Leute miteinander ins Gespräch. Stattdessen holt es das Schlechteste aus uns heraus. Zwei Leute in einer Talkshow, die mit den Stühlen aufeinander eindreschen – das ist das coolste, was das TV heute zu bieten hat.

Wählen Sie Ihre Filme danach aus, ob sie guten Einfluß auf die Menschen ausüben.

Nein. Aber ich liebe Filme, die etwas über den Menschen und seine Verfassung zu sagen haben. Man muß die Gefühle des Publikums erreichen. Da gibt es zwei Möglichkeiten: Realismus oder Schocks. Filme mit entsetzlich bösen Schurken, die am Ende von entsetzlich guten Lichtgestalten besiegt werden, langweilen mich.

Sie haben auch Ihr Scherflein beigetragen. Erinnern Sie sich noch an einen Ihrer frühen Filme, den Blut-und-Horror-Streifen „Er weiß, daß Du allein bist"?

(lacht) Immerhin habe ich später „Turner und Hooch" gemacht. Da war ich ein Polizist, der einen Hund hatte, und der am Ende den Bösewicht zur Strecke bringt.

Großer Fehler, daß der Hund auch auf der Strecke blieb.

Genau. Das hat uns Kasseneinnahmen von mindestens 30 Millionen Dollar gekostet. Man sollte eine Mahntafel am Studio anbringen: „Töte nie einen Hund. Die Leute mögen das nicht."

Das Magazin „Rolling Stone" nannte Sie den letzten Star, der noch das Gefühl von Anstand vermittelt. Sind Sie schon von der „Christian Coalition" als Redner eingeladen worden?

Mit denen habe ich wirklich nichts zu tun. Man macht keinen Aids-Film wie „Philadelphia", wenn man von der Christian Coalition eingeladen werden will.

Aber wird die „Nice-Guy"-Rolle nicht auf die Dauer fade? Interessiert Sie, als Schauspieler, das Böse nicht? Schillernde Schurken wie Richard III.?

Die meisten Bösewichter im Kino sind heutzutage zweidimensionale Comic-Figuren. Richard III. ist natürlich grandios böse. Wenn den jemand mit mir machen würde, wäre ich sehr interessiert.

Sie haben im Theater angefangen, haben für Shakespeare-Rollen Preise bekommen. Und heute sind Sie in einer Position, in der Sie nur mit dem Finger schnippen müssen, um ein Projekt zu verwirklichen.

Das ist richtig. Aber für eine Sache wie Richard III. braucht man bestimmte Leute. Sagen wir es so: Wenn Kenneth Branagh den Richard mit mir besetzen wollte, würde ich sofort zusagen.

Interessiert Sie das Theater noch? Viele Stars wechseln ab und zu auf die Bühne.

Das wäre wahrscheinlich eine aufregende Abwechslung. Aber es wäre unfair, dem Theater und dem Publikum gegenüber, die Star-Nummer abzuziehen und die ganze Sache sozusagen als Hobby zu betreiben. Im übrigen ist die Filmerei wirklich ein Full-Time-Job.

Sie wuchsen in den frühen siebziger Jahren in der Bay Area von San Francisco auf. Das war damals das Mekka der Gegenkultur. Wann haben Sie Ihren ersten Trip geworfen?

Damit hatte ich nie was zu tun. Dafür war ich zu feige. Ich habe auch erst Ende der siebziger Jahre meinen ersten Joint geraucht. Später, als Kokain die Wunderdroge war, hab' ich's ein paarmal versucht. Aber es war mir zu teuer. Und so toll war es auch nicht. Als ob man zuviel Kaffee getrunken hätte.

Religion hat von frühester Kindheit an eine Rolle in Ihrem Leben gespielt.

Meine Mutter war Katholikin. Ich bin zur Messe gegangen, als sie noch auf Latein gehalten wurde. Später lebte ich bei meiner Tante, die Nazarenerin war. Ich habe alles durchgemacht. In der Schule hatte ich nur jüdische Freunde. Später war ich mit wiedergeborenen Christen zusammen. Einige meiner besten Freunde kommen aus Kirchenkreisen.

Und heute?

Meine Frau ist griechisch-orthodox. Als wir geheiratet haben, mußten wir dreimal um einen Tisch herumgehen. Beim dritten Mal waren wir dann vermählt.

Als Sie „Nothing in Common" mit dem schon sterbenskranken Jackie Gleason drehten, rang auch Ihr Vater mit dem Tod.

Ich war meinem Vater nie sehr nahe. Aber als ich ihn in dieser schlimmen, ohnmächtigen Lage sah, lernte ich ihn sehr respektieren. Wenn man keine Nieren mehr hat, ist jeder Tag ein Kampf. Er konnte nur bestimmte Sachen essen. Durfte kein Bier mehr trinken. Er ließ sich von mir immer ein paar Tropfen geben, um den Geschmack nicht zu vergessen. Das alles, und dann täglich fünf Stunden in der Dialyse, das ist eine verdammt harte Erfahrung.

Was hat Vorrang: Film oder Familie?

Natürlich die Familie. Ich habe drei Kinder. Zwei leben mit meiner ersten Frau, das jüngste mit mir und meiner jetzigen Lebensgefährtin. Die führen alle ein ganz ruhiges Leben. Ich glaube, wir haben ein normaleres Leben als viele mit „bürgerlichen" Berufen. Normal heißt ja nicht, daß Daddy jeden Morgen ins Büro geht und abends nach Hause kommt.

War Ihr Jüngster mit Ihnen auf dem Set?

Ja, aber es hat ihm Angst gemacht. Es war dunkel in der Halle, ein Haufen Leute standen herum, es gab viele Maschinen und Geräte, viel Unruhe. Filmen ist keine besonders feierliche Angelegenheit.

Das Space-Center, in dem wir dieses Interview führen, sieht aus wie ein riesiger Abenteuerspielplatz. Spielzeug aus einer vergangenen Epoche. Schon der Apollo-13-Start, acht Monate nach der ersten Mondlandung, interessierte niemanden mehr wirklich.

Und genau da wird's spannend und sehr persönlich. Unser Film dreht sich zwar auch um die Raumfahrt, aber in erster Linie um Jim Lovells Drama. Apollo 13 ist seine zweite Mission. Er wollte endlich auf den Mond. Und dann geht es schief. Damit kann jeder was anfangen, ohne Apollo-Spezialist zu sein: Da will jemand etwas Außerordentliches vollbringen, und dann haut's nicht hin, und er entkommt mit knapper Not dem Tod. Das ist es, was die Sache spannend macht.

Sie haben Lovell getroffen. Was haben Sie von ihm gelernt?

Wie man mit Enttäuschungen fertig wird. Ich habe gespürt, daß er die ganze Publicity und das Humtata um den Film und seine Person und sein Leben liebend gerne eingetauscht hätte für eine Routine-Landung auf dem Mond. Und wenn es geklappt hätte? Wäre er mit all den anderen längst in Vergessenheit geraten. Nur durch sein Scheitern ist er etwas Besonderes geworden. Und er hat überlebt.

Gibt es da Ähnlichkeiten zwischen Ihnen beiden?

Er hatte, wie ich, Erfolge und Niederlagen. Man muß das Leben hinnehmen, wie es ist. Man darf nicht festhalten, weder an positiven noch an negativen Erlebnissen. Es geht immer nur darum, im Moment zufrieden zu sein. Einen Tag nach dem anderen leben. Und das habe ich von Lovell gelernt – ich hoffe, ich werde so alt wie er.

Sie haben sich auch mit Buzz Aldren getroffen.

Das ist die Gegengeschichte zu Lovell. Aldren war bei der historischen Mondlandung dabei, aber er war nur der zweite, der aus der Luke stieg. Dann kommt er zurück, und keiner will was von ihm wissen, weil er nur der Zweite war. Das war hart für ihn, über Jahre hinweg.

Erinnern Sie sich an Lebenskrisen, die Ihnen den entscheidenden Schub nach vorne gegeben haben?

Mein Gott, natürlich. Die haben wir doch alle. Ich bin geschieden, eine traumatische Angelegenheit. Ich war in meiner Kindheit ständig auf Achse, weil es überall dort, wo wir uns niederlassen wollten, ziemlich schnell schrecklich wurde. Ich habe viele Fehler in meiner Karriere gemacht. Die beiden Oscars, die ich bekommen habe, habe ich bestimmt nicht geplant. Ich bin mehr oder weniger dahin gestolpert.

Bei beiden Zeremonien haben Sie geweint.

Das hätten Sie auch. Das ist einfach ein überwältigender Moment. Aber merkwürdig: Ich denke viel öfter an mein Versagen. Manchmal wache ich auf in der Nacht und frage mich: „Warum habe ich das getan? Warum bin ich nicht zu meinem Sohn gegangen, als er mich rief und mich brauchte? Warum habe ich da nicht mit ihm gespielt, sondern bin stattdessen ins Kino gegangen? Und als ich ihn angebrüllt habe: Habe ich ihn dadurch auf Dauer verletzt?“ An so’n Zeug denke ich dauernd.

11 MORD IM NEONREGEN

Richard Pennington und Amerikas korrupteste Polizei, das New Orleans Police Department

Alle fiebern an diesem sonnigen Oktobernachmittag in der Gallagher Hall von New Orleans dem Neubeginn entgegen. Bürgermeister Marc Morial löst ein Wahlkampfversprechen ein. Er präsentiert einen neuen Polizeichef: Richard J. Pennington, einen vielfach ausgezeichneten Cop aus Washington, eine imposante Figur.

Pennington, verheißt Morial, werde den Sumpf im lebenslustigen „Big Easy" endlich trockenlegen. Lange Jahre galt hier die Maxime: Laisser-faire! Doch mittlerweile wirkt sich das schlecht aufs Touristengeschäft aus. New Orleans hat eine der höchsten Mordraten der Nation und gleichzeitig die korrupteste Polizei.

Während sein neuer Chef vereidigt wird, bleibt Police Officer Len Davis nicht untätig. Auch er arbeitet an der Lösung eines Problems. Davis, der unter den Barbesitzern im Vieux Carre genauso wie in den Ghettogegenden als brutalster aller Cops gilt, hatte einen Teenager zusammengeschlagen. Die Passantin Kim Groves hatte ihn dabei beobachtet und beim Büro für „Internal Affairs" dafür angezeigt.

Eigentlich keine Seltenheit in New Orleans, wo Beschwerden über polizeiliche Brutalität und sonstige Amtsvergehen 50mal so häufig sind wie in New York. Doch Davis ist schon des öfteren suspendiert worden, und diese Zeugin, das weiß er, würde ihn ernstlich in Schwierigkeiten bringen. Nicht, daß er um sein schmales Polizistengehalt bangte. Nein, es geht um Profite aus dem Kokainhandel, den er mit seinem Partner Sammie Williams aufgezogen hat.

Das Ding ist so groß, daß er es sich leisten kann, Kollegen in Uniform zu bezahlen, um das Gebäude, in dem der Stoff lagert, zu bewachen. Das alles soll nun wegen einer dämlichen Disziplinarsache in Gefahr geraten?

In der Gallagher Hall lächelt Pennington im Glanz seiner Orden. Die Stadt setzt auf ihn. Len Davis indessen setzt auf Paul „Cool" Hardy, einen Dealer und Profikiller. „P soll die Nutte erledigen", sagt er zu Williams.

Da Davis schon seit geraumer Zeit vom FBI überwacht wurde, gibt es lückenlose Protokolle seiner Telefongespräche. Sie lesen sich wie Dialoge aus dem Gangsterstreifen „Pulp Fiction".

In seinem Streifenwagen späht Davis sein Opfer aus und beschreibt es dem Killer. „Schwarzes Top, 'ne verfickte verwaschene Jeans, hellbraune Augen." Nun wäre „Cool" Hardy an der Reihe. Doch es kommt zu unerwarteten Verzögerungen. Zunächst ist er ohne Auto. Seine Freundin ist schuld: „Die blöde Fotze ist mit dem Maxima unterwegs."

Als gegen Abend die Transportfrage gelöst ist, gibt es weitere Hindernisse. Wieder ist es das Familienleben.

Davis: Ihr habt eure Ärsche immer noch nicht in Bewegung gesetzt und die Sache erledigt.

Hardy: Ich habe gerade erst die Kids nach Hause gebracht … Aber jetzt kümmere ich mich um die Nutte.

Davis: Also, ihr macht euch jetzt auf den Weg?

Hardy: Klar, ich mußte nur die Kinder nach Hause bringen.

Endlich, kurz nach 23 Uhr, kann Davis aufatmen. Triumphierend ruft er seinen Partner und Kollegen Williams an.

Davis: Code … eh … NAT. (Abkürzung für: „necessary action taken" = notwendige Maßnahme vollzogen).

Williams: Was für'n Code?

Davis: Code 30 (Kennziffer für Mord). NAT.

Williams (ungläubig): Wann kam es durch? (Polizeifunk im Hintergrund).

Davis ist nun wie jemand, der sich die sechs Treffer auf seinem Lottoschein immer wieder vorlesen muß, bis er selber daran glauben kann. Um 23.11 Uhr kann sich Davis vom Killer bestätigen lassen, daß er seine Sorgen vorläufig los ist:

Davis: Was 'n los?

Hardy: Peng! (kichert in den Hörer).

Davis: In … eh … ich höre gerade … eh … es ist definitiv eine 30, ja?

Hardy: Peng!

Noch sechs Monate später bleibt vor allem eine Frage ungeklärt: Warum hat das FBI nicht eingegriffen? Hat es tatsächlich eine „unmittelbare Gefahr" nicht erkennen können? Oder wurde, wie andere öffentlich behaupten, Kim Groves absichtlich geopfert, um Davis einen Mord anhängen zu können? Und letztlich: Wußte Chief Pennington, der an diesem Tag im letzten Oktober seinen Amtseid ablegte, tatsächlich, auf was er sich einließ?

Schon seit Stunden regnet es tintig unter einem schwarzen Himmel. Der Regen verwandelt die Straßen in schlierige, reißende Bäche, als ob er allen Schmutz, der sich über Jahre hier angesammelt hat, in einer großen Flut hinwegschwemmen wollte.

Ein Wetter, in dem Lieutenant Dave Robicheaux in seinem verbeulten Chevy durch die Straßen pflügt und Blind Lemon Jefferson im Radio seine eigene Beerdigung besingt. Robicheaux, der trockene Alkoholiker, der einsame Wolf mit der angeschlagenen Moral, ist eine Fiktion – er ist der Held aus James Lee Burkes ultraharten, populären New-Orleans-Krimis.

Robicheaux hat einen korrupten Partner und immer wieder Mühe, die Guten und die Bösen auseinanderzuhalten, und damit ist er eine realistische Figur in New Orleans. Er würde dem neuen Polizeichef keine Chance geben. Aber er würde trotzdem sagen, daß es jeden Versuch wert ist, im byzantinischen Intrigensumpf der NOPD aufzuräumen.

Das Hauptquartier des New Orleans Police Department (NOPD) erhebt sich düstere zehn Stockwerke hoch über dem angrenzenden Gefängnis, ein grauer Glaskasten, der von Bretterbuden umlagert ist, in denen gegen Wucherzinsen Kautionsgelder geliehen werden. Hinter den Fahrstühlen, neben dem Referat für Kindesmißhandlungen, stauben in einer Vitrine alte Polizeipokale vor sich hin.

Die kleinen Männchen, welche die Trophäen für „heldenhaften Einsatz“ schmücken, stellen allesamt weiße Polizisten dar, Dick-Tracy-Typen aus einer Ära, in der Farbige noch getrennte Toiletten zu benutzen hatten.

Die Internal-Affairs-Abteilung ist ausgelagert worden: eine Maßnahme des neuen Chefs. Wie im Fall der Kim Groves waren beschwerdeführende Bürger an die beschuldigten Cops verpfiffen worden. Viele ließen sich von vornherein durch die Lokalität abschrecken. Wer begibt sich schon in die Höhle von Löwen, um sich über Löwenbisse zu beschweren?

Als alter und neuer Chef der Abteilung für Öffentlichkeitsarbeit fungiert Lieutenant Sam Fradella, ein Typ mit einem

Gesicht aus Stein. Seine Dienstwaffe trägt er am Fußgelenk unter einer grauen Flanellhose. Fradella hat Karriere als Unterhändler bei Geiselnahmen gemacht. Seine Spezialität: Aussitzen, reden statt Türen eintreten.

Er hat bereits unter neun verschiedenen Polizeichefs gedient, ein vorsichtiger Bürokrat, der selbst in Stalins Kreml überdauert hätte. In Penningtons rot ausgelegter Suite läßt er sich diskret auf dem Sofa an der Fensterfront nieder und macht sich Notizen. Kontrolliert er seinen Chef?

„Ich habe keine Geheimnisse vor ihm", sagt Richard Pennington fahrig. Hinter seinem Schreibtisch aus Mahagoni wirkt er wie ein stolzer General, der in Gefangenschaft geraten ist. Ordensgeschmückte Brust hinter Wimpeln. Vor ihm Teile eines Geschenkkorbs aus der Mardi-Gras-Parade: Totenköpfe, Zulu-Nüsse und Fetische – Voodoo-Grüße aus der neuen Heimat, hier unten am Delta, wo die Leute vom Rest der Nation als „denen da oben" sprechen. Genau da kommt Pennington her. Schlimmer noch: aus Washington, der Hauptstadt.

Ein halbes Jahr nach Amtsantritt ist seine Zuversicht gewichen. Müde spricht er von den Widerstandsnestern und Sabotage in den eigenen Reihen. Er weiß immer noch nicht, wem er trauen kann. Als persönliche Leibgarde hat er sich zwei FBI-Agenten von außerhalb ausbedungen.

Er hat blutige zehn Tage hinter sich: 21 Morde, eine neue Rekordmarke. Erst nach Amtsantritt erfuhr er von der Sache mit Len Davis. Ob er überrascht war? „Nur darüber, wie viele meiner Leute tatsächlich verwickelt waren." Vier von ihnen sind allein 1994 wegen Mordes angeklagt worden.

Zur Zeit überprüft Pennington sämtliche Neueinstellungen der letzten Jahre. „Es gab Rekruten, die hinter Gitter gehört hätten", sagt er, Polizeianfänger, die wegen Vergewaltigung oder Drogenbesitzes angeklagt und nur aus technischen Gründen freigesprochen wurden. Viele bewarben sich nur um Uniform und Dienstrevolver, um bei krummen Touren absahnen zu können.

Während Fradella aufmerksam mitschreibt, spricht Pennington von gezielten „Sting"-Operationen, mit denen er die eigenen Reihen testet. Da werden zum Beispiel getürkte Kokaindeals organisiert, um jene Cops herauszufischen, die in die eigene Tasche wirtschaften. „Es wird Jahre dauern." Vorläufig hat er seinen Uniformierten die sogenannten „details" beschnitten, die lukrativen Nebenjobs, bei denen sich Polizisten als Wachmänner für Banken und Supermärkte verdingen.

Insbesondere die privaten Sicherheitsdienste von Uniformierten für ABOs, Lokale mit Alkohol-Lizenzen, sind ab sofort verboten. Das macht ihn nicht populär bei seinen Leuten. Doch Pennington hat gute Gründe.

Ein Grund heißt Antoinette Frank.

Die 23jährige Polizistin hatte sich öfter krank schreiben lassen, um mehr Zeit zu haben, privat für ein vietnamesisches Restaurant zu arbeiten. Vor zwei Monaten jedoch überfiel sie das Lokal, erschoß die Besitzer und einen Polizeikollegen kaltblütig, und machte sich mit den Tageseinnahmen davon. Kurze Zeit später erschien sie als Polizistin am Tatort, um das Verbrechen aufzuklären. Ihr Pech: Sie war gesehen worden. Aber sie bestreitet die Tat.

Antoinette Frank wäre die erste Copkillerin, die es in New Orleans lebend auf eine Anklagebank schaffte – alle anderen Polizistenmörder in den vergangenen Jahrzehnten starben bei Fluchtversuchen oder rätselhaften Stürzen auf den Kopf, bei denen nie geklärt werden konnte, wie etwa Stiefelabdrücke auf die zerbrochenen Schädeldecken kamen. Gegen einen Copkiller wurde der Mordaufruf einst über Polizeifunk durchgegeben.

Die verhexte Stadt im Mississippi-Delta, die für ihren Mardi-Gras berühmt ist und den Jazz erfand, diesen Seelenrhythmus von Balladen über verlassene Lieben und Tod, hat sich an seine Polizei gewöhnt wie an die regelmäßigen Wolkenbrüche, die den Himmel verdunkeln.

Die Geschäftsleute im Vieux Carre jedenfalls sehen Penningtons Reformen mittlerweile als Schattenboxen. Er ist der vierte Chief in vier Jahren. „Nichts wird sich ändern", sagt der grauhaarige Pat Monaghan in seiner „Molly's"-Bar in der Decatur Street, einer Tränke für TV-Journalisten. Auch er hat Polizisten bezahlt, 60 Dollar am Abend. Aber die Geschäfte laufen auch ohne sie.

Pennington? Don Weaver, Inhaber der Sports Art Gallery in der Decatur Street, schreit auf. „Noch 'n korrupter Nigger!"

Über Weavers Kopf hängen Schlangenhäute und scharfzahnige Alligatorenmäuler und Zauberzeug, das er an Touristen verhökert.

„Es gibt nur zwei Gesetze, die in New Orleans zählen", sagt Weaver, „eines ist das hier." Er kramt ein Bündel Dollarnoten aus der Tasche. Gesetz Nummer zwei? Weaver reißt ein Schnellfeuergewehr hinter der Ladentheke hervor. „Verlaß dich auf niemanden", grinst er, „am allerwenigsten auf die Polizei."

Es ist eine ruhige Nacht. Schräge Regenschnüre stehen vor den dekorativen Balkongittern, an denen noch die falschgoldenen Perlenketten aus der Mardi-Gras-Parade hängen. Der Regen treibt die Touristen in die Striplokale der Bourbon Street oder an die feinen Tische von „Arnaud's", wo sich untersetzte Mafiatypen mit ihren langbeinigen Blondinen über Gumbo-Suppe und Louisiana-Wachtel hermachen.

Das Polizeirevier in der Royal Street, für das French Quarter zuständig, ist eine hell erleuchtete ehemalige Bank mit imposanten Säulen und Broschüren des Fremdenverkehrsamts, die für die Kasino-Schiffe auf dem Mississippi werben, für Voodoo-Touren und „New Orleans bei Nacht". Eine Vorzeigestation.

Lieutenant Susan Graham hat die Dienststelle im Zeichen der Reformen erst vor drei Wochen übernommen. Ihre Einsatzbefehle werden von Police-Officer Pat Conaghan mißgelaunt zur Kenntnis genommen, ganz Clint Eastwood in „Dirty Harry". Eine Frau als Boß! Schließlich prescht er los in seinem Streifenwagen. „Immerhin haben sie die neuen Ford-Autos angeschafft", murmelt er. „Die Chevys vom letzten Jahr waren echter Schrott."

Auf dem blauweißen Farbanstrich des Fahrzeugs steht der Spruch „To serve and protect". Ob er nicht glaube, daß das NOPD diesen Spruch zur Karikatur gemacht hat? „Alles Mediengerede", sagt Conaghan. Sie seien hier nicht schlechter als in anderen Städten. Sie würden nur schlechter bezahlt. Seit Pennington Bars verboten hat, sind ihm nur zwei Nebenjobs bei Banken geblieben. Wie soll er damit über die Runden kommen?

Über Mary Howell, die Bürgerrechtsanwältin, welche die Familie der Kim Groves und viele andere Polizeiopfer vertritt, sagt er geringschätzig: „She's a dirtbag." Was darf man als Cop überhaupt noch, fragt er in die Regennacht hinaus, mehr zu sich selbst. Du hast es als Cop mit dem Abschaum zu tun, mit Irren und Killern. Das Land versinkt in Schmutz. Keiner sorgt mehr für Disziplin. Aber die Politiker oben machen immer ihren Reibach.

Plötzlich schnarrt das Funkgerät. Schreie, eine hektische Standortbestimmung. Conaghan gibt Gas. Zwei Minuten später, nach einer Jagd durchs nächtliche Vieux Carre, haben fünf Polizeiautos mit blinkenden Lichtern einen Verdächtigen eingekreist.

Sein Gesicht ist grau wie Griesbrei. Während ihm die Handschellen angelegt werden, breiten die Polizisten seine Habe auf einem Kotflügel aus: eine Baseballmütze, drei Dollarscheine, der ganze Besitz eines armen Kerls, der seine Bewährungsauflagen nicht erfüllt hat. Später sitzt er schlotternd und angekettet auf der Bank im Revier und wartet auf den Gefängnistransporter.

Auch für Sergeant Mork Mornay, der mit seinem Kollegen die Mitternachtsschicht fährt, ist der Wechsel an der Spitze des Departments nichts als Politik, und zu Politik will er sich nicht äußern. Aber dann hält er vor einer Bar und deutet auf das Plakat, das im Fenster hängt und vom Neon grün und rot beleuchtet wird.

Es ist ein Vergleich der Städte New Orleans und Boston, wo die Mordrate wesentlich niedriger ist: Die Polizisten dort, so steht es auf dem Plakat, verdienen einfach besser. Schlampige Arbeit – eine Gehaltsfrage also? Werden NOPD-Cops zum Stehlen gezwungen? Muß man zum „bad cop“ werden, um ein „good cop“ zu sein? Sergeant Mornay schweigt sich dazu aus.

Wenn Pennington das Symbol für den Neuanfang ist, verkörpert Captain Antoine Saacks den Mann der alten Garde. Als er noch Streife ging, nannte man ihn und seinen Partner „Assault & Battery“ – tätlicher Angriff & Mißhandlung. Letztes Jahr wurde er, nach einer kometenhaften Karriere und einem gescheiterten Versuch, selbst oberster Polizeichef zu werden, vom Dienst suspendiert. Der Grund: illegale Nebengeschäfte. Ein Treffen mit Vertretern eines Glücksspielsyndikats aus Las Vegas war heimlich aufgezeichnet worden.

„Fradella, die Schlange, hat mich ans Messer geliefert“, vermutet Saacks – und er verspricht allen, die es hören wollen, und besonders denen, die es nicht hören wollen, daß er wieder zurückkommen wird. Er wird in Ehren wieder aufgenommen werden. Es sieht nicht schlecht aus: In einer ersten Anhörung ist er von allen Beschuldigungen freigesprochen worden. Er konnte belegen, daß alle seine Nebengeschäfte von seinen Vorgesetzten, die ihrerseits nebenbei verdienten, ordnungsgemäß abgezeichnet wurden.

Saacks lebt im feinen Metairie draußen am Pontchartrain-See. Hier hat auch Burkes Krimiheld Robicheaux sein Hausboot, am anderen Ufer, wo Alligatoren unter tropfenden Bananenblättern dösen.

Vor Saacks' Doppelhaus ist ein brandneues Oldsmobile „Aurora" geparkt. Daß er als Cop zum Millionär wurde, verhehlt er selbst am wenigsten: „Als ich den Amtseid leistete, habe ich kein Armutsgelübde abgelegt." Altgrünes Ledersofa vor Marmorkamin, dunkle, wuchtige Antiquitäten aus der Plantagenzeit, nackte Bronzegöttinnen auf gedrechselten Säulen, dahinter ein Großbild-TV, am Kühlschrank der Spruch „Wo Liebe ist, ist Gott" – bei einem wie Saacks, der aus einfachen Verhältnissen stammt, sieht es so aus, wenn man es geschafft hat.

Saacks ist Sammler. Im Keller ein Weinschrank, in dem vor allem deutsche Tropfen lagern. Auslesen von der Mosel und aus dem Badischen, darunter ein Ruländer von 1976 – „einer der besten Jahrgänge". Im Raum nebenan eine andere Sammlung: rund 300 Revolver, Pistolen und Schnellfeuergewehre. „Hier, eine vernickelte Luger von 1913."

Im gleichen Karton liegt die 44er Magnum, die Dirty-Harry-Special, doch Saacks' Lieblingspistole ist die Beretta mit dem 16-Schuß-Magazin. „Das ist ein Baby." Noch durchschlagsfähiger ist die belgische High-power-Browning, die das Department allerdings nicht als Dienstwaffe zuläßt. An der Wand aber lehnt eine Legende: das M-16, mit dem er seinen spektakulärsten „Abschuß" schaffte.

Das war vor über 20 Jahren, als sich ein ausgerasteter Ex-Marineinfanterist auf dem Dach eines Innenstadt-Hotels verbarrikadierte und sieben Leute tötete. Saacks meldete sich als Freiwilliger für den Einsatz und erlegte den Killer schließlich in James-Bond-Manier aus einem Helikopter heraushängend. Er kramt in einer Kiste mit Fotos. „Hier, so sah er danach aus." Faustgroße Fleischstücke sind aus dem Körper herausgerissen. Einige Bananenclips, meint Saacks, habe er wohl in ihn hineingepumpt. Dann, ohne jeden Übergang: „Hier, das bin ich mit Don Johnson." Cop und Hollywoodstar, Arm in Arm. Das ist wohl die Krönung eines narzißtischen Polizistentraums: Kinofigur zu sein, überlebensgroß.

Saacks ist gut 1,95 Meter groß und hat einen Oberkörper aus Stahl. Er ist ein Gesundheitsfreak. Nie hat er eine Droge angerührt. Das könnten nicht viele Cops von sich behaupten, meint er. „Wenn man heute eine Drogenkontrolle bei den 1500 Officers des NOPD machte, wären 1000 positiv."

Saacks ist entschlossen auszupacken, publikumswirksam, sowohl vor dem Disziplinarausschuß wie vor der Presse, denn Saacks macht Wahlkampf. Er kandidiert für den Job des Lieutenant Governor. Sein Programm: „Law and Order". Schlagworte, die sich in nichts von denen anderer Politiker unterscheiden.

Ein korrupter Cop als oberster Ordnungshüter? Warum nicht: Unlängst haben sich ehemalige Gangmitglieder in Chicago um einen Sitz im Stadtrat beworben.

An diesem Morgen hat sich Saacks mit Jungs von der alten Garde zum Frühstück getroffen. Sie lieben ihn noch immer beim NOPD. Einer wie Saacks würde ihnen die Barjobs nicht wegnehmen. Und er würde auch keine Schwarzen an ihnen vorbeibefördern, nur weil die Quote es so will.

Jetzt zum Lunch geht es hinüber zu „Carmine's", dem italienischen Restaurant am Hammond Highway. Saacks betritt es durch die Küche und winkt Grüße über die Töpfe. Inhaber Joe Pacaccio breitet die Arme aus. Obwohl das Restaurant vollgepackt ist, findet sich in Windeseile ein Tisch.

Pacaccio trägt Diamantenanhänger auf seiner haarigen Brust und die Jungfrau Maria, schwer in Gold. Er ist Katholik wie Saacks. Jeden Sonntag zur Kirche, das gehört dazu. Natürlich unterstützen er und seine Freunde Saacks Kandidatur. Hier sitzen sie zusammen und reden über Politik, und jeder zweite Satz beginnt mit den Worten: „Nichts gegen Schwarze, aber..." Daß der schwarze Pennington eine Flasche ist, ist allen klar.

Scott Craig, ein anderer Saacks-Bewunderer, ist Inhaber der Parkway Tavern, gleich gegenüber vom Greenwood-Friedhof, auf dem bemooste Engel über verwitterten Gräbern träumen. Seit die Bullen keine Kneipenwachen mehr schieben dürften, sagt er, gehe alles drunter und drüber. Kürzlich sei sein Freund Ted Alexander erschossen worden, dort hinten an der Ecke.

Als Alexander seinen Wagen bestieg, wurde er von einem 14jährigen regelrecht hingerichtet. Mit seinen beiden Partnern, 15 und 25 Jahre alt, wurde der Täter kurz darauf geschnappt. Ob ein Polizist als bezahlter Wachmann vor der Bar das mörderische Carjacking in der ruhigen Seitenstraße verhindert hätte? Craig zuckt vielsagend mit den Schultern, auf denen der Kopf sitzt wie aufgeklebt. Er ist Bodybuilder wie Saacks, und seine Wahl-Stimme hat der Captain sicher.

An diesem Tag sind die Zeitungen voll von dem Alexander-Fall. Es ist keine Seltenheit, daß Gangs ihr jüngstes Mitglied töten lassen. Alexanders Killer bekannte sich schuldig und wird sieben Jahre in einer Jugendstrafanstalt absitzen. Mit 21 wird er sich auf die Straße zurückmelden, durchtrainiert, kalt und mit all den nützlichen Fertigkeiten ausgestattet, die man hinter Gittern lernt.

Ob Saacks politische Chancen habe? „Na sicher", sagt Sergeant Cynthia Paterson, die mit umgeschnallter 357er Magnum an der üppigen Hüfte zum Dienstauto schlendert. „Um in New Orleans als Politiker Erfolg zu haben, brauchst du zwei Dinge: einen schlechten Ruf und eine hübsche zweite Frau – und Saacks hat beides." Sie lacht. Würde sie ihn wählen? „Und ob."

Saacks, meint sie, war ein Cops' Cop. Ein Bulle für Bullen. Vielleicht unorthodox, vielleicht brutal. Aber stets hat er seinen Job erledigt, so gefährlich und schmutzig der auch immer war – „und man sieht eine Menge Schmutz als NOPD-Cop."

Sie ist auf dem Weg zu den Projects, den Sozialbausiedlungen, wo Pennington seinen ersten nennenswerten Erfolg verbuchen konnte. Seit der Chief hier eine „Housing Police" einrichtete, ist die Mordrate dramatisch gesunken. „Letztes Jahr", sagt Cynthia, „herrschte hier regelrechter Krieg. Sieben Morde in sechs Wochen."

Der Regen steht als silbernes Sprühen vor den Flutlichtern,

die die Grasflächen zwischen den dunklen zweistöckigen Baracken des „Desire"-Projects ausleuchten wie Zuchthaushöfe. Desire, Sehnsucht – welcher Witzbold hat sich nur diesen Namen ausgedacht?

Es ist ein ruhiger Abend in der Polizeistation – der Regen kühlt die Gemüter selbst in den Projects. Irgendwann fliegt die Tür zur Wachstube auf, drei barfüßige Jungens laufen zu einem Candy-Automaten im Nebenzimmer. Danach hängen sie sich gelangweilt über die Diensthabenden und deren Computer.

Ob sie später mal Cops werden wollen? Sie schütteln die Köpfe. Footballstar wäre besser. Einer wie O. J. Simpson. Sie glauben nicht, daß Simpson schuldig ist. „Wer reich ist, hat keinen Grund zu töten."

Ihre Mutter Annette bewohnt mit ihnen und drei weiteren Kindern das Apartment direkt über der Wache. Sie lebt von der Wohlfahrt; ihr Mann hat sich schon lange nicht mehr blicken lassen. Ihr bleiben dieses geblümte und geplüschte Wohnzimmer, drei laufende Fernseher in den angrenzenden Räumen und ein üppig vergoldetes, großes Kruzifix in der Küche.

Ihre 15jährige Tochter hält India, einen schmalen unterernährten Wurm, auf dem Arm. Vor zwei Wochen hat das Kind das Baby zur Welt gebracht und damit die Qualifikationen für eine eigene Wohnung und den Wohlfahrtsscheck erfüllt. Was ihr Freund treibt? Sie zuckt mit den Schultern. Aber daß er zurückkommen wird, das weiß sie ganz sicher. Schließlich hat sie sich seinen Namen auf die Wade tätowieren lassen: „Ich & Chris", umrahmt von einem Herzen.

Ob die Mutter sich nun sicherer fühlt, da die Polizei im Haus ist? Annette schaut düster auf die Uniformierten in der Tür. Ihre violettschwarzen Lippen bewegen sich wie welke Blätter. „Die sollen besser auf sich selbst aufpassen", sagt sie. „Wenn sie hier sind, fehlen sie woanders." Doch ihr liegt etwas ganz anderes auf der Seele. Schließlich bricht es aus ihr heraus. „Satan regiert", flüstert sie mit angstgeweiteten Augen. „Seht ihr das denn nicht?" Der Kampf gegen das Böse ist mit irdischen Mitteln nicht mehr zu gewinnen.

In den Projects leben Wohlfahrtsmütter und Kinder. Männer kommen nur als gelegentliche Problemfälle vor. Irgendwann nachts rennt die 40jährige Mona weinend zur Wache, weil ihr Bruder sie erschlagen will. Als die uniformierte Truppe in die Wohnung eindringt, liegt da ein Mann mit braunem Hut auf dem schmuddeligen Bett und brüllt. Er ist schizophren und hat seine Medizin nicht genommen. Aus dem TV gellen Pistolenschüsse. Die Polizisten geben dem Kliniktransporter die Adresse durch: 3606 Pleasure Street – die Straße des Vergnügens. Wo soll man verrückt werden, wenn nicht hier?

Für Bürgermeister Marc Morial, 37, sind die Project-Polizisten ein Zeichen für den Wandel. Nur ein einziger Mord dort in den letzten drei Monaten! Daß rund 50 Prozent der Farbigen unterhalb der Armutsgrenze leben, dafür kann Morial nichts. Aber mit Penningtons Hilfe kann er verhindern, daß sie sich gegenseitig an die Kehle gehen, oder noch schlimmer: den weißen Touristen, von denen die Stadt lebt.

In seiner Suite im zweiten Stock des Rathauses hat der jungenhafte Politik-Darsteller Drehpause. Morial tritt in einem „Motivations"-Film für Stadtangestellte auf, als Yuppie mit blauem Hemd und roten Hosenträgern. In der Ecke stehen Hanteln. Er legt Wert auf ein gesundes, dynamisches Image – die Gerüchte um eine Noteinlieferung ins Krankenhaus wegen einer Kokain-Überdosis flackern immer wieder auf.

Sein Vater war der erste schwarze Bürgermeister der Stadt. Damals hatte Antoine Saacks bei den Barbesitzern im French Quarter Wahlkampfgelder für den Gegenkandidaten gesammelt. So etwas vergißt ein Morial nicht. Saacks' Suspendierung, so läßt er immer wieder verlauten, werde mit allen Mitteln aufrechterhalten.

Schon „Dutch" Morial, der vor drei Jahren starb, hatte mit einer korrupten Polizei zu kämpfen. Warum glaubt der Sohn, daß ihm gelingt, was der Vater nicht schaffte? „Ich habe den richtigen Mann", sagt Morial, „und einen Plan."

Der Mann heißt Pennington, und der Plan ist Kasino-Glücksspiel, aus dessen Profiten er Gehaltserhöhungen für Stadtangestellte finanzieren wird. „Wir räumen auf", sagt er. Er spricht vom historischen Kampf gegen das Verbrechen. So wie die Amerikaner einst in den Krieg gegen die Nazis gezogen seien, so müßten sie jetzt gegen Mord und Korruption zu Felde ziehen.

Dann springt er auf und kehrt zurück in den angrenzenden Raum. Ein paar Tupfer Make-up, ein paar Späße mit der Kamera-Crew, dann ist der Mayor so weit. Eindringlich liest er vom Teleprompter ab: „Wir stehen am Beginn einer neuen Ära." Seine Stimme wird einen Augenblick lang weich: „Ich weiß, daß ihr mißtrauisch seid, weil auch meine Vorgänger alles mögliche versprochen haben." Nun ist sie wieder wie Metall. „Aber ich brauche jeden von euch. Wir haben eine Aufgabe."

Fleckenlose Politrhetorik in der öffentlichen Arena. Aufrüttelnd schaut der Bürgermeister in die Kamera. Allerdings hat er dieser Tage eine ziemlich schlechte Presse. Gerade ist er mit Freunden von einem Oscar-Party-Trip aus Hollywood zurückgekehrt, der eine halbe Million Dollar gekostet hat.

In den blauen Teppich der Bürgermeistersuite ist das Wappen von New Orleans gewebt. Ein Indianerpärchen unter Sternenhimmel und darunter, als graubärtiger Greis, der Old Man River. Er sieht müde aus, als habe er es aufgegeben, die Guten und die Bösen auseinanderzuhalten. Als sei er resigniert von all den Neuanfängen und Kampfslogans und Hinterzimmerintrigen, die es schon gab, als die Subtropensiedlung mit Hilfe des Piraten Jean Lafitte gegen die Engländer gehalten wurde. Er wird sie nicht retten, diese verhexte Voodoo-Stadt mit dem düsteren, hämmernden Regen, der nie abzureißen scheint.

In Burkes Krimi „Neonregen" überführt Lieutenant Robicheaux am Ende seinen Partner des Mordes. Dann quittiert er den Dienst und zieht mit seinem Hausboot den Mississippi aufwärts.

12 MACH 'NE MENGE BARES

Die schwarzen Brüder Meredyth im Cowboy-El Dorado Ruidoso

An diesem Morgen ist der Spieler Art Canales der einzige, der nicht mitfiebert. Der berüchtigtste Profi-Zocker des Südwestens steht vor dem Panoramafenster hoch oben in der klimatisierten Loge des Rennstreckenbesitzers, dunkel wie ein fremder Gott, unter sich das Gewimmel, die Ränge, den Turf, das

Leben. Seine schwarzen Haare liegen glänzend an. Sein pokkennarbiges Gesicht ist eine Maske, seine grünen Augen sind ruhig und kühl.

Es sind Augen, die alles gesehen haben, Stürze und Siege, verzweifelte Zocker, übergeschnappte Gewinner. Der Spieler weiß: Jeder Triumph ist nur der Auftakt für die nächste Niederlage. Alles gleicht sich aus im Leben. Die Kunst besteht darin, knapp oberhalb der Null-Linie zu bleiben. Der amerikanische Traum vom schnellen Glück? „Träume", sagt er, „kann ich mir nicht leisten."

Doch der Rest der pferdeversessenen Nation träumt: Am Nachmittag findet die Saison ihren Höhepunkt mit dem „All American Futurity", dem höchstdotierten Western-Pferderennen der Welt. Im Pott: mindestens eine Millionen Dollar.

Zehn Pferde rennen eine Viertelmeile, hoch oben in den Kiefernwäldern von Ruidoso. Es sind Quarterhorses, die einst den Wilden Westen erobert haben, gedrungene Beschleunigungsspezialisten, Raketen auf vier Beinen. In etwas mehr als 20 Sekunden ist alles vorbei – es dauert ungefähr so lange, wie eine Roulettekugel braucht, um ins Fach zu fallen. Und dann: eine Million, mindestens!

Also auf nach Ruidoso! Sie jetten aus Mexiko und Texas und Oklahoma an. Wer über den Highway von Norden kommt, muß durch das „Tal der Feuer", eine violettschwarze Wüste aus erstarrter Lava, bis die Straße ansteigt hinauf in das verschlafene Bergnest, das sich in den Tagen des Finales in eine fiebernde Goldgräbersiedlung verwandelt.

Dieses Jahr allerdings ist die Stimmung noch eine Spur nervöser, denn dieses Jahr hat sich, inmitten der Luxuslimousinen, ein hustender Pick-up die Berge hinaufgequält. An Bord: die Brüder Meridyth aus Odessa, Texas. Joe, David und Jamie.

Die brillantenschwere Cowboy-Society Ruidosos ist weiß. Die Meridyth-Brüder sind schwarz. Und sie kommen nicht etwa als Pferdeburschen, sondern als Besitzer. Ihr Wallach, der im Finale auf der Position Nummer acht startet, hat in den Vorläufen alle Konkurrenten in Grund und Boden getrommelt. Ja, der Gaul hat durchaus das Zeug, den Pott zu gewinnen.

Welten trennen Ruidoso von dem Schrottplatz in Odessa, auf

dem die drei Brüder, gemeinsam mit acht weiteren Geschwistern, groß geworden sind. Als Kinder haben sie Altbleche gestapelt, Autos ausgenommen, Motorblöcke geschleppt. Später haben sie Football gespielt, in der Verteidigung, als Prellböcke mit Nacken aus Stahl.

Natürlich haben sie stets davon geträumt, den Schrottplatz gegen ein besseres Leben zu tauschen. Es war Jamie, der zweitjüngste, für den dieser Traum schon früh in einem Film Gestalt angenommen hatte. In Martin Ritts „Der Champion" aus dem Jahr 1977 ist es ein Außenseiterpferd, das das Rennen von Ruidoso gewinnt. „Das ist der amerikanische Traum", sagt Jamie an diesem Morgen, als er mit den Brüdern zu den Stallungen jenseits der Rennstrecke geht. „Und wir werden ihn verwirklichen. Wir schnappen ihnen die Million weg." Ihnen hier in Ruidoso und dem Rest der weißen Welt.

Das Derby-Establishment im Jockey-Klub und in der VIP-Loge fühlt sich unwohl in diesem Jahr. Da ist R. D. Hubbard, der Besitzer der Rennstrecke, der sich über einem Gin Tonic Bo Derek entgegenwindet, seinem Ehrengast.

Er hat miese Tage hinter sich. Ein paar Kilometer weiter, im Reservat, haben die Indianer ein Kasino eröffnet, einen großen Dollar-Staubsauger, der ihm die Zockerkunden wegschnappt. Und nun mußte er seinen Wallach Western Heart zurückziehen, weil sich der Rotfuchs in einem Ausscheidungsrennen das Vorderbein angeknackst hatte. So was passiert schnell bei Zweijährigen. Auf jedem Huf lasten im Galopp 6000 Pfund. „Sie sehen aus wie Kerle", sagt Hubbard, „aber sie haben die Knochen von Babys."

Wen er favorisiert? Hubbard zieht mißmutig die Brauen zusammen. Nummer acht sieht gut aus, murmelt er schließlich.

Der mysteriöse Gaul kam aus dem Nichts, doch seine Zeiten aus den Vorläufen machen ihn plötzlich zum haushohen Favoriten. Alle sprechen beunruhigt von Pferd Acht – und jeder meint die Typen, denen es gehört.

Die Irritation über die Acht wird schon am Abend zuvor deutlich, auf der traditionellen Gala im Pferdemuseum, dem Tempel der weißen Cowboy-Society.

Als die Besitzer und Trainer und Jockeys der zehn Finalisten präsentiert werden und die Reihe an die Meridyth-Brüder kommt, ist der Applaus frostig wie Hagel. „Die mögen uns nicht besonders“, raunt Jamie seiner Frau zu, in bester Gewinnerlaune. Er genießt das Cowboy-Getrampel auf dem Parkett mit amüsierter Verachtung. Nicht gerade seine Musik – er steht mehr auf Boyz II Men und Public Enemy.

An den angrenzenden Tischen lächelt man über die Anspannung hinweg. Da ist Mrs. Abigail K. Kawananakoa, der Sproß der hawaiischen Königsfamilie mitsamt ihrem Troß, leicht an den Blumenketten auszumachen, die am Nachmittag aus Kalifornien eingeflogen wurden. Die Prinzessin ist eine erfolgsgewohnte Züchterin und Ruidoso-Gewinnerin. Ihr Pferd Evening Snow, eine für 100 000 Dollar ersteigerte Schönheit, wäre unter normalen Umständen eine todsichere Bank. Nun aber sieht es plötzlich danach aus, als sei das Pferd eine Investitionsruine.

Auf der anderen Seite der Tisch um Erfolgstrainer Goodman, dessen Pferd Naturally a Winner in jedem anderen Jahr bereits jetzt als Sieger feststünde. Nun hat es einen ernsten, einen sehr ernsten Konkurrenten, der von Leuten betreut wird, die eigentlich die Verliererrolle zu spielen hätten.

Doch die geben sich schon jetzt wie Sieger, sind mondän, gelangweilt, cool. Sie tragen Goldkettchen um die mächtigen Nacken und billige Klunker an den Fingern. Jamie läßt einen falschen Goldzahn blitzen, auf dem ein „J“ eingeprägt ist. Sie machen klar: Sie wollen den ganzen großen Batzen. Und sie wollen ihn mit links.

Der Zufall hat sie an diesen Tisch gebracht. Da es mit dem Nachtklub in Odessa nicht mehr so gut lief und auch der elterliche Schrottplatz kaum etwas einbringt, sind die Brüder schon vor längerer Zeit ins Renngeschäft eingestiegen. Jamie hatte sich seinen Finalisten für 6000 Dollar gekauft. Kurz darauf wollte er das Pferd wieder zurückgeben, weil er lieber eines in Grau haben wollte, aber dann wiederum gefiel ihm die Herztätowierung auf der Hinterbacke so gut, daß er es behalten hat.

Zu Hause veranstalten die Meridyth-Brüder Buschrennen, Pferd gegen Pferd in der Prärie. Es ist wie beim Poker. Jeder zahlt in den Topf. Der Gewinner kriegt alles. Ein weiterer Zockergaul, dachte Jamie, als er seinen Wallach zum erstenmal auf die Teststrecke schickte. Dann sah er auf seine Stoppuhr. Und wußte: Das Pferd ist zu schade für die Prärie.

Er mag es. Besonders mag er dessen Namen. Winalota Cash, Machnemenge Bares. Am nächsten Tag könnte er eine Million verdienen. Eine Million Dollar für ein paar junge Schwarze vom Schrottplatz: Was sonst ist der amerikanische Traum?

Doch es sind nicht nur die Merydith-Brüder, die an diesem Tisch den Angriff der Underdogs auf die feine Gesellschaft verkörpern. Auch der Trainer kommt von ganz unten. Er trägt keinen goldenen Preisgürtel mit Pferdekopf wie die Champs an den Nachbartischen. Dafür sind seine Nackenhaare ein bißchen länger, wie bei einem drittklassigen Heavy-Metal-Rocker: Gregg Sanders hat noch nie gewonnen, doch diesmal hat er die Chance seines Lebens.

Selbst der Jockey Billy Peterson ist ein Zukurzgekommener, ein tragischer Verlierer. Im letztjährigen Finale war sein Hengst kurz vor der Ziellinie unter ihm weggesackt. „Als ob ihn jemand erschossen hätte." Ein Sturz mit runden 75 Stundenkilometern. Das Pferd hatte sich beide Beine gebrochen und mußte eingeschläfert werden. „Nur ein Sieg", sagt er, „kann mich von diesem Trauma erlösen."

Eine verwegene Gang: Schwarze Zocker, ein Underdog-Trainer, ein psychisch lädierter Jockey. Im All American Futurity verkörpern die Männer um Winalota Cash den Einbruch der Straße in das Turf-Establishment. Und sie haben ein Pferd, das alle anderen schlagen kann. Es ist fast genauso wie in dem Film „Caseys Shadow", wo der struppige Außenseiter zum Favoriten wird.

Natürlich hat sich die Acht herumgesprochen, jetzt, einige Stunden vor dem Rennen. Vor den Wettschaltern in der Betonröhre bilden sich Schlangen von Zockern mit Kleineinsätzen. Das gelbe Kunstlicht läßt ihre Gesichter krank aussehen. Sie setzen und hasten zurück in die offenen Ränge, wo sich mexikanische Familienväter Quoten zubrüllen und ihre Kinder verwöhnen. Die Mexikaner sind sich sicher, daß Shake the Bank, das Stutenfohlen aus Mexico City, den Pott nach Hause bringen wird. Es hat nur einen ernsthaften Konkurrenten. Die Acht.

Unten am Turf promeniert die Züchteraristokratie. Pheenix Shaw aus Florida zeigt Steve Williams ein Foto ihres Pudels. Madison heißt er. „Wie schön", sagt Steve zerstreut. Er ist nicht bei der Sache. Sein Fohlen ist in einem Vorlauf ausgefallen. Wer nun gewinnen wird? „Wahrscheinlich die Acht", knirscht Steve. „Er ist schon 13", sagt Pheenix. „Der Wallach?" fragt Steve irritiert. „Nein, mein Pudel". Weil der Pudel Madison so schön ist, trägt Pheenix ihn als diamantengerahmte Goldbrosche am Revers.

Auf dieser Seite des Turfs sind die Pferde eine Art Black Jack auf vier Beinen. Auf der anderen Seite, jenseits der Unterführung, sind sie Rennmaschinen.

Dort, in einem Schuppen im inneren Turfring, dösen die Jockeys in weißer Unterwäsche vor Fernsehgeräten auf ihren Einsatz hin. Ab und zu dringt Raunen vom Stadion herüber. Dann schauen sie kurz auf den Monitor, der die Rennen überträgt. Und wenden sich gleich darauf wieder „Raumschiff Enterprise" zu.

Im Alltagsgeschäft ist Reiten Schichtbetrieb. Viele lernen ihr Pferd erst beim Aufsatteln kennen. Im schlechtesten Fall bringt es die Startprämie von 30 Dollar, im günstigsten zehn Prozent von der Siegprämie.

Für die Finalteilnehmer sind das über 90 000 Dollar. Tami Purcell, der einzige weibliche Jockey im Feld, reitet Winners Dash, die Nummer Sieben, und sie zwitschert: „Natürlich wünschen wir uns gegenseitig Glück." Kip Didericksen, der die Nummer Zwei, Cash on Deposit, besteigen wird, grinst ungläubig. Hat sie das tatsächlich gesagt? Diese verlogene ...

Bei den Stallungen sind Pferdeburschen damit beschäftigt, den Tieren Eispackungen anzulegen. Die Beine brauchen Kühlung. Andere werden zwischen den Baracken der Tierärztin vorgeführt. Seit dem Unfall des letzten Jahres sind die Untersuchungen obligatorisch.

Das vorletzte Tier auf ihrer Liste ist die ominöse Nummer Acht. Es ist in einer Baracke kurz vor dem Maschenzaun untergebracht.

Kein Stammbaum, der der Rede wert wäre. Und gegen das Fohlen der Prinzessin würde er jede Schönheitskonkurrenz verlieren. Allerdings hat der Wallach eine Brust wie eine Tonne, ein großes Herz.

Sanders baut einen billigen Ventilator vor dem Stall auf und beruhigt die Meridyth-Brüder, die ein Gift-Attentat auf ihre vierbeinige Geldmaschine befürchten: Der Wallach wurde rund um die Uhr bewacht. Nachts schlief David, der Stallbursche, direkt vor dem Verschlag.

Noch eine Stunde zum Start. Während die Merydith-Brüder wieder abziehen, bleibt Gregg Sanders auf einer Stallbank vor seinem Pferd sitzen, schließt die Augen und bewegt die Lippen. Es sieht aus, als bete er. Dieses Rennen ist die Chance zum Aufstieg in den Trainerhimmel.

Wenig später ergeht die Lautsprecheraufforderung an die Finalisten, zum Aufsatteln am Turf zu erscheinen. Sanders führt Winalota Cash an leeren, stillen Baracken vorbei, den Ställen der Qualifikationsverlierer, die bereits unterwegs sind nach El Paso, zum Auftakt der dortigen Saison.

Wilde Sonnenblumen rahmen den Sandweg, eine Allee aus Junipers, dann die kleine Brücke, die zur Hospital-Scheune hinführt. Sanders ist blaß. Normalerweise zerrt der Wallach an der Trense, wenn es auf das Stadion zugeht. Heute ist er ruhig. Pferd und Trainer laufen der Sonne entgegen, die tief über der Westseite des Stadions hängt. Man hört das Publikum nicht, man spürt es, als Vibration, als nervöses Summen.

Sanders sieht, daß das Sternenbanner im Stadion schlaff hängt. Kein Wind. Es ist heiß. Über den Kiefernwäldern in der Ferne liegt türkisfarbener Flimmer. Dort der Tunnel. 30 Schritte Schatten und Kühle in der Betonröhre. Dann der feine Kiesweg ins Stadionrund, hinüber zu den Boxen fürs Aufsatteln.

Trainer und Pferdeburschen wechseln kaum ein Wort. Die Jockeys in ihren bunten seidenen Trikots finden sich ein. Schließlich schreitet Bo Derek fürstlich die Verschläge der Finalteilnehmer ab, übt sich in Small talk – die Wimbledon-Version für den Wilden Westen. Mit der Prinzessin vor Box Neun gibt es eine längere Unterredung. Vor Box Nummer Acht hat man sich wenig zu sagen.

Schließlich lassen die Jockeys ihre Pferde auf die Rennbahn trotten, lassen sie traben und von Pony-Reiterinnen zu den Startboxen führen. Während sich die übrigen Besitzer in ihre Logen begeben, rennen die Meridyth-Brüder in die Betonröhre im untersten Stadionrang, dorthin, wo die Wettschalter und die Monitore sind. Eine Loge haben sie nicht, aber auf dem Fernseher sieht man sowieso alles besser. Ihre Frauen und Kinder sind zu ihnen gestoßen. Jamie schließt die Augen und schwitzt. Die Brüder machen sich Mut. Die Kinder weinen vor Aufregung. Noch eine Minute. David, der älteste, sprintet zum Wettschalter und setzt noch einmal absurde 200 Dollar auf Sieg. Eine Million ist nicht schlecht. Aber eine Million und 400 Dollar sind noch besser. Das Summen in den Gängen ist nun das eines wütenden Wespenschwarms.

Dann ist alles ruhig, wie unter Wasser. Die Kameras haben das Startgatter im Visier. Jeder kann sehen, daß die Nummer Acht nervös ist, den Kopf zur Seite schwenkt.

Winalota Cash hat schon öfter Startprobleme gehabt. Bei einem der Vorläufe wurde er gar von dem kippenden Gaul im Startgatter nebenan blutig getreten. Er hat trotzdem gewonnen. Doch dieses Mal rennt er gegen die Besten. Er rennt um eine Million.

Die Gatter fliegen auf, und die Meridyths schreien zum Monitor hinauf, schreien ihre Anspannung hinaus, schreien ihr Pferd über die Strecke. Ihr Schrei pflanzt sich durch die Betongänge fort, hinaus ins Stadion, über die Ränge, auf den Turf, ins Getrommel der Hufe, in die Rufe der Jockeys.

Eindeutig den besten Start hat Shake the Bank, ein rötliches Geschoß auf der Innenbahn, dem jetzt, bei etwa 250 Yards, der Sieg kaum noch streitig zu machen ist.

In die Schreie der Meridyth-Familie mischen sich Hysterie, Verzweiflung – und dann Jubel. Winalota Cash hat ganz plötzlich einen höheren Gang eingelegt. Mühelos zieht er an der mexikanischen Stute vorbei und schießt, mit eindreiviertel Längen Vorsprung, als erster durchs Ziel.

Immer noch schreiend rennen die Meridyths durch die Betonröhre hinaus ins Freie, hinüber zum Winners Circle, zertrampeln die Blumenrabatte und jubeln. Hier wird kein feiner Turfgewinn zelebriert, hier brüllt man wie bei der Superbowl.

Schließlich gelingt es dem Nashville-TV-Sender, Jamie Meridyth vor die Kamera zu zerren. „Wir sind stolz", sagt Jamie atemlos, „stolz auf den ersten schwarzen Sieg bei den ‚All American Futurities'." Er pausiert. Dann setzt er hinzu: „Und stolz auf die Million." Er weiß, daß sein Vater vorm Fernseher sitzt. Er winkt und zeigt das „J" im Goldzahn.

Später lädt Rennstreckenbesitzer Hubbard die Gewinner hoch über dem Stadion in seine Privatsuite zum traditionellen Champagner-Empfang. Irritiert schaut er über die vielköpfige schwarze Familie aus Odessa, Texas, hinweg, mit einem Blick, als wolle er seine Silbergabeln nachzählen. Dann laufen die Wiederholungen über den Monitor. Wieder und wieder wird der Lauf beklatscht.

Tatsächlich: Jockey Peterson hat Winalota Cash mit der Hand ins Ziel geritten – kein einziges Mal hat er die Gerte benutzt. Es war das schnellste Finale in der Geschichte Ruidosos. 440 Yards in 21,18 Sekunden.

Sie jubeln, sie betrinken sich am Champagner, an den Wiederholungen ihres Triumphes, am plötzlichen Reichtum. Sie suchen nach Erklärungen, nach der passenden Verallgemeinerung, dem beruhigenden, patriotischen Klischee. „Der amerikanische Traum wurde wahr“, meint der Vater des Trainers, der in 17 Stunden mit dem Auto von Mississippi herübergefahren ist.

Jamie runzelt die Stirn, als würde ihm schlagartig klar, daß sein Sieg bereits jetzt Vergangenheit ist. Der amerikanische Traum? Plötzlich scheint es ihm schwerzufallen, seine Träume mit denen der weißen Nation zu teilen. „Ein Menschheitstraum wurde wahr“, sagt er vage, und er denkt dabei ganz konkret an den Menschen Jamie, der zum Millionär geworden ist.

Mit dem Rücken zur Jubelfeier steht Art Canales, der Spieler, vor dem Panoramafenster und schaut hinunter zum Turf. Für ihn warf Winalota Cash kaum etwas ab – als Favorit brachte er keine nennenswerten Quoten.

Canales konzentriert sich auf das 10. Rennen, eine unbedeutende Trostrunde für Pferde, die noch nie ein Preisgeld von mehr als 2500 Dollar gewonnen haben.

Der Spieler macht sich eine Notiz und geht hinüber zum Schalter. Diesmal hat er hoch gesetzt. Der amerikanische Traum? Der Profi-Zocker lächelt. „Ein Rechenproblem, mehr nicht.“

13 LANGER FLUG IN DEN WAHN

Das langsame Erlöschen des amerikanischen Schriftstellers Robert Lowry

Der Zustand des Patienten, sagt Dr. Wheeler mit gefrorenem Lächeln, sei „stabil“. Allerdings beteilige er sich kaum an den Gruppengesprächen. Er sei ein „Beobachter“.

Wenn Miss Wheeler, die Psychiaterin der Abteilung G, spricht, sind ihre Mundwinkel wie zugenäht. Die Diagnosefetzen zischen durch die Zähne wie Projektile. „Seine bipolare Konstitution wird mit Trilofan medikamentiert.“

Doch dann stockt ihr Mündungsfeuer. Ob sie die Bücher des Patienten gelesen habe? „Nein“, sagt sie überrascht. Ein Schriftsteller, wer hätte das gedacht! Ob ihr rassistische Tiraden aufgefallen seien? „Auch das nicht.“ Manchmal allerdings, wenn er „dekompensiert“, sei er „sehr pornographisch“.

Von den Patienten der Seniorenabteilung hat Miss Wheeler ein Plakat geschenkt bekommen, das an ihrer Tür klebt. Es zeigt einen dösenden Eisbären auf einer Scholle, der mit blauer Wasserfarbe übermalt ist – ein melancholisch-blauer Bär im blauen Schnee.

Neben der Medikamentenausgabe hängt eine Wechseltafel, mit Angaben zu Ort, Jahr, Monat, Tag. „Jahreszeit: Sommer“, steht da, und „Wetter: sonnig“. In der morgendlichen Patientenrunde werden diese Eckdaten verlesen – Koordinaten für die unruhigen Wanderungen in den Sümpfen der Amnesie.

Fünf Alte sitzen in der Dämmerlobby und starren auf den Fernseher, auf dem eine morgendliche Quizshow läuft. Aufgeschreckt durch die fremden Besucher, nimmt eine Schwarze Haltung an und singt die Nationalhymne. Miss Wheeler entriegelt die Tür zum Garten. Dort, vor einem Beet mit Schwertlilien, sitzt der Patient und raucht.

Robert Lowrys grauer Haarschopf leuchtet. Seine Finger sind braun vom Nikotin, die Nägel zu lang. Die Augen sind ruhig, grau. „Sie sehen gut aus, Bob“, sagt Miss Wheeler. „Ich bin stolz auf Sie.“ – „Das ist das erste Mal, daß ich so was von Ihnen höre“, erwidert Lowry spöttisch, „was soll ich denn davon halten, Miss Wheeler?“

Doch Miss Wheeler hat recht. Patient Lowry, der Alptraum aus Cincinnatis Skid Row, ein von Wahnschüben zerrütteter Trinker, ist wieder hochgepäppelt worden. Er nimmt seine Medikamente nun regelmäßig. Er ißt, dreimal am Tag.

Er träume nicht mehr, sagt er. Doch tagsüber, wenn er rauchend auf seinem Stuhl sitzt, begegnet er den Gesichtern und Schimären der Vergangenheit.

Da war die Party mit Tristan Tzara und Norman Mailer in den vierziger Jahren in Paris; Henry Miller, dessen Manuskript er abgelehnt hat, weil es „langweiliges Zeug“ war; die Briefe, die ihm Ezra Pound schrieb, mit „blauem Farbband und eingraviertem Profil“; Hemingway natürlich, der ihn das „größte aller Talente“ nannte.

Bis heute weiß Lowry allerdings nicht, warum er Carson McCullers in die Wange gebissen hat. „In beide Wangen. Sie saß nur da und hielt still.“

Vor einem halben Jahrhundert, da war Robert Lowry ein literarisches Wunderkind, ein großes Versprechen. Über seinen 1946 erschienenen GI-Roman „Casualty“ jubelte die New York Times: „Ein kleines Buch, aber eine große Geschichte.“ Und die Western Review: „Lowry hat dem amerikanischen Roman die Moral zurückgegeben.“

Aus Gründen der Moral wurde Lowry 13 Jahre später zum Aussätzigen. Mit einem Roman, dessen Held ein Antisemit ist. Man werde ihn „aushungern“, habe ihm sein Lektor bei Doubleday gesagt. Lowry, ein abgelegter Fall – der umjubelte Poet hatte plötzlich einen Klumpfuß.

Doch sein Beginn war glänzend. In den knapp 15 Jahren nach dem Zweiten Weltkrieg stieß Lowry mit triumphierender Leichtigkeit ein Dutzend Romane hervor und Erzählungen, von denen mehrere verfilmt wurden, eine mit Sophia Loren.

Sein Boxerroman „Violent Wedding“, inspiriert durch den Weltmeisterschaftskampf zwischen Sugar Ray Robinson und Jake LaMotta, darf ein makelloses Meisterwerk genannt werden. Seine Bücher wurden ins Italienische, ins Französische übersetzt – merkwürdigerweise nie ins Deutsche.

Lowry schrieb für die großen Magazine des Landes. Dazu gab er eine Unzahl von selbstverlegten Büchlein heraus, Sammlerstücke, für die heute Hunderte von Dollars bezahlt werden. Für

Nicky Drumbolis, einen kanadischen Antiquar, ist der in der Irrenanstalt dämmernde Autor der „letzte Gigant".

Sein Zimmer teilt Lowry mit einem blinden Schwarzen, der aufrecht auf seinem Stuhl sitzt und einem Transistorradio lauscht. Auf die kahle Wand sind vier Möwen gemalt, die einen Leuchtturm umfliegen. Die Möwe, die ihm am nächsten ist, hat wegen eines Fehlers im Putz einen gebrochenen Flügel.

Lowrys Leben, ein langer Flug in die Kunst, und in den Wahnsinn. Würde er die gleiche Reise noch einmal antreten? „Sicher", sagt Lowry. „Man wird Schriftsteller, weil man keine andere Wahl hat."

Eine Alternative wäre Präsident der Vereinigten Staaten. Jeder kann Präsident werden, hatte ihm die Lehrerin gesagt, als er fünf Jahre alt war. Und dann hatte sie ihn geküßt. „Der Kuß war sehr real", sagt Lowry, „aber das mit dem Präsidenten kam mir unglaublich vor."

Allerdings: Wer will schon die Welt beherrschen, wenn er sie statt dessen neu erfinden kann? Mit diesem Rausch, das wurde ihm bereits vor 70 Jahren auf dem Dachboden des Elternhauses klar, kann kein anderer konkurrieren. Dort oben drosch er zum erstenmal auf eine gebrauchte Royal-Standard-Schreibmaschine ein, im Licht der Luken, das auf ausrangierte Hüte, vergessene Briefe und Kartenspiele fiel, ein Prinz, umgeben von Schätzen und hoch über der Welt, die Cincinnati-Linwood hieß.

Das Holzhaus steht noch. An diesem Tag, spät in seinem Leben, läßt sich Lowry gern auf einen Ausflug in die Kindheit ein. Vor allem, weil ihm Chris, die rothaarige Farmerstochter und Krankenschwester, als Aufpasserin mitgegeben wird. Er ist verliebt in Chris. Er findet, sie sehe aus wie Ingrid Bergman.

Er hat ihr eine Zeitlang obszöne Briefe geschrieben. Sie mochte sie nicht besonders. Jetzt versucht er es mit Gedichten. Auf dem Weg hinaus nach Linwood, am Ohio River entlang, zitiert er Pound: „I walked a path in Kensington Garden / I saw her standing there / She was almost afraid that I would speak."

Cincinnati-Linwood ist eine Kleine-Leute-Gegend, in der die Zeit stillgestanden ist. Da sind Holzhäuschen und Vorgärten, und am Trottoir warten Kinder mit zerknüllten Dollarscheinen auf den Eiswagen, der mit Gebimmel die Straße herunterkommt. Vor acht Jahren ist das Haus der Lowrys verkauft worden, samt Inventar, womöglich auch Manuskripten und Briefen.

„Wir haben das Zeug auf den Müll geworfen“, meint der neue Besitzer, ein freundlicher Mechaniker. Die Linde im Garten, von Lowrys deutschem Großvater als Reminiszenz an Berlins „Unter den Linden“ besonders geschätzt, wurde durch einen Swimmingpool-Bottich ersetzt. Der Dachboden, entrümpelt und verputzt, trägt nun mondäne Oberlichter.

Doch die Küche ist dort, wo sie damals war. Hier saß Lowrys Vater, Eisenbahner und Gott, mit den Männern der Nachbarschaft, und Bob schleppte die kantigen Kannen mit dem selbstgebrauten Bier aus dem Keller, sechs auf einmal, auch wenn die Hände bluteten. Er wollte es dem Alten zeigen, der ihn für einen Schwächling hielt.

Der Alte, ein Südstaatler mit simplen Lebensdevisen: „Schlage nie einen Nigger mit der Faust“, hieß eine, „ihre Schädel sind härter als unsere.“ Eine andere: „Bezahle einen Juden immer bar.“ Noch spät in seinem Leben hört Bob die Stimme des Vaters, „so klar, wie eine Stimme nur sein kann, die aus den Wolken kommt“.

Obwohl ihn der Alte demütigte, mochte Bob diese Dauerparty in der Küche, denn die Männer erzählten, und ihre Diamantringe, die sie wie Logenzeichen trugen, blitzten im Schein der Lampe. „Das Leben war verschwommen wie der Traum eines anderen“, sagt Lowry, „nur ich war real.“ – „Ich kenne das Gefühl“, sagt Chris. „Ich weiß“, sagt er.

Seine erste Geschichte verkauft er mit 10. Mit 15 verlegt er sein erstes Buch. Er schreibt Detektivgeschichten und dann Alltäglichkeiten – über das „böse“ Mädchen Marie, über den Polizisten, der nebenan wohnte, über den Riesen Joe, der behindert war.

Er ist ein brillanter Schüler. Er verschlingt Tolstoi und Thomas Mann und Hemingway. Seine Lieblingsschildkröten nennt er Dostojewski und Guy de Maupassant. Er ist dicklich, ein Opfer für die Gang der Nachbarschaft, doch mit seinen Geschichten, die in Magazinen abgedruckt werden, verschafft er sich Respekt. Er hat ein musikalisches Gespür für Dialoge, und sein Blick ist voller Staunen. Sein Roman „The Big Cage“ ist eine sonnenhelle Erinnerung an diese Jugend.

Er schrieb besessen, und ebenso besessen verliebte er sich. Oft genügte ein Blick. Chris lacht, als Lowry von Shirley erzählt, die mit ihm nach Tibet durchbrennen wollte, die Weisheit suchen und die Liebe. Er war 18, und Feuer und Flamme. In Little Rock, Arkansas, war der Trip bereits zu Ende – sie rief ihre Mutter an. „Sie hieß Wheeler", sagt er, „wie die Ärztin, die hier in der Anstalt über mich zu Gericht sitzt."

Sein Gesicht ist grau und stumpf. Doch dann huscht ein Schein darüber hinweg. Draußen fährt der Eiswagen vorüber, und Lowry lauscht ihm nach wie einer vertrauten Stimme, als habe das Gebimmel Monster vertrieben. Die Jugend bleibt seine glücklichste Zeit, die große Höhle, die ihn wärmt und zusammenhält.

Er heiratet früh und kommt 1942 als GI nach Italien. Hitler habe einen „Mann von Welt" aus ihm gemacht, schreibt er später in einem Gedicht. „Ich erwarb nur Ruhm als Dichter, weil Hitler einen Krieg begann." Als er seinem Vater die Eintragung im „Who's Who" zeigt, meint der nur: „Dafür kann man sich nichts kaufen."

In den fünfziger Jahren ist Robert Lowrys Leben ein Sturm, der ihn zerreißen wird, ein steter Wechsel aus Liebe und Ablehnung, aus Lorbeerkränzen und dunklen Absteigen. Seine erste Frau verläßt ihn während des Krieges. Seine zweite lernt er im New Yorker East Village in einem Café kennen. Nach fünf Minuten macht er ihr einen Heiratsantrag. Zwei Söhne hat er mit ihr. 1952 läßt sie ihn – „ohne einen Grund anzugeben" – in eine Anstalt einweisen.

Lowry, bei dem die Ärzte Schizophrenie diagnostizieren, wird mit Elektroschocks behandelt. „Sie haben meine Gedächtnisbank gelöscht", sagt er, „sie haben mich um meine Erinnerungen beraubt, wie Hemingway."

Er wird entlassen, gilt als stabil. Einige Zeit später hört er mitten auf dem Highway eine Stimme. Diesmal ist es nicht sein Vater, der spricht, sondern Gott. Er nennt ihn seinen „eingeborenen Sohn".

„Natürlich habe ich einen wahnsinnigen Schrecken gekriegt." Lowry karamboliert einige Autos und wird wieder eingewiesen. Noch einmal hört er die gleiche Stimme. Diesmal sagt sie, daß die Himmelspforte für ihn verschlossen sei. „Insgesamt", meint Lowry heute, „habe ich mit Gott keine besonders guten Erfahrungen gemacht."

Lowry wird zum Drehtür-Patienten. Die Verrutschungen seines Lebens lassen die Klarheit seiner Prosa merkwürdig unangetastet. Vielleicht ist da sogar eine gesteigerte Wachheit für Stimmen und Stimmungen, und für einen tiefen, unbegreifbaren Schmerz, einen Abgrund, der in jedem ist. „Gewisse Errungenschaften der Seele und der Erkenntnis", sagt Thomas Mann in seinem Dostojewski-Essay, „sind nicht möglich ohne die Krankheit, den Wahnsinn, das geistige Verbrechen …"

Lowry sitzt im Bronx V. A. Hospital als „The Violent Wedding" erscheint, dieser magisch-düstere Liebestanz zwischen einem Boxer und einer Künstlerin, der in der Vernichtung endet. Als Patient, der mit Insulin behandelt wird, arbeitet er an dem Erzählband „Happy New Year, Kamerades!" Blut und Zuckerwasser besudeln die Korrekturfahnen der Geschichten, die geschrieben sind wie mit erschreckt aufgerissenen Augen, etwa die Pazifistenparabel „The Defense in University City", der bizarre Gewaltausbruch „The Victim" oder „Little Baseball World", eine verschlüsselte Hommage Lowrys an seine ungewöhnliche Schwester, die mit einer verkrüppelten Hand zur Welt kam.

Wer Glück hat, kann das eine oder andere Buch Lowrys noch in Antiquariaten aufstöbern. Die Stadtbücherei Cincinnatis soll eine größere Lowry-Sammlung besitzen. Lowry ist oft hier, wenn er „draußen" ist – die Skid-Row-Hotels, in denen er dann wohnt, sind nicht weit weg. Nach seinen eigenen Büchern hat er nie gefragt. Er interessiert sich für die „Mord"-Abteilung im dritten Stock, wo grellbunte Schmöker stehen mit Titeln wie „Tödliche Gier" oder „Grausamer Verdacht".

Hier im dritten Stock, hinter einem schmiedeeisernen Gitter, ist die „Abteilung für Raritäten" untergebracht. Sie wird geführt von Alfred Kleine-Kreutzmann, einem Magdeburger, der 1952 in die USA auswanderte und der Bob Lowry mit unverhohlenem Mißtrauen mustert – er kennt ihn als Randalierer.

Im Leseraum sitzt eine Alte mit strähnigen grauen Haaren über einem Telefonbuch von 1945. Sie studiert die Namen und Adressen der Theater, „um nachzuschauen, was weggemacht worden ist". Lowry setzt sich neben sie und starrt vor sich hin.

Ihm ist unwohl. Über Chris' Gesicht liegt Andacht, wie in einer Kirche. Wer hätte das gedacht von Bob, dem Irren aus Abteilung G – ein Dichter!

Nach einer Weile taucht Alfred Kleine-Kreutzmann mit einem Stapel von Büchern und Heften in Lederschonern auf, Schätze, für Tausende von Dollars angekauft. Da ist das schwarze Heft der ersten „Little Man"-Ausgabe, dem Thomas Mann, der gerade in der Stadt weilte, ein beeindruckendes Geleitwort mitgegeben hat. Da ist „The State of the Nation", Nummer Vier der „Little Man"-Reihe, mit Kurzgeschichten von Lowry, Saroyan und anderen. Da ist der Tigerkopf auf den „New Poems" von 1959, ein roter Linolschnitt auf gelbem Grund. Dann das „Fountain Square"-Magazin von 1965 mit einem Selbstporträt Lowrys, Aquarell und Tusche, zartblau, rot, schwarz.

Mittendrin ein grauer Karton, in dem ein schmales, weißes Bändchen liegt wie in einem Mantel aus Blei: „The Prince of Pride Starring" von 1959 – der Roman, der Lowry, dem Schriftsteller, das Genick gebrochen hat.

Er enthalte „antisemitisches Gift", habe ihm Kenneth McCormick angewidert gesagt. Der legendäre Doubleday-Lektor, heute 88, hat diese Darstellung nie dementiert. Er kann sich nicht mehr erinnern. In seinem der Library of Congress übergebenen Nachlaß fehlt jeder Hinweis. Fest steht nur, daß der Roman, anders als Lowrys frühere Bücher, nicht bei Doubleday, sondern im Kleinverlag L. H. Haines erschien.

Der Roman erzählt von einer Krise. Jim Ramsey, den die Frau verlassen hat, wird von der Polizei auf dem Highway aufgegriffen, weil er zu schnell gefahren ist. Er wird in eine Irrenanstalt eingeliefert. Er versucht, seine Geistesklarheit zu beweisen, so wie Josef K. seine Schuldlosigkeit in Kafkas „Prozeß". Es ist ein aussichtsloser Kampf. Über die Gründe seiner Einlieferung erfährt er nur in Andeutungen. Eine einfache Geschwindigkeitsüberschreitung?

Da ist noch etwas anderes – seine „Bemerkungen über Juden", diese gedankenlosen Ausfälle, von denen Ramseys Frau den Ärzten irritiert berichtet. Doch niemand ist davon überraschter als Jim selber. „Bin ich ein Nazi?" fragt er sich erschrocken.

Der Roman beginnt mit einem Traum, der Jim überschwemmt wie eine groteske, obszöne Welle. Er träumt von Hitler, der nackt vor ihm steht. Am Tag drauf ertappt er sich dabei, wie er ein Hakenkreuz auf ein Blatt Papier malt.

Das Protokoll eines Wahns aus der Sicht des Befallenen, als solches hätte der Roman gelingen können. Doch er biegt ab und weicht seinem Ziel aus, als ob ihm die Kraft fehlte für die Erkundung durch die antisemitischen Labyrinthe. Vielleicht auch hat Selbstzensur ein mutiges Unternehmen getötet.

Achtmal hat Lowry, auf Verlangen des Lektors, seinen Roman umgeschrieben. Die Frakturen im Text sind nicht zu übersehen. So läßt sich heute nur vermuten, wie die Abwehrschlacht des Common sense gegen die Dämonen des politischen Irrsinns von Fassung zu Fassung größere Erfolge erzielte. Nur noch an den dunklen Rändern läßt sich erahnen, mit welchem Material dort umgegangen wurde.

Lowrys Blick flackert. Er schaut auf die Bücherhalde, die vor ihm liegt, wie auf einen Verkehrsunfall. Er wendet sich ab. Sein Unterkiefer schiebt sich vor und zurück. Es arbeitet in ihm. Er verschränkt die Arme. Er will nichts damit zu tun haben. Das Schreiben, so heißt es in einem seiner Gedichte, habe ihn „verrückt" gemacht.

Doch dann, zögernd, greift er nach vorne und zieht ein Heft an sich. Es ist „The State of the Nation". Das, von allen, würde er sich kaufen, wenn er das Geld dazu hätte. Er blättert es durch. Er hält die Illustration gegen das Licht. Er fährt mit der Hand über den Einband wie ein Tischler über ein frisch gehobeltes Stuhlbein. Er nickt zufrieden.

Draußen, vor dem Brunnen mit den Bronzebüchern, über die in einem ewigen Kreislauf das Wasser hinabfällt, findet er seine Sprache wieder. „Hitler hatte unrecht", sagt er. „Er hat behauptet, das gesprochene Wort sei mächtiger als das geschriebene. Aber Bücher überleben alles."

Am nächsten Morgen ist Lowry außer sich. Schwester Glenda hat ihm mitgeteilt, daß seine Verlegung bevorstehe. Schon lange sucht das Krankenhaus nach einem Gruppenwohnheim für Lowry, abgelegen und weit weg von der nächsten Kneipe. „Da gibt es nichts als Maisfelder da draußen", murmelt er. „Mais ist nicht sehr inspirierend."

Nervös läuft er auf und ab. „Ich habe nichts verbrochen", stößt er hervor, „ich bekenne mich nicht schuldig, in allen Punkten." Er ist 75 Jahre alt. Er haßt Veränderungen. Nun gibt es, schon wieder, eine Verschwörung gegen ihn. „Bestraft, ohne Angabe von Gründen! Ich habe niemanden umgebracht!"

Schließlich gelingt es Chris, ihn zu beruhigen. Sie behandelt ihn an diesem Morgen scheuer, respektvoller. Am Vortag hatte sie sich in der Bibliothek „The Violent Wedding" ausgeliehen. Lowry ist nicht länger ein Fall. Er ist ein Künstler, den sie achtet.

Sie hilft ihm ins Auto. Sie gibt ihm von seinen Zigaretten, wann immer er will – sonst kontingentiert sie sie streng. Lowry genießt ihren Respekt. Er hält sich weltmännisch, verwegen. Er erzählt von Paris, von New York, von seinen Büchern wie von verlorenen Schlachten. Und ab und zu schaut er sie an, wie Bogart die Bergman in „Casablanca".

Nach „The Prince of Pride Starring" war es still um ihn geworden. Drei Jahre später erscheint „Party of Dreamers", das neben frühen, konventionellen Geschichten surreale Phantasien und makabre Humoresken enthält, die an Burroughs „Naked Lunch" erinnern.

Noch einmal taucht der Faschismus als Erzählmaterial auf. In „The Nazi Midgets" schäumt Hitler gegen die jüdische Weltverschwörung, und zwar „16 Stunden lang, ohne Pause". So was schreibt kein Nazi, sondern einer, der sich über Nazis lustig macht. Eine Groteske, die von Woody Allen stammen könnte.

Doch die Ablehnung von Doubleday und die plötzlich eingetretene Isolation scheinen bei ihm die Lust an der politischen Obszönität entfacht zu haben. Seine wirren Zustände dauern nun länger an. Er trinkt. Seine dritte Ehefrau verläßt ihn. Irgendwann stiehlt er den Pensionsscheck seiner Mutter und kündigt in Rundschreiben die Neugründung der amerikanischen Nazi-Partei an. Er taucht ab in die Obskurität. Er lebt von einer Vielzahl von Jobs, und immer öfter in Anstalten. In den siebziger und achtziger Jahren beginnt er, auf Druck eines Kleinverlegers, wieder zu schreiben. Gedichte wie „Mike and Me":

Michelangelo said „I have learned how to be poor / when an admirer asked him at the end of his life what he / had learned as a great artist."

Er lebt in Absteigen wie dem „Dennison" oder dem „Fort Washington", wo die Monatsmiete 160 Dollar kostet. In seinem Dramolett „My Four Lost Wives" versammelt er dort noch einmal die Ehefrauen seines Lebens. Er macht ihnen den Prozeß, und dann springt er aus dem Fenster. Er bestraft sie, indem er sich vernichtet – eine Kinderphantasie am Ende eines Lebens.

In der „Bay Horse Bar" gleich neben dem Hotel ist Cincinnatis Armee der verwehten Trinker bereits am Vormittag vollzählig versammelt. Lange Mäntel, Handschuhe mit abgeschnittenen Fingern, abgestandenes Bier in großen Gläsern. Eigentlich hat Lowry hier Lokalverbot. Er hatte dem Barkeeper ein Stück auf den Leib geschrieben, das er „XXXXX" nannte und das in erster Linie Körperöffnungen behandelt.

Aus der Musikbox dröhnt George Jones' Country-Hit „The Bottle Let Me Down". In seinen frischen Anstaltskleidern wirkt Lowry wie ein König unter Bettlern. Hier, an der Außenecke des Tresens, war sein Hauptquartier. Und nachmittags ging er mit den anderen hinüber ins Drop-Inn, und stellte sich für die Gratissuppe an.

Das ist seine Familie geworden über die Jahre. Von seinen drei Söhnen meldet sich nur Jack ab und zu bei ihm. Er spielt in einer Rock'n'Roll-Band, die „Strike" heißt. „Ist offenbar 'n großer Erfolg", sagt Lowry. „Er schickt immer Farbfotos, von seinem neuen Haus, seinem neuen Auto, seiner neuen Freundin. Alles neu." Ob der Sohn seine Bücher kennt? „Er hat nie was erwähnt."

Bis in die achtziger Jahre hinein hat sich Lowrys Mutter um ihn gekümmert. Sie war 92, als sie starb. In ihrem letzten Willen verfügte sie, daß Bob nur kleine Summen aus dem Erbteil ausgezahlt werden. „Sie hat immer gemeint, ich würde das Geld mit den falschen Frauen durchbringen", meint er lächelnd. „Wahrscheinlich hat sie recht gehabt."

Zum ersten Mal seit ihrer Beerdigung 1987 besucht er ihr Grab. Sie liegt neben ihrem Mann, der schon in den fünfziger Jahren starb. Lowry findet das Grab zunächst nicht. Chris entdeckt es. „Tatsächlich, da steht's", sagt Lowry desinteressiert.

Er ist mit den Gedanken bei Chris. Sollte er wirklich verlegt werden, sieht er sie heute zum letzten Mal. Er schaut sie gerührt an. Die beiden stehen zwischen Marmorsteinen mit verschränkten Lilien, und Lowry ist weit weg, in einem Film, der „Casablanca" heißt , und natürlich weiß er, was er zu sagen hat, und er tut es wie ein vielfach verwundeter Veteran der Liebe:

„It's still the same old story / A fight for love and glory / A case of do or die / The world will always welcome lovers / As time goes by."

Chris lächelt. „Laßt uns nach Hause gehen", sagt sie. Dann nimmt sie seine Hand. Und sie führt den alten Dichter Robert Lowry, der von der Welt vergessen wurde, vorsichtig über die Gräber hinweg, hinüber zum Auto, das ihn zurück in die Anstalt bringt.

14 DER HEILIGE TERROR

New Yorks eiserner Bürgermeister Rudolph Giuliani

Der Mann, den sie im Brownsville Project in Brooklyn „Death" nennen, kaut nervös auf der Unterlippe. Durch seine verspiegelte Sonnenbrille beobachtet er, wie zwei Streifenpolizisten vom 73. Revier seinem Kumpel einen Strafzettel wegen Trinkens in der Öffentlichkeit verpassen. „Faschisten", zischelt er. „Die Cops drehen durch, seit der Italiener im Amt ist."

Der Italiener heißt Rudolph Giuliani und ist seit zwei Jahren Bürgermeister von New York. Er hat Männern wie Death den Kampf angesagt. Ja, er hat mit diesem Versprechen seine Wahlen gewonnen, und Death holt aus zu einer längeren Philippika gegen Giuliani und die Republikaner insgesamt, die den „Polizeistaat" einführen wollen.

Mit anderen Männern aus den Sozialwohnungen des Brownsville Projects steht Death nachmittags um drei vor einer Schnapsbude an der Sutter Avenue, in einer trostlosen Stadtwüste, in der die Läden mit dicken Plexiglasscheiben gesichert sind und die Ware den Kunden durch Schlitze und Klappen zugesteckt wird.

Death nennt sich „Geschäftsmann", in seinen Kreisen die Bezeichnung für einen Drogendealer. Ab und zu ist er auch Filmkritiker. Gerade hat er den Streifen „City Hall" gesehen, in dem Al Pacino einen Bürgermeister alten Schlages spielt, demagogisch, gerissen, ein Dealmaker mit goldener Rolex und goldenem Motto, nämlich: „Leben und leben lassen". Pacino habe Format, meint Death, und Giuliani hat es nicht. Der sei nur ein republikanischer Beißer, der „Krieg gegen die Armen führt".

Al Pacino allerdings hat einen Nachteil. Er ist nur Kino, Giuliani dagegen Wirklichkeit. Und Giuliani, 51, macht sich bemerkbar, auch wenn er nicht da ist, etwa in der morgendlichen „Grillstunde", einer Lagebesprechung im Hauptquartier der New Yorker Polizei, in der es auch um Death und seine Freunde geht.

Hier, im zentralen Kommandoraum des New York Police Departments (NYPD), herrscht der rauhe Ton der Erfolgssüchtigen. „Was ist bei euch los, Commander?" bellt der Chief aus dem Halbdunkel. Vor ihm, an einem Stehpult, blättert Captain Joseph Cunneen vom 73. Revier nervös in seinen Unterlagen. Schließlich zuckt er mit den Achseln.

Rund einhundert Uniformierte, mit schwerem Lametta an den Schultern, sitzen in einem großen Hufeisen um ihn herum. Einige machen ihrer Verachtung mit halblautem Zynismus Luft, und alle starren auf die großen Leinwände an der Rückfront des Saals, auf denen Schaubilder mit mehrfarbigen Kegeln und Kurven die Monatsbilanzen der Polizeiarbeit illustrieren. In Brownsville und East New York sind die Einbrüche wieder leicht hoch- und die Verhaftungen zurückgegangen.

Und das in der Woche, in der Rudolph Giuliani die Erfolgsbilanz seiner ersten zwei Jahre im Amt feiert! Giuliani, New Yorks grimmiger Chefankläger in den Reagan-Jahren, ist angetreten, den Verbrechenssumpf im Big Apple trockenzulegen. Seine erste Amtshandlung damals: Er wechselte das Führungsteam der Polizei aus und scharte Kreuzzügler um sich.

Jeder von ihnen weiß, daß Giuliani Erklärungen für Mißerfolge haßt. Er will Erfolg sehen, und den lieferte ihm das neue NYPD: Die Mordrate ist um 37 Prozent zurückgegangen, die Zahl der schweren Verbrechen um 25 Prozent. Seit der neue Bürgermeister im Amt ist, hat sich die Gewaltkriminalität auf den Stand der frühen siebziger Jahre eingependelt – New York gilt heute als eine der sichersten Großstädte der USA.

Auch das neue Plansoll, ein weiterer Rückgang der Rate um

zehn Prozent, konnte bisher gehalten werden. Doch jetzt ist das 73. Revier dabei, die Statistiken zu vermasseln. Eine Straßenkarte wird eingeblendet. Der grüne Klops in der Mitte ist der berüchtigte Brownsville Housing Complex. Hier sitzen die roten Pusteln, die Schießereien und Diebstähle markieren, besonders dicht. „Was ist mit den beiden Flüchtigen von der Sutter Avenue?" bohrt der diensthabende Chef. „Ihr hattet eine tolle Täterbeschreibung. Warum wurden die nicht aufgegriffen?"

Eine neue Philosophie hat sich durchgesetzt: die der Nulltoleranz. Die „Squeegees" etwa, jene Windschutzscheiben-Putzer, die von Autofahrern an roten Ampeln Kleingeld erpreßten, sind aus dem Stadtbild verschwunden. Trinken oder Urinieren in der Öffentlichkeit, Graffiti-Malereien oder aggressives Betteln werden nicht mehr geduldet. Jedes dieser Delikte erlaubt dem patrouillierenden Polizisten den Personalien-Check und die Rückfrage beim Fahndungscomputer. Ergebnis: Die Straßen und Parks sind sicherer, und die Gefängnisse platzen aus den Nähten.

Das 73. Revier hat Schwierigkeiten? Methodisch klopft der Bezirkskommandant Schwachstellen ab. Dann werden neue Taktiken angeordnet, eine Verstärkung der Patrouillen und der Undercover-Agenten. Die Grillstunde endet mit einer übellaunigen Drohung: „Nächste Woche sprechen wir uns wieder."

„Wir tun endlich wieder unseren Job, das ist alles", sagt Polizeichef William Bratton in seinem Büro, das neben den üblichen Sternenbannern eine Reliquie beherbergt: Roosevelts Schreibtisch. Wohlgemerkt, nicht der von Franklin Delano Roosevelt, der den New Deal und die Hilfe für die sozial Schwachen propagierte, sondern der von Teddy Roosevelt, dem Rauhreiter, der von 1895 bis 1897 New Yorker Polizeichef war. Bratton ist stolz auf diese Erbfolge.

Gestützt von Giuliani griff Bratton auch in den eigenen Reihen durch. Ein unausgesprochener Nichtangriffspakt mit Gesetzesbrechern hatte die Laxheit im Department gefördert – die Polizei von New York galt als eine der korruptesten Institutionen der Nation. Bratton führte sich mit einem Paukenschlag ein. Als 1994 das „dirty thirty", das schmutzige 30. Revier in Harlem, aufgeflogen war, betrat Bratton unter Blitzlichtern die Wache und riß den überführten Polizisten die Wappen von der Brust, um sie der Presse zu präsentieren wie die erbeuteten Totems eines feindlichen Stammes.

Auftritte wie dieser kosteten Bratton die Gnade des Bürgermeisters und schließlich den Job. Giuliani, so enge Mitarbeiter, duldet nur Befehlsempfänger, keine Stars. Er feuerte Brattons Pressesprecher und weigerte sich beharrlich, den Vertrag seines Obercops zu verlängern. Bratton nimmt es gelassen. Er hat bereits einen lukrativen Job in der Privatwirtschaft gelandet. Bitter ist er nicht: „Wir haben uns im besten Einvernehmen getrennt. Mit Giuliani an der Spitze ist diese Stadt auf dem richtigen Weg. Jetzt werden hier endlich wieder Verbrecher gejagt."

Giulianis Stadtverordnete und Abteilungsleiter sind nur sichtbare Staffage, wenn er seine monatlichen Town-Hall-Meetings abhält. Wie Schulknaben sitzen sie hinter ihm – etwa in der Aula des Baruch College auf Manhattans East Side, wo sich die Spitze der Stadt den Nöten und Sorgen des Wahlvolks stellt.

Als Giuliani den Mittelgang hinunterschreitet, beschränkt sich der Applaus auf eine höfliche Pflichtübung. Dieser Bürgermeister wird respektiert – geliebt wird er nicht. Den Kopf nach vorn geschoben, hastet er zum Podium, die hohe Stirn wie ein Prellbock, der den Körper nach sich zieht, zwei tief gegerbte Falten an den Nasenflügeln und ein Mund wie ein umgekehrtes, messerscharfes U. Selbst wenn er lacht, sieht er ungemütlich aus.

Welch ein Unterschied zum Vorgänger, zum leutseligen, prachtliebenden schwarzen Bürgermeister David Dinkins, dem Demokraten alten Schlags, der Sozialprogramme propagierte, die Aussöhnung unter den 178 Nationalitäten der Megastadt predigte und auf eine stetig anschwellende Bürokratie vertraute – ein Bürgermeister als feuchtäugiger Teddybär, als goldener Kompromiß. Und nun dieser Kommißschädel mit dem Terrierbiß, dessen hervorstechendes Merkmal die Humorlosigkeit ist.

Nur: Es war der Aussöhner Dinkins, der hilflos zuschaute, wie die Rassenkrawalle aufloderten und die Zahl der Wohlfahrtsempfänger anschwoll. Giuliani sucht die Konfrontation. Seine Philosophie ist die des Jesuitenschülers, der die Höchstleistungen, die er von sich selbst verlangt, auch von anderen fordert. Mittlerweile nennt man ihn den „heiligen Terror“, und er scheint diesen Beinamen zu mögen.

Seine Sätze knallen wie Peitschenhiebe. „Wer Unterstützung haben will, soll dafür arbeiten“, sagt er. „Wir haben 20 000 Wohlfahrtsempfänger in Arbeitsprogrammen untergebracht.“ Sie halten nun die Parks und Straßen sauber. Die 42. Straße, die Peep-Show-Meile, die derzeit vom Disney-Konzern zum familienfreundlichen Entertainment-Park umgerüstet wird, ist besenrein. Für den Frühling ist eine neue Initiative zur Entfernung von Graffiti angekündigt. New York scheint sich Singapur zum Vorbild zu nehmen.

Im Publikum an diesem Abend im Town-Hall-Meeting: weißer und asiatischer Mittelstand, der beifällig nickt. Die 71jährige Josefa Behl, ein Leben lang Demokratin und Clinton-Wählerin, applaudiert. „Diese Stadt braucht einen, der tough ist“, sagt sie. „Sonst geht alles den Bach runter.“ Natürlich gibt sie dem Republikaner Giuliani beim nächsten Wahlgang ihre Stimme.

„Irgendeiner muß ihn bändigen“, meint dagegen Mary Kilmer. Sie klingt nachdenklich, zweifelnd. „Er kämpft, weil er den Kampf liebt. Der Typ blüht auf, wenn er Feinde hat.“ Und zum Feind taugt ihm auch an diesem Abend jeder, der ihm widerspricht.

Im Mittelgang steht eine Studentin, die sich darüber beschwert, daß die Stipendien für die städtischen Colleges gekürzt werden. Mit hochrotem Gesicht und aufgeregter Stimme legt sie ihre Sache dar – bis ihr Giuliani ungeduldig das Wort abschneidet. „Arbeiten Sie einfach abends ‘ne Stunde länger“, sagt er trocken und bleckt seine Zähne. „Ich habe mir mein Studium auch durch Nebenjobs verdient.“ Ein billiger Triumph, aber unter Umständen ein notwendiger: Der Saal klatscht, und das Mädchen wirkt wie eine hysterische Faulenzerin.

Giuliani legt sich mit allen an, auch den Mächtigen. Das eigene Partei-Establishment verprellte er, als er sich bei der letzten Wahl für den demokratischen Gouverneur Mario Cuomo aussprach. Er demonstriert seine Unabhängigkeit bei jeder Gelegenheit, und er schlachtet heilige Kühe wohl in erster Linie, weil er Spaß am Schlachten hat.

Bisher geben ihm die Erfolge recht. Er balancierte mit eisernen Kürzungen den Haushalt aus. Er strich 17 000 Stellen in der städtischen Bürokratie und führte rigide Effizienzkontrollen ein – wer etwa früher fünf Monate auf eine Geburtsurkunde warten mußte, bekommt sie heute in fünf Tagen. Mit neuen Maßnahmen gegen Wohlfahrtsbetrug – Fingerabdrükke, Adressenkontrollen – warf er mehr als 100 000 Namen aus der Sozialhilfekartei.

Dem mächtigen Board of Education, der Verwaltung des herabgewirtschafteten öffentlichen Schulsystems, einer bisher kontrollfreien Zone mit Riesenetat, kürzte er 2500 Stellen außerhalb des Lehrbetriebs. Die Devise: Alles Geld für die Klassenräume, nichts für die Bürokraten. Und was die einzelnen Schulen angeht: „Wer sagt, daß wir zehn stellvertretende Direktoren brauchen?" ruft er an diesem Abend. „Vier reichen völlig aus."

Er ist der Politiker der schwierigen neunziger Jahre: nüchtern, grimmig, wach. Er hat immer recht (meint er), und er liebt es, genau das jedem unter die Nase zu reiben. Selbst am nächsten Morgen im kleinen Kreis mit Journalisten, im blauen, sonnendurchfluteten Salon der City Hall, wirkt er verspannt und so grimmig, als hätte er sich, statt zu schlafen, heimlich aus einer Steckdose versorgt.

Mit schmalen Lippen zieht er Bilanz. Er ist kompetent, kennt Zahlen und Statistiken und Details. Er schildert seine Kämpfe gegen die Mafiosi vom Fischmarkt und die Machenschaften korrupter Gewerkschafter. Dann kommt er auf die nächsten zwei Jahre seiner Amtszeit zu sprechen. Sein Programm ist eine Kriegserklärung: Er wird es allen zeigen, den Mafiosi und der Schulverwaltung und den Wohlfahrtsschmarotzern erst recht.

Natürlich auch Leuten wie Death vor dem Schnapsladen in Brownsville. Der gibt sich keinen Illusionen hin. Mit ein bißchen Glück, meint er, habe er noch zehn Jahre, bevor ihn die Kugel erwische. Vielleicht kommt sie aus dem Revolver eines Cops, vielleicht aus dem eines Gangsters, draufgehen wird er auf alle Fälle.

Sein Motto stammt aus dem Film „City Hall", und das ist eines, das jeder New Yorker unterschreiben kann, Death und der weiße Mittelstand auf der East Side und womöglich sogar der Bürgermeister: „Wer in New York lebt, muß dazu entschlossen sein, Glück zu haben."

15 GROSSE OPER IN DER GRÜNEN HÖLLE

Salsa-Star Ruben Blades als Wahlkämpfer in Panama

Auf diesen magischen Moment haben alle gewartet – der Mann auf dem Balkon singt. Die Mangobäume haben plötzlich ein satteres Grün, der rote Staub hat sich gesenkt, die Luft ist Seide, und alle auf diesem Dorfplatz außerhalb von Panama City singen mit. Sie kennen den Song. Er handelt von ihnen.

Da oben steht ihr künftiger Präsident, Ruben Blades, der Salsa-Star. Noch wenige Tage bis zur Wahl. Er muß einfach gewinnen.

Blades singt von Pablo Pueblo, dem kleinen Mann, der sich abrackert für einen Hungerlohn, der es kaum schafft durch den Tag und der die Hoffnung dennoch nicht aufgibt. „Pablo Pueblo", singen die Leute, „hijo del grito y la calle", Sohn des Schreis und der Straße, des Elends und des Hungers, der Slums und der Trauer.

Vier Jahre sind seit der amerikanischen Panama-Invasion vergangen. Vier Jahre, seit Diktator Noriega verhaftet wurde. Vier Jahre, in denen Korruption und Drogenhandel aus den Händen der Junta in die der freien Marktwirtschaftler übergegangen sind. Die Arbeitslosigkeit ist auf 25 Prozent gestiegen. Der Kokainpreis ist auf 5 Dollar pro Gramm gefallen.

Doch dort oben im Abendlicht steht die Hoffnung. Er wird Arbeit geben. Er wird Wasser bringen. Er wird Wunder tun. „Schafft er es nicht", sagt einer, „wird es Aufstände geben wie im mexikanischen Chiapas."

Plötzlich fällt ein Schuß. Blades zuckt zusammen. Die Bodyguards stürmen zur Seite der Balustrade. Kurz darauf kommt die Entwarnung. Auf dem Fußballfeld nebenan haben drei Kinder einen Feuerwerkskörper gezündet. Doch Blades' Wahlkampfmanager Freddy Nunström bleibt nervös. Alles kann passieren in dieser Wahl, der ersten freien in Panama seit einem Vierteljahrhundert.

Über einen Hinterausgang wird Blades hastig in einen wartenden Range Rover eskortiert. Die Fans klatschen an die Scheiben, drücken Küsse drauf, blitzen mit ihren Kameras. Blades ist das von seinen Konzerten gewohnt. Da es schon längst keinen prinzipiellen Unterschied mehr zwischen Show und Politik gibt, ist Blades, der Seiteneinsteiger, ein Profi. Er sieht nicht aus wie ein Star. Allenfalls wie dessen Anwalt: hohe Geheimratsecken, schlaffe Wangen, teigige Haut. Sein Lächeln ist verschwunden. Er wirkt plötzlich verzagt, nachdenklich. Worauf hat er sich nur eingelassen!

Eine Intrige Noriegas trieb seine Familie vor 20 Jahren außer Landes. Rubencito, wie sie ihn hier nennen, kam mit einem Gitarrenkasten und 100 Dollar nach New York. Er hat es in Amerika geschafft, als Musiker, als Filmschauspieler. Einmal hat er sogar einen Grammy gewonnen. In den Vereinigten Staaten ist Blades eher eine mittlere Nummer. In Panama ist er ein Gott. Und nun kehrt er zurück, um das Land zu retten.

Seine Gegner kreiden ihm an, daß er sich über Panamas Tragödie aus den Zeitungen in Malibu informiert habe. Und seine Frau? Eine Amerikanerin als First Lady? Blades weiß, daß nun die Schlammschlacht beginnt. Der Gegner will beweisen, daß er einst die US-Staatsbürgerschaft beantragt und damit bewiesen habe, daß er bereit sei, sein Vaterland im Stich zu lassen. „Morgen müssen wir zur amerikanischen Botschaft", sagt der Sänger resigniert. „Das muß ein für allemal aus der Welt geschafft werden."

Er dränge sich nicht nach dem Amt, sagt er, während Freddy, sein Manager, die Serpentinen des Nobelviertels Bella Vista hinunterjagt. Er wolle nicht um jeden Preis gewinnen. Er wolle nicht diffamieren, sondern versöhnen, wiederaufbauen. Er werde Mitglieder aus allen Parteien in sein Kabinett berufen.

„Papa Egoro" heißt seine Partei, „Mutter Erde", eher Basisbewegung als geölte Politmaschine, vor knapp zwei Jahren gegründet mit einer Plattform, wie sie von Mutter Teresa verfaßt sein könnte. „Papa Egoro", die grüne Partei Panamas, will die Korruption abschaffen, Volksabstimmungen einführen, einen unabhängigen Beamtenstand installieren und ausländische Investitionen ermutigen.

Vor allem aber will sie Ehrlichkeit und nationale Würde und Neuanfang, und den Regenwald retten. In den Umfragen liegt die Partei, die aus dem Nichts kam, bereits an zweiter Stelle.

Vielleicht ist Ruben Blades tatsächlich der gute Mensch von Panama. Vielleicht aber ist er auch nur der Strohmann für die Yuppies der brummenden Glitzermetropole, in der Luxus und

Elend dicht beieinander sind. Ruben Blades, die Frontshow für das progressive Kapital, der Triumph der Unterhaltungsindustrie über die Politik?

Während Blades mit seiner Frau für einen Fernsehsender aus Miami posiert, treffen sich seine Wahlkämpfer und ihre Unterstützer bei Krebshäppchen und Wein in einer Milliardärsvilla am Meer, sitzen auf Rattansofas unter Proletkult-Gemälden, die den Kolonialismus in leuchtenden Farben besingen. Es ist die übliche liberale Joop-Metropolen-Mischpoke, gutwillig und halbseiden, linke Intelligenz, Designer, Fernsehleute, Modemacher.

Sie besprechen das Los der Campesinos und die Wasserversorgung im Norden. Und dazwischen zeigt Sandra, die Gastgeberin, ihre neue Kollektion von Abendkleidern für den spanischen Export. Vielleicht hat der arme Pablo Pueblo überall auf der Welt überhaupt nur diese Alternative: Yuppies oder zigarrenkauende alte Geldhaie, getreten wird er von beiden.

PR-Mann und TV-Eigner Augusto Boyd erscheint zu spät auf der Terrasse. Er hält sich alle Optionen offen. Sollten sich die zerstrittenen Bürgerlichen, die die abgewirtschaftete Regierung bilden, doch noch auf einen Kandidaten einigen, wird er ihnen Stimme und Geld geben. Sonst ist er Rubens Mann. Alles wird er tun, um die Rückkehr der Junta-Partei PRD zu verhindern.

Doch die Revolutionär-Demokratische Partei, die SED Panamas, hat ein überraschendes Comeback. Sie liegt in den Umfragen weit vor den bürgerlichen Parteien an der Spitze.

Dabei schien die von Putschistengeneral Torrijos gegründete und nach dessen rätselhaftem Tod von General Manuel Noriega weitergeführte Staatspartei mit der amerikanischen Invasion am Ende: Die US-Jagdbomber und Sturmtruppen hatten im Dezember 1989 nicht nur den Drogengeneral kaltgestellt, sondern auch seine Elitebataillone zusammengeschossen und ganze Stadtviertel Panamas in Asche gelegt.

Doch nun, unter ihrem Spitzenkandidaten „Toro“ Perez Balladares, hat sich die Partei verjüngt. Sie zieht Nostalgiewähler an und solche, die sich nicht durch „die Amerikaner vorschreiben lassen wollen“, wer ihr Land regiert.

Toro sieht aus wie ein aufgepumpter Peter Weck. Bullig, groß, silbergrau. Gestreiftes Hemd, goldene Armbanduhr.

„Ein Kerl mit Eiern“, schwärmen seine Wähler.

Blades' Wählervereinigung hat gerade 30 000 Mitglieder, der PRD dagegen 180 000. Die Partei kontrolliert nach wie vor die öffentlichen Angestellten, die ihr Ämter und Jobs verdanken. Und sie hat Geld. Viel Geld. Toros Auftritte sind traditioneller Wahlkampfrummel, üppig plakatiert, mit Marschmusik und Jubelpersern. Für Kritiker ist Ruben Blades die gutmeinende Wahlkampflüge, Perez Balladares dagegen der auftrumpfende Betrug.

Er weiß, daß ihn die Campesinos lieben, wenn er die Dorfkirche besucht, die Kinder streichelt, den alten Mütterchen das Ohr neigt. Warum sie ihn wählen? „Er hat die Sache im Griff“, sagt Pablo Velasquez, ein pensionierter Beamter, stolz. Tiefer reicht die Analyse in keinem Wahlkampf, nirgendwo auf der Welt.

„Wir führen das Erbe Torrijos' fort“, brüllt Toro in die Menge. Er weiß: Torrijos ist immer noch populär. Torrijos hat Schluß gemacht mit Parlamentarismus und Parteienstreit. Er hat den Campesinos Schulen und Land gegeben. Und er hat den Amerikanern ein neues Kanal-Abkommen abgetrotzt, hat Panama aus dem Vasallentum befreit.

Bis Torrijos war Panama ein Land von Amerikas Gnaden, ein von Kolumbien abgetrennter Teil, der 1903 ein eigener Staat wurde, weil die Amerikaner dort ihren Kanal bauten. Eine echte Bananenrepublik – erst Torrijos hat ihr nationalen Stolz und Selbstbehauptung gegeben.

Seit 1981 allerdings war der PRD Noriegas Organisation, eine Staatsmafia aus Drogengeschäften und Spitzeln, ein administrativer Sumpf, dem Perez Balladares treu geblieben ist – nie hat er die Partei verlassen, selbst wenn er einige Jahre in Madrid wohnte. Was ist mit diesen acht Jahren?

„Ein schwarzes Loch“, sagt Toro, der Bulle, lässig und wischt sich eine Lippenstiftspur von der Wange. „Ich habe damit nichts zu tun.“

Gegenüber preßt Tagelöhner Jose Guzman in einer Mühle, immer im Kreis herum, Melasse aus Zuckerrohr, für knapp 50 Cent die Stunde. Er wählt nicht.

Es bleibt eh alles beim alten. Gewinnen tun immer die anderen. Doch Jose ist der einzige, der gleichgültig bleibt.

Der Kandidat hat sich für das Interview unter einen schattigen, weit ausgreifenden Almenga-Baum gesetzt. Die Mariachi-Band schweigt, Bauern und Parteiarbeiter haben sich ehrfürchtig zu Toros Füßen niedergelassen – eine Szene, wie sie Propagandamaler lieben. „Noriega", sagt er und tupft sich Schweiß von der Schläfe, „hat die Ideen Torrijos' entstellt – ich bin der Neuanfang."

Aber muß sich der PRD nicht, so wie die deutsche PDS, den vergangenen Untaten stellen und damit ihre Demokratiereife erst beweisen, bevor sie neu durchstartet? Was entgegnet er den Kritikern, die ihn abwechselnd einen Hitler und einen künftigen Putschisten nennen, was Panamas Präsidenten, der ihn in einer Fernsehansprache massiv beschuldigte?

„Die Bürgerlichen haben nur die Hosen voll", sagt Toro. Die Bauern nicken begeistert. Toro wird es ihnen zeigen. Er wird mit dem korrupten Banker- und Bürgerpack aufräumen. Demokratie hat in Panama einen nur sehr relativen Wert.

Und was hält Toro von Ruben Blades, seinem einzigen ernsthaften Herausforderer? „Ein Sänger", sagt er, und sein Lächeln sieht aus wie Zähneblecken, „ich mag seine Musik nicht besonders."

Schon früh läßt sich Ruben Blades zwei Tage später in seiner aufwendig renovierten historischen Stadtvilla abholen. Seine Frau, auch sie Schauspielerin, entspannt sich auf einer nahen Urlaubsinsel. Sie will, so scheint es, mit dem ganzen Rummel nichts zu tun haben.

Ein Frühstück mit Öko-Aktivisten zieht sich hin. Wieder einmal ist Blades zu spät. Freddy steigt aufs Gas. Es geht hinüber nach Colon, zur Atlantik-Seite, wo ihn wieder das gleiche erwartet: Hände schütteln, reden, singen.

Freddy überholt halsbrecherisch. Blades bekreuzigt sich und brüllt: „Langsam – wenn ihr Idioten nicht organisieren könnt, muß ich doch nicht dabei draufgehen." Die Partei, sagt Blades' Pressesprecher Ricardo, sei ein einziges Chaos. „Und jetzt wird es noch schlimmer – wir haben Chancen auf den Sieg." Toro hat eingebüßt in den Umfragen und Blades mächtig zugelegt.

Die Fahrt führt an der Kanalzone entlang, einem umzäunten und bewehrten Stück Idaho mitten in Panama, mit Shopping-Malls, Kino, amerikanischen Schulen und Vorgärten. Die

Kanalverwaltung sitzt landvogtmäßig auf dem höchsten Hügel der Stadt. Ein paar Häuser weiter eine Gedenktafel, die zum Andenken an die panamaischen Jugendlichen angebracht wurde, die „Märtyrer", die bei Protesten gegen die Amerikaner 1964 erschossen wurden – sie wollten die Flagge Panamas hissen.

Die Einschußstellen auf der Tafel sind jüngeren Datums. Hier kämpften Noriegas Elitebataillone gegen die vorrückenden Invasionstruppen. Noch immer ist die Zahl der Opfer umstritten. Die amerikanischen Behörden sprechen von 300. Menschenrechtsorganisationen schätzen 4000, zum größten Teil Zivilisten. „Wir haben unsere Toten immer noch nicht beweint", sagt Blades. Ende 1999, so sieht es das Abkommen vor, soll die Kanalzone, Panamas Lebensader, zur Gänze in panamaische Hände übergehen. „Wir können das", sagt Blades mehr zu sich selbst, „wir müssen nur für die entsprechende Ausbildung sorgen." Der Salsa-Sänger als Staatspräsident – er macht sich Mut vor dem größten Gig seines Lebens.

Der Kanal führt durch ein verbleibendes Stück Regenwald, verschwindet hinter Panama-Bäumen, Lianen und Riesenfarnen, und plötzlich taucht über der grünen Wand turmhoch ein silberner Schiffsrumpf auf.

Ein Ozeanriese schiebt sich majestätisch durch den Dschungel, und für einen Moment scheinen Abenteurerträume Wirklichkeit und Blades ein Besessener wie Fitzcarraldo, der die große Oper in die grüne Hölle bringen wollte. Blades' Projekt ist womöglich noch utopischer: Er will ein korruptionsfreies Panama, eine unabhängige Nation an der Schwelle des nordamerikanischen Giganten.

Colon, die Goldgräberstadt, ein Sumpffiebernest aus Wellblechbaracken und Slumvierteln, ist fest in Händen von Blades' „Papa Egoro", weil Colon sowieso immer Opposition ist. In Colon leben die Nachkommen der schwarzen Kanalbauer, der Inder, der Chinesen.

Ruben Blades beginnt seine Tour durch die Baracken. „Rubencito", ruft eine Frau, „komm hierher, schau dir diese Scheiße an." Sie meint, was sie sagt: die Kanalisation funktioniert nicht.

Rubencito wird die Scheiße aufräumen. Er wird Wasser und

Strom auch hierher bringen, in die Elendsviertel Colons, wo jener ein Glückspilz ist, der einen Tagesjob in der Kanalzone für 90 Cent die Stunde ergattern kann.

Auf ein Wohnsilo der Siedlung Rio Alejandro ist ein Nikolaus gemalt. Blades lächelt, zum erstenmal an diesem Tag. Die Leute warten auf den Weihnachtsmann. Aber vielleicht tut es in Panama auch ein guter Präsident?

16 DECKNAME „STAR"

Geheimdienstchef Markus Wolf auf Lesetour – als letztes Idol der DDR

Es ist die Frage der Fragen, und die ehemalige Mitarbeiterin des ehemaligen Wismut-Werkes in der ehemaligen Karl-Marx-Stadt trägt sie zusammengefaltet unter dem Arm. Die Frage steht knallig in einer zerlesenen Ausgabe der SUPER ILLU, und sie lautet: „Markus Wolf – Dreckskerl oder Ehrenmann?"

Ja, was nun? Die Frau überlegt kurz. Dann sagt sie salomonisch: „Wahrscheinlich ein Drecksmann", was, feministisch gesehen, die politisch korrekteste aller Antworten ist. Aber wer ist er wirklich?

Markus Wolf liest in Chemnitz, der letzten Station seiner Lesetour, aus seinem Bestseller „Spionagechef im geheimen Krieg", und er ist allen alles an diesem Abend: ein roter James Bond, ein kulinarischer Marxist, die einzige wirkliche Erfolgsstory der DDR, Idol, Erzfeind. Nur eines ist er nicht: Markus Wolf.

Er ist das Gegenteil: ein VIP, öffentliches Eigentum, eine Medienpersona. Er fühlt sich wohl damit, denn er weiß, daß der Star-Rummel die beste aller Tarnungen ist, perfekter als jede Decknamen-Existenz. Eine Tarnung vor allem vor sich selber.

Im Garten der „Jugendbegegnungsstätte Pavillon" strömen die Menschen zusammen wie zu einem friedlichen Liederabend. Über den rostbraunen Plattenbau-Fassaden geht die Sonne unter, und auf einer Fassade leuchtet die Reklame der FREIEN PRESSE, die schon zu DDR-Zeiten so hieß, und auf der anderen das Coca-Cola-Zeichen.

Drinnen im Atrium sitzt Wolf trotz des niedrigen Sofas aufrecht und elegant in grauem Flanell, blauem Blazer, tadelloser Krawatte, signiert Bücher und schüttelt Hände mit links, weil die rechte mittlerweile Arthrose-lädiert ist. „Hier mußt du ‚Für Manfred' schreiben", sagt seine Frau Andrea, und reicht ihm ein Buch. Wolf nickt. Schon zwei Bücher später unterschreibt er selber mit „Manfred" und schüttelt amüsiert den Kopf, als er seinen Fehler bemerkt. Aber was sind Identitäten und Namen schon anderes als schnellebige Konstrukte?

Eigentlich sollte die Veranstaltung wegen des großen Andrangs in der Uni-Mensa stattfinden, doch das wurde, flüstert die veranstaltende Buchhändlerin, in letzter Minute auf Intervention des Kultusministeriums verhindert. Ihr Kollege spricht es kurz darauf ins Mikrofon: „Die Uni, der Ort der freien Rede, hat es nicht geschafft, daß diese Lesung dort stattfindet."

Unversehens hat Wolf, der ehemalige Geheimdienstchef, eine neue Rolle: die des Freiheitskämpfers, des Autors unbequemer Wahrheiten, gegen den die irritierte Macht nur mit Verboten vorzugehen weiß. Das ist eine erneute Irreführung, ein politischer Houdini-Trick im vollen Scheinwerferlicht: Es gibt nichts an diesen Erinnerungen, was politisch überraschend oder provokant wäre.

Ja, er hat an die Sache geglaubt, hat spät erkannt, daß sie vor den Baum geht, und er findet nach wie vor, daß es „eine Alternative zum Kapitalismus geben" müsse – jeder Wetterbericht ist aufregender.

Es scheint, als ergänze jeder für sich, was Wolf verschweigt, weshalb jeder ein anderes Buch liest. Was unnötig ist, denn Wolfs Erinnerungen sind farbig und interessant genug. Jeder wußte etwa, daß Herbert Wehner schaukelte und intrigierte, und Wolf schildert durchaus packend, wie er es tat.

Wolfs Memoiren bilden die Dummheiten, Fehleinschätzungen und Eitelkeiten der politischen Arena mit unterkühltem Vergnügen ab. Da ist die Geschwätzigkeit von Strauß, die eisige Entschlossenheit Honeckers beim Putsch gegen Ulbricht, aber auch die Absurdität der Geheimdienstwelt. Etwa der Slapstik einer ungewollten Zwischenlandung in New York, wo chinesische Geheimkuriere ihre Akten aufaßen, um sie nicht dem Feind in die Hände fallenzulassen.

Natürlich weiß Wolf bei seinem Publikum zu punkten. Ihm gehe es, sagt er, um Inventur auf beiden Seiten. Klartext: Nicht nur wir sollen die Hosen runterlassen müssen, sondern auch die anderen. So was kommt an. Jeder hier in Chemnitz hat es satt, in immer neuen Versuchen die eigene Biographie rechtfertigen zu müssen, und natürlich tun alle zusammen nichts anderes an diesem Abend, so lange, bis eine tragbare Version daraus wird, sozusagen Maßgeschneidertes von der Stange.

Eben das Modell Wolf. Markus Wolf ist der Erfolgstyp mit Grips und Geschmack, der die Wende, die Wenden mit Würde nahm, der Haltung bewahrte selbst bei seiner Festnahme, der seine paar Tage U-Haft mittlerweile als literarisches Material genießt, der jeden Prozeß überstand und jede Talkshow, und das oft besser als alle brüllenden Böllings und schwitzenden Mertes zusammen.

An diesem Abend spüren sie alle, daß es nicht darum geht, sich bis auf die Knochen zur Wahrheit abzuschälen – wer tut das schon? –, sondern darum, weiterzuleben.

Natürlich ist Wolf umstritten, und daß er das ist, ist ein Segen für die schöne und smarte Petra Lölsberg, die Pressedame des List Verlages, und auch für Wolf selber. Mittlerweile sind 90 000 Exemplare seines Buches gedruckt. Die Querelen um das Buch, der Streit etwa mit der britischen Mitarbeiterin Anne McElvoy, die sich von Wolf geprellt fühlte, haben nicht geschadet, sondern genützt. Auch in den USA gibt es solide Absätze, und eine Lesetour dort wäre ein Traum. Noch verweigern ihm die Amerikaner das Visum. „Aber irgendwann werde ich es dorthin schaffen“, sagt Wolf. Nach Amerika, zum Klassenfeind, ins Sehnsuchtsland.

In drei von 27 Städten dieser Fünf-Wochen-Tour waren Wolf-Veranstaltungen mit anonymen Drohungen und offenen Protesten gekippt worden. Die meisten Gegner schimpften ihn einen Verräter: an der Menschlichkeit, an politischen oder moralischen Prinzipien, an schwarzen, roten oder bunten Positionen, und der einzige, der diese Ironie auf eine stille, schmallächelnde Weise zu genießen scheint, ist Wolf selber: Verrat war sein Geschäft, und er war der Beste.

Dennoch hat es den Eindruck, als suche Wolf die Konfrontation, die Überprüfung seiner Rolle durch ein ablehnendes

Publikum, die moralische Erdung, nicht um Buße zu tun, sondern um zu siegen mit der eigenen Vita, eine Art Seelen-Sparring, ein Biographie-Training, bis auch die letzten Schwächen daraus getilgt sind. Er ist Perfektionist.

Mittlerweile beherrscht er seine Verteidigungslinien im Schlaf. Die meisten Zwischenrufer, die seine lange Vasallentreue für ein Unrechtsregime beharken, macht er als Antikommunisten aus. Etwa die in Heidelberg, die von Gerhard Löwenthal gegen ihn „aufgehetzt" wurden. „Ich wußte gar nicht, daß es den noch gibt."

Doch auch die womöglich gefährlichere Kritik aus den eigenen Reihen federt er lässig ab. Da ist dieser ältere, korpulente Mann mit Lederweste, den es so oder ähnlich auf fast jeder seiner Lesungen gibt, einer, der aufspringt und ruft: „Wie kommen Sie dazu, mit solchen Lesungen Geld zu machen, wo Tausende Ihrer ehemaligen Mitarbeiter arbeitslos sind?"

Die simple Antwort wäre: Weil ich ein anderes Kaliber bin, du Knalltüte. Die geschmeidige, die politisch korrekte Wolf-Parade sieht so aus: „Ich denke oft an die Mitarbeiter, vor allem auch die im Westen, die jetzt im Gefängnis sitzen. Ich glaube, ihnen wäre durch mein Schweigen nicht geholfen. Im Gegenteil. Sie fühlen sich durch mich moralisch gestärkt und haben das Gefühl, nicht umsonst gelebt und gekämpft zu haben."

Eine wasserdichte Weltmeisterantwort, die jedem zu kurz gekommenen Neidtrampel das Maul stopft und alle letzten Aufrechten mit dem altgewohnten Kampf-Pathos für die gerechte Sache versorgt, das ihnen an diesem Abend gereicht wird wie Manna in der Wüste.

Viele Fragen, die in Chemnitz gestellt werden, sind gar keine, sondern nur laut geführte Selbstgespräche, geteilte Erinnerungen, Einverständnis-Sentenzen. Etwa, wenn ein Zwischenrufer die Rede auf Erich Mielke bringt, „das blödeste Schwein, wo gibt" – so was laut sagen zu dürfen, hat selbst acht Jahre nach dem Fall der Mauer noch erleichternde Magie für diejenigen, die zu den Lesungen strömen wie zu DDR-Seancen.

Anschließend drängen sie sich an den Signiertisch, um Wolf, diesen Elégant von einem anderen Stern, den man sich so gar nicht auf DDR reimen kann, zu berühren, ja: ihm zu schmeicheln, ihn aufzumuntern, als streichle man sich selber dabei.

Ein Fallschirmspringer schiebt ihm eine Dokumentation der Auflösung des Luftsturmregiments der NVA zu. Wolf bedankt sich würdevoll. Später überreicht ihm ein Junge, der das T-Shirt „Meine Heimat – die DDR" trägt, rote Nelken. Und lobt ihn ergriffen mit dem wohl einzigen Kompliment, das man einem Geheimdienstchef nie machen sollte: „Er ist eine ehrliche Haut."

Vor allem ist er ein Held, wahrscheinlich der letzte wahre DDR-Star. Die Tour war ein Erfolg, darüber ist sich Markus Wolf mit Ehefrau und Pressedame beim anschließenden Essen einig. Er ist aufgekratzt und doch von einer gewissen Melancholie. „Er vermißt es schon jetzt", sagt seine Frau. Wolf protestiert.

Aber was kommt als nächstes? Radfahren in Grünau? Ein Leben ohne Flucht ins Blitzlicht, ohne Wirbel, ohne öffentliche Persona? Ein Leben ohne Tarnung vor sich selber?

Wolf schüttelt sich, als müsse er einen bösen Schatten loswerden. Dann hebt er fröhlich das Glas und freut sich auf das kommende Wochenende in London, wo er auf Einladung seines englischen Verlegers Interviews geben wird.

Und irgendwann, setzt er sehnsüchtig hinzu, „irgendwann werde ich schon noch nach Amerika kommen".

17 TORTENSCHLACHT UM BRECHT

Barbara Schall und die Schwierigkeit, die Tochter eines deutschen Klassikers zu sein

Ungeheuer ist viel, doch nichts ist dem Feuilleton ungeheurer als diese Frau, die – wie erwartet – schwere Geschütze auffährt. An diesem Morgen ist es Kirschrolle, ein cremiges, süßes Ding und auf alle Fälle ein sauberer K. o. schon in der ersten Runde. „Na, schmeckt's?" fragt Barbara Schall.

Sie trägt ihre grauen Haare kurz, mit einem Rattenschwanz, der sich über ihren Nacken schlängelt. Dickbäuchige Buddha-Statuen lächeln vom Fenstersims herüber, venezianische Mohren reichen ungerührt Glasperlenkram auf Samtkissen, schwere Putten stürzen von der Zimmerdecke, und alle glotzen anerkennend auf die Cremetorte. So was macht ihr keiner nach.

Den Rest aber auch nicht. Barbara Schall, 66, ist Hausfrau und Unternehmerin. Ihre Branche? Nicht Stahl, sondern Brecht. Sie ist die Tochter des Dichters und auf prächtige Art unwürdig und unsentimental wie er. „Ach“, dichtete der Vater einst, „was soll des roten Mondes Anblick / Auf dem Wasser, wenn der Zaster fehlt?“

Ihre rosa Badewanne hat Pool-Größe. Sie sammelt Flohmarktbroschen und Badekannen, sie liegt Commander James Kirk aus der „Star Trek“-Serie zu Füßen, sie schenkt ihrem Mann Bibeln, und zur Weihnachtszeit verschickt sie selbstgebackene Christstollen und hört Heintje.

Zwischendurch telefoniert sie mit Kenneth Branagh und liest Vertragstexte von Suhrkamp. Sie macht Politik zwischen Kochtöpfen und Backröhren, denn sie darf bestimmen, wer ihren Papa inszeniert und wer nicht. Ausgerechnet so eine! Eine Provokation für alle Stadttheaterdramaturgen, die Kuchen verachten und gefährlich denken – von so einer möchte man sich den Brecht noch nicht einmal erlauben lassen.

Gehört Brecht nicht überhaupt allen? Sollten die Rechte nicht frei sein? „Das verlangen doch immer nur die, die nichts haben“, sagt Barbara Schall unbeeindruckt, mit guter alter Unternehmerlogik.

Ihre Haltung ist klar: Papa gehört ihr, im doppelten Sinne. Er versorgt sie mit Tantiemen, sie revanchiert sich. Sie wacht über Texttreue, versucht, Schindluder durch Regisseure zu verhindern. Schon in den zwanziger Jahren beklagte sich Brecht über einen Theaterbetrieb, in dem der Stoff nichts und die „Neuheit der Verpackung“ alles sei. Nun verrichtet die Tochter Liebesdienste mit Bärenpranke: Sie schützt Papa noch nach seinem Tode.

So torpedierte sie 1975 eine „Dreigroschenoper“, in der Peachum als antisemitische STÜRMER-Karikatur auftrat, oder 1981 eine andere, in der es „mehr um Drogenprobleme als um Brecht“ ging. Jeweils schäumte das Feuilleton: Zensur!

Doch noch hat es Papa nicht nötig, sich so verwursten zu lassen wie sein einstiger Dramaturgen-Freund am Deutschen Theater, Carl Zuckmayer. Dessen „Teufels General“ wurde jüngst an der Berliner Volksbühne mit Hundegebell und Tuntenparodien zerlegt. Schleierhaft, daß derartige Kinderstreiche als künstlerisch „bemerkenswert" zum Berliner Theatertreffen nominiert werden, und nicht die wesentlich anspruchsvolleren Kirschrollen und Apfeltorten von Barbara Schall.

Es ist eine uralte Frage: Wem gehört ein Autor? Zunächst mal sich selbst – und dann, bis 70 Jahre nach seinem Tod, seiner Familie, sagt das Urheberrecht. Soll man einen Dichter dadurch achten, daß man seine Verfügungen mißachtet? Sollten die Weill-Erben gezwungen werden, die strengen Instrumentierungs-Vorgaben für „Mahagonny" aufzuheben oder die von Thomas Bernhard das Spielverbot für Österreich, weil irgendein Regisseur – natürlich im Namen des Volkes – es so will?

Brecht selber ist ein schlechter Kronzeuge für die Freigabe. Zwar ging er lax mit fremdem geistigen Eigentum um, aber er überwachte streng die Aufführungspraxis seiner eigenen Stücke. Und er dachte überhaupt nicht daran, die Rechte jenseits des Familienkreises – etwa durch den Staat oder eine Akademie – wahrnehmen zu lassen.

Die Rechtslage ist eindeutig. Doch irgendein Mißverständnis hat aus Brecht, dem Dichterunternehmer, das Mitglied einer Wohngemeinschaft gemacht, in der jeder, der mal unrasiert den „Baal" gelesen hat, denkt, er stünde dem Meister näher als seine Kinder und habe demzufolge größere Ansprüche und Zugriff auf ihn.

Es gibt kaum einen älteren Regisseur oder Schauspieler, der nicht nach dem fünften Bier in der Theaterkantine Anekdoten erzählt, die mit den Worten beginnen: „Als Brecht mich mal fragte ..." Klar, daß man der Tochter den Papa neidet. Obwohl die Kampagnen gegen die Tochter durchaus widerwärtige Züge tragen, behauptet sie ihre Stellung. Kein Wunder bei der Mutter, der eisernen Helene Weigel, von der sie sich alles – die Sturheit und die Tricks – abgeschaut hat.

Zunächst war die Weigel diejenige, die den späten Ruhm und Reichtum ihres 1956 gestorbenen Dichtergatten verwaltete, testamentarische Ansprüche anderer Brecht-Geliebten niederkämpfte, Inszenierungen übersah und auch sonst auf Linie achtete.

Heiner Müller liebte es, die Geschichte zu erzählen, wie die Weigel auf sein Ausschlußverfahren aus dem Schriftstellerverband reagierte: „Komm Bub", sagte sie zu ihm, „jetzt gehst' hinauf in Brechts Zimmer, setzt dich hin und schreibst deine Entschuldigung." Die junge DDR, ein rabiater Familienbetrieb mit Reueritualen und Versöhnungsfeiern – und Helene Weigel mittendrin als Mutterglucke.

Helene Weigel wurde von der virtuellen Brecht-Gesamtfamilie als Leittier anerkannt und respektiert. Gegen die Inszenierungsvorgaben des Meisters und der großen Witwe muckte keiner auf. Brecht-Sohn Stefan, der von New York aus den angelsächsischen Markt betreut, war außen vor. Als aber Barbara die Heimatfront übernahm, begann das Kesseltreiben.

Eine schmale Schauspielerin damals mit mäßigem Erfolg, die „Kleine", die immer nur dabeisaß – mit so was wird man vor dem Frühstück fertig, dachte man; vor allem, wenn man Mann ist und einen ganzen Schreibtisch und womöglich noch eine halbe Armee für sich allein hat.

Schon sechs Tage nach dem Tod der Helene Weigel 1971 wurde sie vor die Parteileitung zitiert. Die Forderung: Herausgabe des Schlüssels zum Banksafe am Ostberliner Alexanderplatz, in dem Brechts Manuskripte aufbewahrt wurden, Abtretung der Rechte. Die Begründung: Brecht, der kommunistische Sänger, gehört allen, nämlich uns. Man faßte in aller Eile einen Beschluß im Ministerrat, die „Lex Brecht", um die ideelle Enteignung zu legalisieren.

„Hager murmelte, daß man schließlich auch andere Methoden habe und daß es auch Lager gebe." Sie schüttelt sich. „Eine fiese Type." Angst spürte sie damals keine, nur Wut. „Ich wußte, daß er blufft. Ich wußte, wie ich heiße. An einer Brecht vergreift man sich nicht." Sie gewann. Es hat sie erstaunt, daß der Ruf nach Brecht-Verstaatlichung im Westen immer deutlicher war als im Osten. Allerdings: Theaterleute lieben totalitäre Gesten, und vielleicht war ja das bundesdeutsche Theater an manchen Häusern stets ein Stück DDR im Westen, ein subventionierter Bluff aus Mangelproduktion und Maulheldentum und Verachtung der rückständigen Masse Publikum.

Theaterleute, die ihre Buden in den Abgrund spielen, beherrschen die Klaviatur weinerlicher oder empörter Erpressung meisterhaft. Meist sind es Kulturpolitiker (reaktionär) oder Zuschauer (dumm), die Regisseure (genial) daran hindern, Erfolg zu haben. In der Brecht-Erbin wurde, unter eifriger Sekundanz des Feuilletons, ein neuer Entlastungsfeind ausfindig gemacht.

Barbara Schall wurde als „Dreigroschenerbin“ vor allem von Linksintellektuellen in den Schmutz gezogen. 1981 rief ZEIT-Kritiker Benjamin Henrichs „Enterbt die Erben“ und konnte gleich die Theatermacher Peymann, Flimm und Steckel zitieren, die das gleiche wollten, und alles natürlich, wie schon Kurt Hager, im Interesse des „Volkes“.

Ausgerechnet also die Theater-Betriebsnudeln im Westen husteten von Moral. Ausgerechnet die Matadore des Gagenpokers behielten sich vor, den Brecht-Erben, immerhin jüdischen Emigranten-Kindern, höhnisch die Silberlinge vor die Füße zu werfen, die ihnen ohnehin gehörten: „Es erscheint ausreichend, den Erben den ökonomischen Vorteil ihrer Verwandtschaft mit dem Dichter zuzugestehen.“ Zuzugestehen!

Die Attacke des Feuilletonisten endete mit einer absurden Drohung: Wenn wir Brecht nicht zu unseren Bedingungen kriegen, boykottieren wir ihn bis ins Jahr 2026. Denn dann sind die Rechte frei. Wir mögen ihn nicht, aber wir wollen das Recht, ihm zwischen die Beine zu treten.

Wieder zehn Jahre später, diesmal nach der Wende und sozusagen als Eingewöhnung in den bürgerlichen Rechtsstaat, war es der Berliner Kultursenator Roloff-Momin, der die Enteignungsparole erneut aufgriff, samt Boykottdrohung.

Lachend erinnert sich Barbara Schall an das Gespräch. Der Senator schäumte, als sie ihm erklärte, daß sie das verbriefte Recht habe, über Regisseure und Schauspieler in Brecht-Inszenierungen mitzubestimmen. „Darf die das?“ fragte er seinen Referenten. „Die darf das“, nickte der.

Von außen sieht das zerschossene Haus in der Berliner Friedrichstraße aus wie ein Nachkriegskoffer, der an der Bahnsteigkante vergessen wurde. Doch zu DDR-Zeiten war die Wohnung, nur einen Steinwurf vom Puttentempel Berliner Ensemble entfernt, eine erste Adresse – und die Schalls die Bourgeoisie, die sich der Arbeiterstaat leistete. „Die waren Kosmopoliten im Mief“, sagt Thomas Langhoff, Intendant des Deutschen Theaters.

Nun ist der Zug in die neuen Zeiten abgefahren. Die ersten

Mieter ziehen aus, kein Mensch weiß, an wen die Immobilie verschachert werden wird, und heute kann sich jeder Kneipenbesitzer in der Friedrichstraße New York leisten und „Westliteratur" erst recht.

Barbara Schall wirkt wie eine Übriggebliebene – und gleichzeitig wie eine, die dort angekommen ist, wo sie mit einem Bein immer stand: im Kapitalismus. Sie gehört nicht zu denen, die alten Zeiten nachtrauern. Ihre Devise könnte von Brecht, dem Buddha, stammen: „Halte deine Gedanken von allem, was ist und was basta ist / Denn das Denken an die Vergangenheit weckt Bedauern."

Nicht daß die Vergangenheit von sich aus Ruhe gäbe. Die Haushälterin bringt die Post, aus einem Nebenzimmer stößt Ehemann Ekkehard Schall hinzu, beide beugen sich über die Briefe. Rolf Hochhuth hat geschrieben und gleich zwei seiner Bücher mitgeschickt. Schall seufzt „schon wieder", und Barbara verdreht die Augen. „Er ist ja ein lieber Kerl. Wenn er doch endlich begreifen würde, daß wir nicht wollen – es ist vorbei mit dem Berliner Ensemble."

Das Theater am Schiffbauerdamm, vor dem Krieg Uraufführungsort der „Dreigroschenoper", in den fünfziger Jahren als „Berliner Ensemble" Brechts Bühne und Labor, später ein theatralisches Museum in edlem Sackleinen, die Touristenattraktion Ost-Berlins. Brecht-Schwiegersohn Ekkehard Schall glänzte hier als „Arturo Ui" und in allen großen Brecht-Rollen – und führte das Haus mit bis über die Wende.

Danach wurde es mit halbstarken Kraftakten zur Spielbude mit Phantomschmerzen heruntergewirtschaftet. Mit einer Ausnahme: Martin Wuttke überstrahlte das Theater als „Arturo Ui". Es blieb ein Strohfeuer, seither ist es Steppe, durch die gelegentlich eine wütende Erben-Beschimpfung fegt.

Da war der Fall Einar Schleef. Der Regisseur hatte den „Puntila" als nacktes Männerballett inszeniert und nun seinen Zugriff auf „Galileo" angemeldet. Barbara Schall lehnte ab, mit einer einsichtigen Begründung: „Sieben nackte Kardinäle an der Bühnenrampe, das brauche ich nicht."

Prompt behauptete die BE-Intendanz, daß der Erben-Einspruch die Kunstfreiheit bedrohe und das ganze Theater blockiere. Prompt riefen die Feuilletons erneut nach Enteignung der Erben. Später übernahm Regisseur Tragelehn den „Galileo" mit Fanfare und Zustimmung der Erben. Jetzt steht er kurz davor, entnervt das Handtuch zu schmeißen – er ist im Sumpf des Hauses steckengeblieben. So läuft das.

Mittlerweile hat sich der Dramatiker Rolf Hochhuth die traditionsreiche Immobilie gesichert. Er umwirbt Barbara Schall, doch die verhandelt derzeit lieber mit Langhoff am funktionstüchtigen Deutschen Theater, der drei neue Brecht-Abende plant. Sie ist umsichtig. Sie weiß genau, was sie will.

Wo sie irrt, irrt sie mit auftrumpfender Konsequenz. Da war die Biographie, die Brecht-Kenner Klaus Völker vorbereitete. Die einstige Brecht-Geliebte Ruth Berlau hatte ihm ein Foto gegeben, das Brecht im dänischen Exil beim Schafskopf zeigte. Empört rief Barbara: „Papa hat nie Schafskopf gespielt." Völker hielt ihr das Foto vor. Sie beugte sich darüber und schüttelte den Kopf: „Ich bleibe dabei – er hat nicht Karten gespielt." Im übrigen konnte sie die Berlau nie leiden.

Nicht daß sie sich nicht auch überzeugen ließe. Sogar von Klaus Völker. Sie gab ein Stück aus dem Giftschrank frei, die gänsehauttreibende „Maßnahme" für eine interne Aufführung an Völkers Ernst-Busch-Schauspielschule in Schöneweide. Und sie war vom Ergebnis begeistert.

Mit der „Maßnahme" war der Dramatiker 1930 endgültig in den Leninismus eingeschwenkt. Ein junger Genosse gibt das Einverständnis zu seiner eigenen Hinrichtung. Er hat gefehlt. Er hat durch Übereifer die Sache gefährdet.

Brecht selber hatte mit dem Wissen um die Säuberungen später ein Aufführungsverbot verhängt, weil er befürchtete, daß das Stück bei rechten und linken Kritikern „Gefühle minderer Art" wecken würde.

Ein schwarzer Raum, zwei Sitzreihen übereinander. Oben der Kontrollchor als Puppengalerie, unten die vier Agitatoren, die in virtuoser Sprachrhythmik und strenger Choreographie ihren Fall darlegen. Vordergründig wirkt das alles wie ein Requiem auf erledigte Agitprop-Probleme, und doch ist es eine Neuentdeckung.

Im Faltenwurf marxistischer „Wissenschaftlichkeit" wird hier eine Heiligenlegende gefeiert: das Einverständnis mit dem Märtyrertod, die Selbstopferung als Weg zur Erlösung. Zuerst kommt die Moral, dann das Fressen – bis dahin war es umgekehrt. Bis dahin war Brecht das Menschenleben wichtiger als jede Moral, auch die revolutionäre. Schon das erste Drama des 15jährigen Augsburger Pennälers, „Die Bibel“, war eine Kritik moralischen Opfermutes.

Der Fall Brecht ist noch längst nicht abgeschlossen. Doch merkwürdig – auf die Primadonnen des deutschen Theaters wirken nur die Verbote Barbara Schalls stimulierend. Um die nun freigegebene „Maßnahme“ reißt sich keiner der großen Regisseure mehr. „Jetzt, wo sie dürfen“, sagt Hans-Jürgen Drescher vom Suhrkamp-Theater-Verlag, „winken sie ab.“

In Zeiten grenzenloser Verfügbarkeit haben die gelegentlichen Einsprüche Barbara Schalls eine durchaus erfrischende Wirkung. Brecht zu inszenieren ist damit nicht Gnadenerweis eines Regiegottes an den Autor, sondern ein Privileg. Und von dem machen, ohne große Querelen, viele Gebrauch: Rund 70 große Inszenierungen werden in diesem Jahr über eine Million Mark an Tantiemen für die Erben einspielen.

Eine Fülle neuer Brecht-Publikationen drängt auf den Markt. 3Sat plant 40 Brecht-Beiträge zum 100. Geburtstag des Dichters im nächsten Jahr. Der letzte Stückeband der Gesamtausgabe liegt in Kürze vor, eine Sammlung erstaunlicher Fragmente – ein früher „Fatzer“, Schwänke, Versuche über Figuren wie David, Alexander, Dante, Hans im Glück. „Papa war sehr fleißig“, sagt die Tochter stolz. „Eine kritische Gesamtausgabe würde 200 Bände umfassen.“ Papa schafft an.

Er ermöglicht einen großbürgerlichen Lebensstil. „Salonkommunistin“ hält Barbara Schall nicht für ein Schimpfwort. Im Gegenteil. An die Bewegung glaubte sie stets mit dem gleichen leidenschaftlichen Mißtrauen wie ihr Papa, der sich seinen Stalin-Friedenspreis in harten Devisen auszahlen ließ, seinen österreichischen Paß behielt und ansonsten darauf achtete, daß seine graue Arbeiterkluft aus feinstem Tuch war. „Er war der letzte Schriftsteller der Bourgeoisie“, sagt sie. Wer behauptet eigentlich, daß das Sein das Bewußtsein bestimme?

Im Grunde ist sie ein unpolitischer Mensch, sieht man von dynastischer Familienpolitik einmal ab. Den 17. Juni 1953 hat sie als „Abenteuer“ in Erinnerung, und den Tag des Mauerfalls verbrachte sie in New York – sie durfte jederzeit reisen. Nach ihrer Rückkehr erhielten alle ihre Angestellten einen Geschenkkorb mit Westgeld, als Willkommensgruß im Kapitalismus. Honi soit qui mal y pense.

„Eure Regierung ist ja noch unfähiger als unsere", sagt sie jetzt, ganz tadelnde Großbürgerin. Das Volk ist unruhig. Und es hat Sinn für schräge, historische Pointen – es sind streikende Bergleute im Westen, die unlängst riefen: „Wir sind das Volk." Barbara Schalls Sozialismus-Verständnis ist simpel: Versorgung für die kleinen Leute, Recht auf Wohnung, Recht auf Arbeit und ansonsten jedem nach Leistung.

Nach Leistung? „Und nach Glück", setzt sie mit entwaffnendem Lächeln hinzu, und Papa hätte stolz genickt, er, der seinen Kindern nie großen Luxus bieten konnte, aber einst dichtete: „Das Geld ist gut. Auf das Geld gib acht." Denn er wußte: „Hast du Geld, mußt du dich nicht beugen!"

Ungebeugt hält sie Kurs. Ihr Konservativismus mag für manche ein Skandal sein – ihre Kritiker sind der größere.

Und die machen Theater. Da erklärt der BE-Chefdramaturg Hegemann das „Scheitern" am BE zum Heldenakt. Und Interimsintendant Suschke, der bei fortlaufenden Bezügen soeben in New York inszenierte, philosophierte in einem Interview darüber, daß in die „wahnsinnig schöne Landschaft" von Hitlers Obersalzberg „Neger oder Juden einfach nicht reinpassen". Brechts BE-Nachfolger reden Gaga – und da sollen es ausgerechnet die Familien-Erben sein, die vernünftiges Theater verhindern? „Papa würde sich im Grabe drehen, wenn er sehen würde, wie sein Theater verkommt."

Es sind nur zehn Minuten zum Brecht-Museum am Dorotheenstädtischen Friedhof. Barbara Schall regelt kurz ihre Angelegenheiten im Parterre-Büro und führt dann durchs Haus. Kein Bürgerbarock, sondern klösterliche Strenge: enge Stiegen, helle Parkette, spartanische Möbel. Neben dem Bett im Schlafzimmer eine Batterie Bücher. Sie greift einen Krimi heraus und legt ihn aufgeschlagen aufs Bord. „So ist es realistischer."

An der Wand des Arbeitszimmers im ersten Stock eine NÔ-Maske mit hervortretenden Zornesadern. „Papa" hatte ein Gedicht darüber geschrieben – über die Anstrengung, die es kostet, böse zu sein. „Er war ein freundlicher Mann." Er hatte nicht oft Zeit für sie, doch nun hat sie ihn ganz für sich. Sie liebt ihn, auch wenn sie seine Marotten, etwa seine Sparsamkeit, stets verrückt machten. An Puppen war nicht zu denken. „Wir schleppten ja immer nur seine Manuskripte mit, wenn wir umzogen."

Eine Engländerin hatte die dreijährige Barbara nach Hitlers Machtergreifung aus Deutschland herausgeschmuggelt, Auftakt einer jahrelangen Wanderexistenz, über Dänemark, Schweden, Finnland, durch Rußland nach Hollywood, wo die Brechts zunächst bei den Kortners unterkamen. Fritz Kortners Tochter Marianne, heute die engste Freundin Barbaras, erinnert sich an ihre Ankunft: „Die waren halb verhungert."

Brecht litt unter seiner Erfolglosigkeit in der schönen Hölle Hollywoods, wenn er sich am aufwendigen Lebensstil gefragterer Emigranten wie Lion Feuchtwanger oder Thomas Mann maß. Barbara litt auf ihre Art. Die verwöhnten Kinder der Stars schüttelten nur den Kopf über den mageren deutschen Teenager, der Klamotten von Goodwill trug, und zwar an mehreren Tagen das gleiche Kleid. „Ich wünschte, die von der Santa Monica High könnten mich heute sehen."

Brecht hielt das Geld zusammen. Selbst als 20jährige mußte sie ihm einen neuen Badeanzug aus Wolle regelrecht ablisten – sie brauche ihn, behauptete sie, wegen ihrer kaputten Niere. „Papa war sehr besorgt um meine Gesundheit." Womöglich hatte er auch Schuldgefühle, weil die Entzündung, die zum Verlust einer Niere führte, auf der Zürcher Zwischenetappe nach Berlin zurück übersehen worden war.

Erst hier, in Berlin, begriff sie überhaupt, daß ihre Mutter eine große Schauspielerin, ihr Vater ein berühmter Theaterautor war – als sie die gefeierte „Courage"-Inszenierung sah.

Sie besteht darauf, daß Brecht ein guter Familienvater war, trotz der Frauengeschichten, die groteskerweise einen großen Teil der späteren Brecht-„Forschung" ausmachen. Papa mochte Frauen, sicher, und Barbara Schall fügt ohne Umschweife hinzu, daß ihre Mutter und auch sie darunter gelitten haben.

Doch die schmierigen Schlüsselloch-Tiraden, etwa in John Fuegis Entlarvungsschmöker, der kürzlich auf den Markt kam, empören sie. Sie prozessierte gegen eine Behauptung, die

Weigel sei gar nicht ihre Mutter. „Ich soll ein Bastard gewesen sein."

Am Ende haben sie Brechts Seitensprünge mit Humor genommen, Mama und sie. Da war die Mitarbeiterin, die aus seinem Arbeitszimmer kam, den Rock glatt strich und errötend sagte, sie habe nur auf die Straßenbahn gewartet. Seither war „auf die Straßenbahn warten" ein geflügeltes Wort.

Und am Ende haben sie stets bekommen, was sie wollten. Helene Weigel zum Beispiel das schöne Zimmer unten im Wintergarten. „Wenn einem von uns etwas passiert, ziehe ich runter", pflegte ihm die Weigel zu sagen. Und Barbara bekam ihren Badeanzug und mehr. Und solange sie lebt, wird sie dafür sorgen, daß Papa, der Vielgeliebte, nicht noch einmal in die Hände Unbefugter gerät.

Von Brechts Frauengeschichten sind Theaterleute bis zur Grenze der Lächerlichkeit beeindruckt. „Die Verbindung zwischen Kopf und Unterleib", befand Ex-Intendant Martin Wuttke jüngst, sei eine Bedingung für politisches Theater. Früher pflegten die BE-Schauspieler mit den Revuegirls aus dem Friedrichstadtpalast zu knutschen. „Es wäre ungeheuer wichtig, diese Verbindung wiederherzustellen."

Barbara Schall schüttelt den Kopf. Wuttke war noch nicht auf der Welt, da hatte sich ihr Mann Ekkehard Schall schon um diese „ungeheuer wichtige Verbindung" gekümmert, allerdings, wie Barbara meint „ohne jeden politischen Auftrag und mit einigem Erfolg".

„War eine beschissene Zeit damals", sagt sie leise. Schalls unehelicher Sohn kam an ihrem fünften Hochzeitstag zur Welt. Sie hatte bereits zwei Töchter mit ihm. „Ich hätte die Dame am liebsten mit einem Korken zugestöpselt."

Sie hatte sich bei einem Gastspiel 1952 in Schall verliebt. Als Brecht durch die Weigel davon hörte, rief er entsetzt: „Aber sie ist doch noch ein Kind!" Da war sie 22, und Ekkehard Schall ein Typ wie ein junger Siegfried, der bald zum blonden Superstar des epischen Theaters wurde, exzentrisch wie ein sozialistischer Klaus Kinski. Kurz nach dem Mauerbau machte ihr Schall einen Heiratsantrag mit dem Satz: „Mitgehangen, mitgefangen." Sie nahm an. Die Ehe und die Mauer.

Schall, Brechts Schüler und Schwiegersohn, einer der ganz

Großen. Selbst Peter Zadek, der heute über den Brecht-Clan flucht, weil er die „Dreigroschenoper" nicht inszenieren durfte – sie war bereits an seinen Konkurrenten Thomas Langhoff ans Deutsche Theater vergeben worden –, sagt: „Schall war mein Idol."

Es ist Ekkehard Schall, der anderntags die Wohnungstür in der Friedrichstraße öffnet. „Ich mußte sie erschießen lassen", keucht er, in letzten Zügen. Dann macht er eine einladende Geste und flüstert verschwörerisch: „Verdacht ist Schuld, Verräter überall."

Heute abend ist er Stalin, drüben im BE, und jetzt, am frühen Nachmittag, geht er seinen Text durch. Er hat was Chinesisches: roter Kimono, kahler Schädel, graue Bartzapfen über den Mundwinkeln. Caspar Neher hatte dem jungen Brecht 1920 einen solchen „Baal" phantasiert – er hängt als Rollbild im Salon der Schalls. Brechts Schatten und Mythen entrinnt keiner, am allerwenigsten er.

Ekkehard Schall, der Theaterheld, auch er ein störrisch Übriggebliebener. Am Abend wird er nicht nur den Blutsäufer Stalin spielen, sondern auch den Schlächter Coriolan, eine große Schall-Rolle der sechziger Jahre, die Heiner Mülller in seiner nachgelassenen Mythenparade „Germania 3" beschwört. Damals besang er ihn in einem Gedicht, als „größten Schauspieler, den ich gesehen habe", und noch die Filmaufzeichnung des „Coriolan" zeigt, warum: Er ist ein Kerl wie mit der Axt gehauen, ein fröhlicher, taumelnder Schlächter, überlebensgroß.

Nur Müller zuliebe hat er diese Rolle noch einmal übernommen, diesmal als düsteres Geisterzitat. Silvester 1995 wollten sie gemeinsam feiern. Am Tag vorher starb Müller. Die Kämpfer fallen, links und rechts. Was bleibt? Niedergang. „Vergiß nicht: dies sind die Jahre / Wo es gilt, die Niederlagen zu erfechten", heißt es in einem Brecht-Gedicht von 1932, und dieser Brecht ist der aktuelle für Schall.

Walnußtorte auf dem Tisch, dahinter Zeitungsausschnitte. Schall archiviert den Niedergang der Welt nach der Wende. Knapp fünf Millionen Arbeitslose im neuen Deutschland, na bitte! Er sammelt Meldungen über den kulturellen Verfall. Das

Feuilleton? „Eine niedere Art, sich aus der Realität in die Belanglosigkeit zu verabschieden."

Den eisernen Proviant hat er sich in den Bücherregalen sortiert, Goethe, Nietzsche, Lenin, nach Stichworten wie „Große Propheten" und „Kleine Propheten". Kein Brecht. Den hat er im Kopf.

Er gewann Brecht, der ihn zuvor abgelehnt hatte, mit einem Tanz. Er erfand dem Eilif in der „Mutter Courage" 1952 ein eckiges, merkwürdiges Springen, mit dem er das Lied vom Soldaten begleitete, breit grinsend, den Tod nicht fürchtend, blauäugig, kräftig, blond.

Brecht war beeindruckt und seine Tochter auch. Ekkehard Schall war Brechts Schüler und merkte erst später, daß er auch dessen Geisel war. Daß andere Große mit ihm arbeiten wollten, Kortner etwa, erfuhr er erst nach Brechts Tod.

Merkwürdig, mit einem Autor zu arbeiten, der sich selbst bereits mit 20 als Klassiker begriff – jedes Problem in der Rollengestaltung wird gleich für kommende Generationen mitgelöst. Brecht unterbricht die Proben und zieht sich zurück. Und sagt anderntags zu Schall: „Lesen Sie die Antwort auf Ihre Fragen in der nächsten Ausgabe von NDL."

Dort las Schall dann, daß es bei der Schauspielerei nicht auf Einfühlung ankomme, sondern darauf, Haltungen vorzuführen. Die Rollengestaltung – eine Frage des Klassenstandpunkts. Soweit der Theoretiker Brecht. Der Praktiker dagegen wußte: „Großes Format entschuldigt alles."

Fast alles. Da war der Hörder aus Bechers „Winterschlacht", der Nazi mit Zweifeln, der schließlich zum Verweigerer wird. Brecht wollte ihn als Schwächling, die Partei dagegen als Antifa-Helden und Schall selber auch, einfach weil ihm Heldisches lag.

Nach schwierigem Probenprozeß eine umjubelte Premiere mit einem gebrochenen Hörder. Brecht reicht dem Schall einen Zettel in die Garderobe: „Wenn ich es sagen darf, Ihr Hörder heute abend war von großer Art." Der Ritterschlag.

Nach der nächsten Aufführung stürmt Brecht wütend zu Schall in die Garderobe und fordert den Zettel zurück. Offenbar hatte der Schauspieler, der in der Zwischenzeit Partei-Besuch erhalten hatte, seinen Hörder – „sicher ganz unbewußt" – aufgerichtet. Brechts Zettel behielt er. „Gott sei Dank hatte ich ihn damals nicht bei mir."

Er hatte ihn sich rahmen lassen und übers Bett gehängt und vergessen. Erst kürzlich schaute er drauf und erkannte, daß die Schrift verschwunden war, ausgebleicht über die Jahre. „Da hat der alte Vampir sich sein Kompliment wieder zurückgesaugt", murmelt Schall.

Wie Brecht zog er den schlechten Sozialismus dem schlechten Kapitalismus vor, doch mit beiden lebte er nicht schlecht.

Er, der Pendler zwischen den Welten, der Theaterstar mit Reiseprivileg, erlebte den Mauerfall in Wien vor dem Hotelfernseher. Grimmig. „Ich war für die Mauer, noch bevor sie gebaut wurde." So was sagt man heutzutage nur, wenn man dumm ist – oder auf verbohrte Art stolz.

Als Star des BE war er die rote Trompete. „Wir sind eine gute Parteigruppe", salutierte er im SONNTAG 1986 und betonte die gute Partnerschaft zwischen Theater und Streitkräften mit der üblichen Hurra-Rhetorik.

Seine Stasi-Akte reicht die dunkle Seite des proletarischen Helden nach. Er blättert in seiner Kladde, nicht erschrocken, sondern eher amüsiert. „Interessant", sagt er. „Da steht zum Beispiel, daß ich gegen den Einmarsch in der CSSR war." Er schüttelt den Kopf. „Und ich dachte immer, ich sei dafür gewesen."

Vor allem steht da eine Sammlung von Invektiven. „Er lehnt die führende Rolle der Partei auf ideologischem Gebiet ab, indem er äußerte, daß er ‚sich selbst bilden will, nicht aber von Leuten wie Hager und Kurella'." Das ist die Schall-Variante des alten Lubitsch-Witzes: „Heil Hitler" – „Heil mich selbst."

Schall war kein Dissident, aber eitel genug, Dampf abzulassen. „In überheblicher und selbstherrlicher Weise machte sich Schall über Reden und Beiträge des Staatsratsvorsitzenden, Genossen Walter Ulbricht, lustig." Am 18. Februar 1970 schlägt die Hauptabteilung XX dem Genossen Minister vor, „dem Schall ein Jahr lang jegliches Auftreten außerhalb der DDR nicht zu gestatten".

Natürlich durfte er bald wieder. Brecht war ein devisenbringender Exportartikel. In New York kassierte Schall den Obie-Award für einen Brecht-Abend, in London trat er mit Vanesssa Redgrave auf die Bühne. Nur zu Hause war er zunehmend isoliert. Den einen galt er als roter Snob, und bei den Dissidenten war er restlos unten durch, seit er seine Unterschrift unter dem Biermann-Protest zurückgezogen hatte. Die Kritiker fanden ihn schon aus Prinzip schlecht – die Bühnenmoden waren an ihm vorbeigegangen.

In der Inszenierung Martin Wuttkes abends im Berliner Ensemble steht er wie das Monument aus einer vergangenen Zeit – eine düstere Beschwörung der DDR-Geschichte, halb Oratorium, halb Sprechpuppenparade. Abbild des Ensemble-Zustands: Jeder für sich und Schall gegen alle.

„Ich mochte Heiners Stücke nie", sagt er anschließend, überm Bier in der Kneipe um die Ecke. „Aber wir wollten den ‚Titus Andronicus' zusammen arbeiten." Vielleicht hätte es ein Berliner Comeback für den großen Schauspieler gegeben. Nun ist alles anders.

Ein paar Tische weiter sitzt Wuttke mit seiner Familie, jung, auf dem Zenit seines Erfolges. Schall guckt gedankenverloren in den Raum und zitiert leise aus dem Schweyk-Material: „Zwanzigjährige sah ich wie Götter/Großzügig, unbelesen und schön." Drüben lacht Wuttke, der ausgerechnet als „Ui" im BE abräumt, mit seiner Rolle. Schall bestellt noch einen Doppelkorn.

Nun hat er die jüngere Bühnengarde sogar in seiner eigenen Familie. Jenny ist Kostümbildnerin und Johanna, Schauspielerin von Rang, inszenierte den Renner „Sugar Dollies" am Deutschen Theater, einen Slapstick über die Talkshow-Kultur.

Mit ihr lag er über Kreuz, solang er zurückdenken kann. Kaum war sie 18, zog sie in eine WG am Prenzlauer Berg. Ihre Freunde? Entweder im Westen oder wegen versuchter Republik-Flucht im Knast.

Und das ihm! „Die Jungen werden sich noch einmal umgucken", sagt er grimmig.

Obwohl Schall heute auf die Tochter so stolz ist, wie es ein Vater nur sein kann, wird er sich noch einmal in die Schlacht stürzen. Gegen Johanna und gemeinsam mit ihr.

„Ich hab (B)recht" heißt der Abend, den die beiden derzeit proben. Zum ersten Mal werden Vater und Tochter gemeinsam auf der Bühne stehen. Der Kampf um Brecht als linker Familienkrach. Aber war er je etwas anderes?

Vielleicht war es ein kalter Morgen wie dieser in Buckow, der Sommerresidenz außerhalb von Berlin, als Brecht, spät im Leben, von seinem Arbeitszimmer aus die Silberpappel sah, die ihm plötzlich vorkam wie eine „alte Vettel“ und der See wie eine „Lache Abwaschwasser“. Er hatte geträumt, von Fingern, die auf ihn deuteten, zerarbeiteten und gebrochenen. Das Gedicht endet mit den Zeilen: „Unwissende! schrie ich / Schuldbewußt.“

Und womöglich war das der späte Gewissens-Aufschrei, der sich dem gefeierten Staatsdichter entrang, dem die Parteibonzen poetischen Flankenschutz für ihr mißratenes Experiment abrangen, die Verzweiflung über die eigenen Krümmungen und über die Privilegien, die denen verwehrt waren, an die er sich richtete.

Als Barbara Schall vom schmiedeeisernen Gitter her zum Haus hinaufführt, kommt ihr eine andere Buckower Elegie in den Sinn. Eine harmlosere. „Beschirmt von Mauer und Gesträuch ein Garten / So weise angelegt mit monatlichen Blumen.“

Kurz darauf erscheint Schall. Er deutet auf die braunen Beete. „Das ist der Garten, weise angelegt.“ Es muß merkwürdig sein, in einer Welt zu leben, in der alles ein Brecht-Zitat ist.

Oder eine Theatererinnerung: An die Türpfosten zum Gartenhaus sind die Liktorenbündel aus der Coriolan-Inszenierung genagelt. „Die sollen Glück bringen“, sagt Ekkehard. „Wäre schön, wenn sie auf deinem Schreibtisch für Ordnung sorgen würden“, meint Barbara. Sie ist gelöster, leichtsinniger als in der Stadt, hier ist sie zu Hause. Aus dem See steigen schnatternd ein paar Enten auf, Sonnenlicht liegt in goldenen Balken in den Räumen, und unten, im Bauch des Hauses, in der Küche, führt sie ihre neuesten Experimente vor: Aprikosentorte und eine Apfel-Haferflocken-Mischung.

„Wir haben uns zusammengerauft“, sagt sie und meint ihre Ehe mit Schall und die Turbulenzen mit den Töchtern. Immer war sie es, die die Familie zusammengehalten hat, so wie es die Weigel früher tat. Nun kann sie über die Stürme ihres Lebens von der Sicherheit des Ufers her sprechen. Mitte der fünfziger Jahre hatte sie ein Angebot aus New York. „Vielleicht wäre alles anders gekommen, wenn ich damals zugesagt hätte.“ Raus aus Deutschland, vielleicht sogar raus aus Brecht.

Aus dem Musikzimmer dringt Lärm. „Das ist kein Deutsch!“ ruft Johanna. Ekkehard Schall brüllt zurück: „Aber es klingt besser.“ Erhitzt stehen sich Tochter und Vater gegenüber, und Karl-Heinz Nehring, der die Kompositionen besorgt, hängt milde lächelnd auf seinem Schemel und blättert in Noten. Er kennt das Theater. Von den Fotos an der Wand schaut weise die Weigel, amüsiert sich grinsend der alte Dichter mit Käppi.

Vielleicht ist es leichter, gegen Legenden aufzuwachsen als mit ihnen. Johanna hat sich den berühmten Großvater stets vom Leibe gehalten. Sie kam zwei Jahre nach seinem Tod zur Welt. In der Schule war sie eher die introvertierte Nervensäge mit der Nickelbrille, „natürlich verwöhnt“ und natürlich in steter Rebellion dagegen.

Sie läßt keinen Zweifel daran, daß sie, die künftige Erbin, mit der Wahrnehmung der Rechte anders verfahren würde, doch es ist nun mal das Privileg ihrer Mutter, und die ist die beste der Welt: „Es ist Papa, mit dem ich mich seit 40 Jahren streite.“

Brecht als Familienzirkus und als Tortenschlacht. Johanna ist der weiße Clown, der smarte Intellektuelle mit Spitzhut, und Ekkehard der dumme August mit roter Nase. Johanna ist schmal und zickig, Ekkehard breit und gefühlig. „Die Welt gefällt mir nicht mehr“, heult der dumme August. „Wenn sie sich nicht ändert, fange ich an, mich zu betrinken.“ Er ist sentimental und steckt voller Ideen, und die meisten gehen nach hinten los: Er ist die DDR-Nachkriegsgeneration, die jetzt den alten Zeiten nachheult. Johanna ist die pragmatische Wendegeneration, vital und zynisch. „Nur nicht weich werden“, trällert sie, „nur keine Noblesse, immer in die Fresse“, alles Brecht, versteht sich; und sie knallt Ekkehard mit einer zusammengerollten Zeitung auf den Kopf.

„Du mußt richtig zuhauen“, sagt Ekke, „und ich muß denen da unten klarmachen: Schafft euch nie so ’ne Tochter an.“

„Und ich muß klarmachen: Wenn er nicht ab und zu einen Tritt in den Hintern kriegt, schnappt er völlig über.“

Barbara Schall sitzt im Schneidersitz neben dem Klavier und ruft: „Genauso ist es!“

Noch einmal ziehen die großen Mahnungen der dreißiger Jahre vorüber und die politischen Standpauken, das „Ungeheuer ist viel“ der Alten aus der „Antigone“ genauso wie das

„Denn es ist eine Kluft zwischen oben und unten" der „Heiligen Johanna".

Weltjammer und Wut, Selbstmitleid und Gehässigkeit, der ganze Brecht, der das Private nie vom Politischen trennte: Weltgeschichte im Wohnzimmer. Und mit ihm zwei Nachfolgegenerationen, die auf der „Suche nach einem Dritten" sind, wie Johanna sagt, „nach einem Etwas, über das wir nie gesprochen haben."

Später im Eßraum neben der Küche, über Rindsroulade und Pudding, besprechen sie Ideen für Kostüme, für das Bühnenbild. „Es muß bunt sein, nichts Brechtisch-Karges", verlangt Johanna. Vielleicht eine Demontage? Ein Gipskopf des Alten, der später zertrümmert wird?

„Nein", wehrt Ekkehard Schall in gespieltem Schrecken ab. Und dann treuherzig: „Wir haben unsern Opa doch lieb."

Prustendes Gelächter. Barbara Schall japst: „Ekke, jetzt ist Schluß, damit hast du dich selbst überboten."

18 DER THEATERGOTT

Abschied von Bernhard Minetti

Jeder Intendant, der in den letzten Jahrzehnten unter ihm gearbeitet hat, hatte sich daran gewöhnt: Daß Bernhard Minetti am Tag nach einer Premiere im Intendantenzimmer auftauchte und fragte: „Was gibt's als nächstes?"

Spielhungrig und applaushungrig und lebenshungrig hat Minetti stets dafür gesorgt, daß er auf seine Kosten kam. Selbst wenn die Inszenierungen um ihn herum gelegentlich von Kritikern zu Kleinholz verarbeitet wurden – er wurde nicht mehr angetastet. Er war Theaterlegende, war ein Naturereignis. Wie will man die Alpen rezensieren?

Fast bis zum letzten Atemzug hat er auf der Bühne gestanden, bevor er 93jährig verstarb, und er tat dies in einer Rolle, die sein Leben und seine Kunst ineinanderschlang.

Er spielte den Schauspiel-Lehrer im „Arturo Ui". Das heißt: Er brachte dem Diktator bei, wie man die Massen gewinnt. Im Inferno des Politischen blieb Minetti der Spezialist für Wirkung. Er war der Theaterstar des ideologischen Jahrhunderts. Trotz seines italienischen Artistennamens war er unwiderstehlich deutsch: Kaum eine hingerissene Kritik, die nicht vom „Wesenhaften“, vom „Abgründigen“, von der „Dämonie“ seiner Rollengestaltungen wisperte, und tatsächlich: Wenn er als greiser Faust die Bühne betrat wie eine dünne Eisdecke, wenn er kaum hörbar Weltekel und Kunsthimmel beschwor, dann hatte das Magie. Ein dunkel glühendes Geheimnis im allgemeinen Tralala.

Seine eindrücklichste Jugenderinnerung, erzählte er mir gerne, war die vom Kieler Matrosenaufstand 1918 – er liebte es, seinen Kunstkampf mit Pulverdampf und Barrikade, Weltverbesserung und Todesmut vom Start weg zu grundieren.

Seine ersten frühen Erfolge feierte er mit dem „Hamlet“ in Gera und in Darmstadt, und wenn er später, viel später davon erzählte, raunte er Sätze wie: „Der Hamlet ist mein Grundfall“.

Nur er konnte solche Sätze sagen, ohne rot zu werden. Seine Augen stierten dann unter den Brauen hervor, und er murmelte von „der Stunde, in der die Geister kommen“, von Hamlet und Wallenstein und Macbeth, und als er sah, wie beeindruckt ich davon war, glätteten sich die Züge seines Puma-Gesichtes wieder, und er paffte vergnügt an der Zigarre, seine Dämonen durchaus genießend.

Es war das expressionistische Theater der zwanziger und dreißiger Jahre, das ihn prägte. Jeßner holte ihn nach Berlin. Auf den Staats-Bühnen kämpften Helden und böse Genies, und Minettis Metier war der überlebensgroße Widerling: Nicht Tell, sondern Geßner, nicht Karl, sondern Franz Moor. Mephisto, na klar, aber der enttäuschte ihn: „Mephisto ist mir nie geglückt, weil ich nie begriff, daß das nur ein Schwätzer ist.“ Der Teufel persönlich – er war ihm einfach nicht teuflisch genug.

Während der Nazizeit überwinterte er mit Schiller, und er bestand darauf, daß das eine Geste des Widerstands war, und wahrscheinlich lag er damit so richtig und so falsch wie später sein Sohn, der im DDR-Regime mit deutschen Klassikern Karriere machte.

Bernhard Minettis Vater starb 1945 am Hunger. Solche Erlebnisse, sagte er, prägten ihn genauso wie die großen Rollen, das habe er „nie aus seinem Blut gekriegt“ – Minetti blieb einer, der sich neben allem Kunstqualm eisern entschlossen hatte zu überleben – und der Überlebende sollte seine große späte Rolle werden.

Nach dem Krieg sättigte er seinen Spielhunger wieder in der Provinz, rastlos wandernd zwischen Recklinghausen und Darmstadt und Kiel, ein außer Mode geratener Körperschauspieler mit hohem Ton und großer Geste, bis ihn Rudolf Noelte wiederentdeckte, ausgerechnet, der Meister von Atmosphäre und leisem Ton. Minettis Edgar im „Totentanz“ war der eisig Unversöhnte, und der faszinierte auch die jüngeren.

Nun waren es die jungen Siegesgewissen wie Peymann, die sich mit Minetti jene Komplizierungen auf die Bühne zurückholten, die sie vorher, im politischen Triumphtheater der späten sechziger Jahre, begeistert exorziert hatten. Minetti wurde „Minetti“ in Thomas Bernhards Bühnenpartitur, und er blieb es in zahllosen anderen Bernhard-Stücken, die alle von Peymann aufgeführt wurden: Minetti, der alte Artist, der auf der Suche nach der Nagelfeile in Unterhose über den Bühnenboden kriecht und dabei die Welt verdammt.

Er war neugierig bis zum Schluß, und er war beides: Minetti, das große, in sich erfrorene Bühnenzitat, und Minetti, der lebenssüchtige Genießer, der noch als Achtzigjähriger im knallroten Mercedes-Cabrio über die Autobahn raste, und alles in Grund und Boden kommentieren konnte: Er spottete über Lambsdorff, genoß Klinsmann und schwärmte von irgendeinem jungen Talent, das er als „Hamlet“ in einem Provinztheater entdeckt hatte.

Er glaubte nicht daran, „daß es im Jenseits weitergeht, diesen Trost habe ich nicht“. Aber hier wird sein Geist noch lange bleiben: als Minetti, die Ausnahme, die Theaterlegende, die Jahrhunderterinnerung.

19 „ICH BIN ALTMODISCH"

Gespräch mit Jeremy Irons

Sie hatten gerade Ihren zweiten Autounfall innerhalb von Wochen. Normalerweise bringt man andere Hollywoodstars mit Rasereien in Verbindung.

Ich hatte keine Schuld. Die anderen bogen auf der falschen Spur in eine Landstraße ein. Die Feuerwehr mußte mich aus meinem Jeep rausschneiden.

Jeremy Irons und Unfall – da denkt man eher an einen Rotweinfleck auf dem Dinnerjacket. Sie sind auf die Rolle des kontrollierten Gentleman abonniert. Laut Le Monde „ein Engländer, wie man ihn sich nur erträumen kann".

Das ist ein Klischee, das ich nicht loswerde, und die Engländer auch nicht. Beides ist falsch. Nicht alle Engländer sind groß und schlank und sprechen Oxford. Und ich habe nur ein oder zwei derartige Rollen gespielt. Ich bin ganz normale Mittelklasse. In meinen Filmen benehme ich mich wahrscheinlich besser als im wirklichen Leben.

Es muß Spaß gemacht haben, an dem Film „Gefühl und Verführung" zu arbeiten. Drei Monate auf einem Bilderbuch-Landsitz in der Toskana unter guten Freunden, und am Ende dürfen Sie elegisch sterben.

Bernardo Bertolucci wollte meine Frau in dem Film. Und da ich immer mal mit ihm arbeiten wollte, und zwar in Italien, habe ich mitgemacht. Zunächst sollte ich den Mann meiner Frau spielen, aber da ich das in der Realität ohnehin tue – mit einigem Erfolg, möchte ich sagen –, brauchte ich eine neue Herausforderung. So habe ich den sterbenden Dichter übernommen. Wir hatten eine wundervolle Zeit, und ich glaube, man sieht es.

Es ist eine lange, große Sommer-Party mit Bohemiens, die ein wenig gelangweilt sind und von der Ankunft eines jungen Mädchens aufgemöbelt werden. „Dolce vita" in den 90ern.

Bertolucci wollte einen Film über nichts, eine sanfte, leichte, zärtliche Etüde. Etwas ganz Leichtes. Und das ist das schwerste. In all dem dröhnenden Special-effects-Kino kommt dieser leise Film und behauptet seinen Platz.

Ein Plädoyer für eine andere Art von Kino?

Nein. Man macht nicht Filme, um die Menschen zu erziehen, sondern um sie zu unterhalten. Action-Kino gefällt den Leuten, also gibt es viele Filme, in denen Hochhäuser in die Luft fliegen. Ich habe selber „Stirb langsam III" mit Bruce Willis gemacht. Eine ziemlich langweilige Arbeit übrigens. Man mußte viel herumstehen und warten, bis die Sets für die nächsten Special effects eingerichtet waren.

Bereuen Sie, daß Sie da mitgemacht haben?

Überhaupt nicht. Der Film war sehr erfolgreich. Letztendlich bekommt das Publikum genau die Filme, die es will.

Was für eine entsetzliche Vorstellung.

Es ist das gleiche in der Politik. Wir haben genau die Regierung, die wir verdienen. Aber, was das Kino angeht, glaube ich, daß die Leute irgendwann von den Special effects die Nase voll haben und wieder Geschichten sehen wollen, die sie berühren.

Was macht Sie so zuversichtlich?

Die Menschen insgesamt werden wieder spiritueller. Sie haben gemerkt, daß es nicht glücklich macht, Zeug zu kaufen, zu konsumieren. Sondern daß das wahre Glück in Beziehungen zum anderen, zum Nächsten liegt. Das Publikum wird erwachsen, und es wird vom Muskelprotz- und Bomben-Kino irgendwann die Nase voll haben und Filme sehen wollen, die uns etwas über uns selber erzählen.

Sie sind Mitglied der Church of England?

Ich bin kein Kirchgänger. Aber mir ist klar, daß es Gott gibt und den Teufel, und daß wir ständig die Wahl haben. Ich bin ziemlich einfach gestrickt. Ich liebe elemantare Dinge, die Landschaft, das Meer, den Schnee, ich reite, wandere.

Viele Ihrer Filmcharaktere scheinen vom Teufel besessen. Sie brechen auseinander, werden von Leidenschaften, vom Wahnsinn erfaßt.

Wahrscheinlich bin ich deshalb Schauspieler geworden. Um diese andere, dunklere Seite in mir zu erforschen.

„Gefühl und Verführung" ist in manchen Passagen wie ein später zärtlicher Abschied von den sechziger Jahren. Man sitzt zusammen, raucht Haschisch und redet über Liebe und Tod.

Sind Sie von den tumultösen sechziger Jahren geprägt worden?

Überhaupt nicht. Ich bin in sehr geordneten, kleinbürgerlichen Verhältnissen in der Provinz aufgewachsen. Ich habe von Swinging-London überhaupt nichts mitgekriegt.

Aber Sie haben sich später als Straßensänger und Sozialarbeiter durchgeschlagen, bevor Sie zur Schauspielerei kamen.

Das war enorm wichtig. Ich habe Sterbende gepflegt, mit jungen Drogensüchtigen gearbeitet und Dinge mitbekommen, die sie dir auf der Schule nicht beibringen. Das Leben auf der Klippe. Das hat mich dann auch an der Schauspielerei fasziniert, das Zigeunerhafte: Man schaut von draußen rein.

Der Intendant des Old Vic's Theatre sagte Ihnen, als Sie anfingen: „Wenn wir die 30er Jahre hätten, würden Sie eine große Karriere machen." Er sah in Ihnen eine Art Douglas Fairbanks. Wenn es nach ihm gegangen wäre, wären Sie das: der Gentleman-Abenteurer aus einer vergangenen Zeit, völlig aus der Mode. Mittlerweile haben Sie den Oscar trotzdem gekriegt.

Kein Mensch könnte sich heute noch auf die einfachen Geschichten des 30er-Jahre-Kinos konzentrieren. Es gibt zuviel Konkurrenz, zuviel Ablenkung: Computerspiele, Videoclips, Virtual reality. Wenn ich diese alten Filme sehe, sehe ich sie mit einem Gefühl des Verlustes: Daß wir nicht mehr in einer Welt leben, in der solche Filme große Filme waren. Ich bin ziemlich altmodisch. Ich lese viel. Und ich glaube, daß Arbeit zum Leben dazugehört und daß man sich nicht auf Pump amüsieren kann. Auf der anderen Seite weiß ich genau, wie privilegiert ich bin: Ich arbeite für vier, fünf Monate und kann zwei Jahre davon leben.

Spielen Sie noch Theater?

Ich lese viele Stücke. Aber es ist nichts dabei, was mich wirklich packt. Es gibt einfach keine gute zeitgenössische Dramatik. Das Kino scheint näher dran zu sein. Ich habe gerade meinen ersten eigenen Film gedreht, über einen 14jährigen bosnischen Jungen, der von den Schrecken des Krieges und der Flucht erzählt. Es war eine Schande. Die Amerikaner hätten sehr viel früher eingreifen müssen, sie wußten über den CIA schon sehr früh, was die Serben wirklich vorhatten. Das hat sie nicht gehindert, noch sehr lange Geschäfte mit ihnen zu machen.

Es ist nicht selten, daß Schauspieler den Regie-Oscar bekommen: Warren Beatty, Kevin Costner, Clint Eastwood, Mel Gibson ...

Filme drehen kann jeder. Es ist nur verdammt schwer, es wirklich gut zu machen. Daher glaube ich nicht, daß ich das ernsthaft weiterverfolge.

20 OHNE HOFFNUNG STIRBST DU

Über Pfarrer Scheichenberger und das Grubenunglück von Lassing

Noch einmal, kurz vor dem Ziel, stocken die Rettungsarbeiten. Längst gelten die Luftvorräte im Unglücksstollen von Lassing als verbraucht. Was wird man dort unten finden? Tote? Überhaupt etwas? Oder wird sich tatsächlich ein weiteres Wunder ereignen?

Womöglich wird man weitersuchen. Wahrscheinlicher aber wird man trauern und trösten. In jedem Fall aber wird man, endlich, Fehler und Verantwortlichkeiten benennen. Denn die meisten haben daran gewürgt in diesen Tagen im oberösterreichischen Lassing – daß nicht getan wurde, was getan werden konnte, um zehn verschüttete Bergleute zu retten.

Das war es, was Pfarrer Scheichenberger jeden dieser quälenden Tage neu beschäftigte. Was sollte er den Angehörigen der Verschütteten sagen, wenn sie am Abend in der barocken Jakobskirche von Lassing sitzen, die müden Gesichter hoffnungssuchend emporgewandt, zur Kanzel, zu ihm?

Zwei Tage vor der in Aussicht gestellten Bergung, und der Countdown läuft. Es ist der Tag des heiligen Lazarus, der aus dem Grab ins Licht gerufen wurde, aus dem Schattenreich zurück ins Leben – der Kirchenkalender spielt ihm Trostmetaphern in Fülle zu. Pfarrer Scheichenberger schüttelt den Kopf. „Ich werde ihnen nichts anbieten können als meine Sprachlosigkeit."

Er ist jung, Mitte 30, schmal, blaß. Vor zwei Jahren wurde er in dieses Dorf berufen, das mit bunt verputzten Häusern so kurortnett ins Tal gestreut ist. Landwirte sind hier die meisten, drei Kneipen gibt es mit Pension. Einige wenige haben Arbeit gefunden als Kumpel bei den Naintscher Mineralwerken, wo höhere Löhne gezahlt werden.

Als Pfarrer gehört er zum Establishment, so wie der Bürgermeister und der Werksleiter. Doch er ist jung genug, um zu den Rebellen zu gehören. Die meisten der Eingeschlossenen sind in seinem Alter.

Die Sprachlosigkeit des jungen Theologen ist verständlich. Zwischen den Menschen und Gott vermitteln, das hat er gelernt. Doch es ist nicht Gott, mit dem seine Gemeinde hadert. Es sind Instanzen, die in den letzten Wochen unnahbarer schienen, gnadenloser, und ganz sicher inkompetenter: eine im wesentlichen unsichtbare Werksleitung, ein selbstgefälliger Minister im fernen Wien, vor allem aber die sinistre Oberste Bergbaubehörde, die mit byzantinischer Arroganz über das Leiden einer Ortschaft hinwegtrampelt.

Diese Behörde, ein Relikt aus dem Jahr 1854, pflege einen „unkontrollierbaren Machtapparat", der sich durch „Zynismus und obrigkeitsstaatliches Gehabe auszeichnet", befand Gerhard Heilingbrunner vom Umweltdachverband ÖGNU. „Ein Staat im Staat", murmelt auch der Pfarrer. Sie alle spielten über zwei Wochen hinweg mit dem Leben der Verschütteten von Lassing.

Seit die Mine einstürzte an jenem verhängnisvollen 17. Juli 1998, ist für die Lassinger, aber auch für die angereisten Journalisten jeder neue Tag ein quälender Alptraum aus Pannen, Vertuschungen und Irreführungen, die sich Pressekonferenzen nennen. In der Grube von Lassing, das steht für viele fest, sind nicht nur Menschen verschüttet. Nein, hier in diesem herausgeputzten steirischen Dorf wird ein Geheimnis gehütet, das nur stückweise ans Licht kommen wird: Hier haben die Arroganz von Behörden und das Geschäftskalkül von Unternehmern, so vermutet jeder, bereits Menschenleben gekostet.

Das Dorf ist abgeriegelt. Die Staatsanwaltschaft ermittelt wegen fahrlässiger Gemeingefährdung. Doch auch wenn nun Unterlagen sichergestellt und Verhaftungen vorgenommen werden, auch wenn die demokratischen Spielregeln funktionieren sollten und Abteilungsleiter und Minister aus dem Amt gejagt würden, bleibt den Leuten von Lassing ihre Wut.

So war die Lage in diesen ganzen letzten Tagen:

Ihre Angehörigen kämpfen um Atem in der schwarzen Hölle unter Tage, doch oben haben die Debattierklubs der Bergbehörde alle Zeit der Welt. Da bricht eine Bohrspitze ab. Es dauert Ewigkeiten, bis Ersatz herbeigeschafft ist, denn für diesen Fall war nicht vorgesorgt. „Sie fahren auf den Mond", meint eine abgeschuftete Bäuerin verzweifelt, „aber sie haben keinen Ersatzbohrer – das darf doch nicht wahr sein."

Selbst nach dem „Wunder von Lassing", als der Kumpel Georg Hainzl aus seinem Erdloch gezogen wurde, wird die offizielle Suche nach den anderen zehn Verschütteten so chaotisch und schleppend betrieben wie zuvor. Fast mürrisch kommentiert Einsatzleiter Maier die glückliche Rettung Hainzls. „Ein Wunder", sagt er, und er lacht höhnisch auf, als finde er es unfair, auf diese Weise in seinen pessimistischen Wahrscheinlichkeitsrechnungen widerlegt zu werden. Lassing, ein Alptraum.

An Hilfsangeboten aus aller Welt ist von Anfang an keine Not. Doch die österreichischen Bürokraten verbitten sich „Einmischung". Da ist ein deutsches Team, das mit einem Bundeswehrhubschrauber einschwebt – prompt mokiert sich Behördenchef Wüstrich in Wien über ungebetene Gäste. „Ein deutscher Überfall", hetzen seine Bürokraten vor Ort. Erst nach einem dramatischen Fernsehappell werden die Helfer zugelassen, ebenso wie eine ungarische Hundestaffel.

Lassings aktiver Vizebürgermeister Stangl fleht in der Nacht via TV, doch alles Gerät herbeizuschaffen, selbst solches, das sich vielleicht als überflüssig erweisen könne. Sein Freund ist da unten, noch im Juli war er mit ihm auf einem Segeltörn in der Türkei. Der vierschrötige Stangl fleht um Menschenleben, um Gnade. Doch Wüstrich in Wien läßt ihn abblitzen wie einen Knecht, der Flecken auf den Teppich macht.

Amerikaner bieten an, ein Infrarot-Ortungssystem bereitzustellen. Wirtschaftsminister Farnleitner lehnt ab, ohne Begründung. Einen Tag später einigt man sich, einen Experten einfliegen zu lassen, der einen „eventuellen Einsatz des Gerätes vor Ort begutachtet". Was, wenn sich das Gerät als brauchbar erwiesen hätte? Dann hätte Fahrnleitners stolze Weigerung Menschenleben vernichtet.

Da sind Bohrgeräte und Pumpen, die den Einsatzleitern förmlich aufgedrängt werden müssen. Doch als die Bohrung am Renée-Schacht auf Schlamm stößt, der doch zu erwarten war, muß umständlich ein neues Gerät geordert und außerdem noch ein neues Kühlsystem eingebaut werden. Ein weiterer Tag vergeht. Oben taktieren selbstherrliche Stümper, unten kämpfen womöglich noch Menschen gegen ihre Todesangst.

Verdreckte, müde Bergungshelfer und Grubenarbeiter führen in 16-Stunden-Schichten oft sinnlose Beschlüsse aus und schlafen in einer Turnhalle auf dem Boden. Freiwillige Helfer rollen sich erschöpft auf Paletten in der Verpflegungsbude zusammen. Doch die Einsatzleitung kennt keine Selbstkritik. Im Gegenteil. Sie zieht es vor, unbequeme Frager zu beschimpfen und die Lassinger zu beschwindeln.

Die Staatsanwaltschaft, so heißt es, habe wichtige Pläne beschlagnahmt. Wahr ist, daß man sich auf Unterlagen geeinigt hatte, von denen man Kopien zog.

Die Staatsanwaltschaft habe Einsatzleiter durch stundenlange Verhöre von Bergungsarbeiten ferngehalten. Wahr ist, daß ein auf den 24. Juli anberaumtes Gespräch mit Einsatzleiter Maier verschoben wurde, eben um Rettungsarbeiten nicht zu behindern.

Ablenkungsmanöver, Vertuschungen, Pannen. Im Schuppen des Gasthofs Rohrleitner am Rand des Unglückskraters haben die Dörfler für Helfer und Journalisten eine Kantine errichtet. Christa, Mutter von drei Kindern, bringt neue Mehlspeisen. Der Manfred Zeiser, der unten geblieben ist, hat ihren Kindern das Skifahren beigebracht. „Seine Tochter ist österreichische Meisterin geworden, die ist nun im Kader." Dann weint sie, weil die Zeiser jetzt ohne ihren Papa ist.

Jeden Abend geht sie mit anderen Frauen zur Kapelle der heiligen Barbara hinab und stellt Kerzen auf.

Ein Lkw mit dringend benötigten Ersatzteilen hängt am Semmering fest? Maria hilf! Eine über Tage hinweg geschweißte Druckkammer paßt nun doch nicht? Mein Gott. Da sind Bergungshelfer, die auf eigene Faust in 100 Meter Tiefe auf Ebene acht hinabgestiegen sind. Ein Spezialtaucherteam, berichten sie, könne von dort zu jener Kuppel vorstoßen, wo man die Verschütteten vermutet – sie werden von der Einsatzleitung nicht für ihre Initiative belobigt, sondern mit Klagen wegen Hausfriedensbruch bedroht.

Noch in der Nacht zum Freitag, als verlautet, daß die Luft für die Verschütteten sehr knapp werden könne und alle Lassinger schlaflos bleiben in diesem gespenstischen Wettlauf mit der Zeit, sagt Wagner von der Bergbehörde, daß man sich nicht zu „übergroßer Eile“ drängen lassen werde.

Aber die Chronik der Skandale beginnt bereits an jenem verhängnisvollen 17. Juli, als die Erde im Ortsteil Moos zusammenstürzt. Mittags war Georg Hainzl im Jausenraum, 60 Meter tief, durch einen Wasser- und Schlammeinbruch verschüttet worden. Seither gibt es Fragen, und die meisten bleiben unbeantwortet.

Warum waren die zehn Helfer nach einer anstrengenden Schicht dort hinabgeschickt worden, 130 Meter tief, statt sich sofort auf die Rettung des an ganz anderer Stelle eingeschlossenen Kumpels Hainzl zu konzentrieren? Um das Werk zu retten?

Als in den Abendstunden ein neuer Bruch jenen Krater in den Ort riß, zwei Häuser in die Tiefe zog und die Bergleute verschüttete, ging die Katastrophenmeldung durch die Nachrichtensendungen der Welt. Warum war in den ersten drei Tagen nur die völlig überforderte Freiwillige Feuerwehr im Einsatz?

Warum brach der Stollen überhaupt? Wurde über das genehmigte Volumen hinaus gefördert? Was waren das für Sprengungen, die man am Tag des Unglücks hörte? Was ist dran an dem Verdacht, daß entlegene Stollen zur verbotenen Lagerung von Giftmüll genutzt wurden?

Üble Nachrede? Die Lassing-Grube gehört der französischen Luzenac-Gruppe. Und diese wiederum gehört zum britisch-australischen Rio-Tinto-Konzern, dem Kumpanei mit Drittwelt-Diktatoren und Einsatz von Kindern in Erzgruben vorgeworfen werden.

Die sogenannten Rettungsmaßnahmen, die seitdem unternommen wurden, erscheinen den Lassingern und den Journalisten vor Ort oft als bürokratisches Zeugenvernichtungsprogramm. „Den Maier“, sagt ein Mädchen vor dem Kirchhof,

„den sollten sie in einen Schacht werfen und versiegeln, das hat meine Mama gesagt."

Dieser Alfred Maier, Bergbaubürokrat aus Wien, hatte sich bereits eine Woche nach dem Unglück ins Pressezelt gesetzt und in die Reportermikrofone gebellt, daß seiner Ansicht nach alle tot seien.

Es war eine Woche, in der geologische Pläne verschwanden, Pumpen nicht eingesetzt, Helfer abgewiegelt, falsche Kamerabeweise über eine Überflutung des Jausenraums präsentiert wurden – doch nur ein einsames deutsches Expertenteam bohrte.

Realismus kann lebensnotwendig sein. Doch Maiers Realismus war perfide. Was Maier so lässig von sich gab, hieß im Klartext: Wozu der Aufwand, wozu das Geschrei? Lisi Matlschwaiger und die anderen Frauen, deren Männer unter Tage geblieben waren, zerriß es das Herz. Und sie bäumten sich auf. Sie, der Vizebürgermeister Stangl und seine Tochter mit den Karottenhaaren, Nachbarn und Helfer und Freunde, sie alle protestierten gegen die Einstellung der Rettungsarbeiten durch das Bergbau-Establishment, und mit ihnen die Journalisten, mit denen sie sich mittlerweile angefreundet hatten. Sie stellten die unbequemen Fragen. Sie vor allem riefen: Handelt! Vergeßt uns nicht!

So verzweifelt war man über die eisgrauen Bürokratengesichter, ihre Untätigkeit, die negativen Triumphe ihrer Wahrscheinlichkeitsrechnungen, daß man sich einer adligen Wünschelrutengängerin anvertraute. Selbst die abgebrühte ORF-Reporterin Clarissa Stadler konnte sich dem Sog dieser mitternächtlichen Seance nicht entziehen. „Wir wollten dran glauben, wir wollten, daß wenigstens irgendetwas unternommen wird."

Woran auch sonst sollte man sich klammern? Da sitzt der französische Firmenchef vor einem Reportermikrofon und lächelt kalt, als er gefragt wird, warum das erfahrene Minenunternehmen, immerhin Teil des weltgrößten Grubenkonzerns Rio Tinto, die Rettungsmaßnahmen nicht selbst koordiniert habe. „Das war nicht unsere Rolle", sagt Monsieur André Talmand.

Nein, diese Rolle übernimmt allein federführend die österreichische Bergbaubehörde, die mittlerweile nonchalant zugibt: „Wir waren wohl in den ersten Tagen zu sehr mit uns selbst beschäftigt."

Sie waren auch damit beschäftigt, den Rettungseinsatz abzublasen, bevor er eigentlich begann – so der Eindruck der Lassinger in jener Nacht, sechs Tage nach dem Stolleneinbruch, als sie die Bergung selbst in Angriff nahmen. Sechs Tage sind verstrichen, und die Einsatzleitung bestellt Särge, und die Lassinger wissen: Das Menschenmögliche wurde eben nicht unternommen, um die Verschütteten zu retten.

So kommt es, daß sich die Bevölkerung dem Menschen-Unmöglichen anvertraut. Sie gruppiert sich in dieser Nacht um jene Baronin von Reden, die in Tracht und Schulterstola, die Haare schlohweiß im Kameralicht, drei Dutzend Krisenhelfer dirigiert. Ja, all diese gestandenen Feuerwehrleute und Grubenveteranen hören auf das Kommando einer Spinnerin, und die Journalisten und die Einwohner von Lassing sehen gespannt auf die wippende Weide in ihrer Hand.

Natürlich war es idiotisch, erinnern sie sich jetzt, wieder eine Woche später: Bohren als Erleichterungsritual, Graben als metaphysische Tätigkeit. Doch das Wunder, das sie in jener Nacht herbeiflehten, sollte sich ja tatsächlich zwei Tage später an anderer Stelle einstellen – dort, wo deutsche Experten des hessischen Unternehmens Angers & Söhne unverdrossen weitergebohrt hatten.

Unter ihnen einer, der bereits bei der Bergung der Grubenleute von Lengede vor 35 Jahren für ein Wunder gesorgt hatte. Damals, als elf Bergleute nach 14 Tagen aus einem überfluteten Stollen befreit wurden, titelte die Bild-Zeitung: „Gott hat mitgebohrt."

Vielleicht hatte er es auch diesmal wieder getan. Auf jeden Fall bohrten die Deutschen nach der Devise „Nicht aufgeben" – der einzig möglichen bei einem Grubenunglück, denn der Tod ist schleichend, er nimmt sich Zeit und gibt den Rettern manchmal reichlich davon ab.

In jener Nacht hatten die Deutschen Glück. Mit gewaltigem Druck schoß eine Wasser-Schlamm-Fontäne an ihnen vorbei, und danach nur Luft. Ernst Nikodem, ein Greenpeace-Aktivist, der sich als Freiwilliger unter die Helfer gemischt hatte, beugte sich über den Schacht und rief. „Hallo, ist da wer?" – „Ich bin's, der Georg!"

Hainzl, der in erstaunlich gutem Zustand war, berichtete Tage später, daß ihn die Hoffnung überleben ließ, und das Gebet. Die Hoffnung kam aus den Bohrgeräuschen, die er hörte. So war die ergebnislose Bohrung der verrückten Baronin womöglich fast ebenso wichtig wie die erfolgreiche der nüchternen Experten. Sie stärkte Hainzls Lebensmut. Bohren – tatsächlich eine metaphysische Tätigkeit.

„Es war das Bohren selber, das ihn am Leben hielt", sagt auch Pfarrer Paul Scheichenberger, und er sagt es so, als spreche er über ein ganz persönliches Versagen. Der junge Geistliche hatte sich vom Defätismus der Behördenmenschen einwickeln lassen. Er, der Hoffnungsträger von Amts wegen, war selber mutlos geworden.

An jenem Abend, als Hainzl geborgen wurde, saß er in der Küche seiner Pfarrei mit dem Establishment zu Tisch. Er sprach mit dem Bürgermeister und der Landeshauptfrau Klasnic über ein Requiem für die Verunglückten. Er handelte an diesem Abend wie ein theologischer Technokrat. Auch er wollte den Abschluß, in aller Würde.

Er sei nun mal Rationalist, sagt er später, eingeschworen auf die Aufklärung. Doch gerade auf sie war in jener Nacht kein Verlaß. Vielleicht war auch er, der Seelsorger, einfach am Ende seiner seelischen Kräfte, war hoffnungsmüde geworden. Und mitten hinein in diesen Abschieds-Abend kam der Anruf, „daß der Georg lebt". Sofort sind sie hinuntergefahren, und diesmal war es die Landeshauptfrau Klasnic, die der erneut zögernden Einsatzleitung die sofortige Bergung befiehlt.

Scheichenberger ist oben am Bohrloch, als Hainzl hinaufgezogen wird. „Der Pfarrer bleibt hier", sagen die Kumpel, als die Einsatzleitung die Helfer und Freunde Hainzls von der Bergungsstelle entfernen lassen möchte.

„Das war für mich mehr wert als tausend Worte", sagt Scheichenberger nun. Später hat er mit den Lassingern einen Freudentanz aufgeführt, und einige unter ihnen haben ihm sicher verziehen, und er hat verstanden: Ohne Hoffnung kannst du nicht leben. In Lassing bedeutete Hoffnung in diesen zwei Wochen immer auch Aufstand gegen kalte Bürokraten und Mitleid mit den Unterlegenen. Hoffnung als Rebellion – lebenswichtig, für die unter Tage, aber auch für die anderen über Tage.

Nun wird Pfarrer Scheichenberger mit den Angehörigen zusammensitzen, ihnen zuhören und die Messe lesen. Und er wird über alles sprechen, nur nicht darüber, daß man die Hoffnung aufgeben müsse. „Vielleicht fällt mir heute abend doch etwas ein", sagt er. „Vielleicht kann ich tatsächlich predigen, über Lazarus, der auferstanden ist „von den Toten". Dann wird er sich mit seiner Gemeinde einer höheren Instanz und ihrer Gnade anempfehlen.

Mit den Vorgängen im Bergwerk und den Skandalen der Bergung aber werden sich ganz und gar irdische Instanzen beschäftigen. Sie werden es sehr sorgfältig und sehr kompromißlos tun müssen.

Nachspiel: Nach weiteren 14 quälenden und ergebnislosen Tagen schwand jede Hoffnung, die Eingeschlossenen lebend bergen zu können. Die Arbeiten wurden eingestellt. Doch die Fragen blieben. Und sie wurden den Verantwortlichen im Pressezelt von Tag zu Tag insistierender und wütender entgegengerufen.

Wochen später mußte Österreichs Wirtschaftsminister Farnleitner vor die Kameras treten und zugeben, daß knapp unter der Oberfläche tatsächlich illegal Talk abgebaut worden war. Und daß die Katastrophe, nach Ansicht der Experten, höchstwahrscheinlich durch diesen nicht genehmigten Stollentrieb verursacht worden war. Erneut tat sich ein Abgrund in Lassing auf, wie die Süddeutsche Zeitung vermerkte: Ein „Abgrund der Lügen". Die Grube von Lassing war keineswegs das sicherste Werk Euopas, als das es von interessierter Seite dargestellt wurde – es war ein Pannenstollen. Oft kam es zu kleineren Einbrüchen. „Da standen Leute bis zum Hals im Schlamm", sagte ein Mitarbeiter des Bergwerks, „und dann hat der Arzt einen Sportunfall draus gemacht".

Während Behördenvertreter die Augen zudrückten und sich prächtig mit den Werksleitern verstanden, hatten die Kumpel schlichtweg Angst. Nur wenige Monate, bevor er mit seinen Kameraden verschüttet wurde, hatte Bergmann Matlschweiger mehrere Lebensversicherungen abgeschlossen.

Waren die Bergleute tatsächlich hinuntergeschickt worden, um Hainzl zu retten? Oder hatten sie den Todesauftrag, den profitinteressierten Besitzern den Stollen zu sichern?

Hätten die zehn Bergleute nicht gerettet werden können, wenn Pläne über die illegalen Stollen und Hohlräume gleich an die Rettungsmannschaften übergeben worden wären? Mittlerweile ist bekannt, daß nur drei von ihnen unmittelbar im Förderkorb zu Tode stürzten – die anderen sieben hatten sich vermutlich in Hohlräume flüchten und eine Weile überleben können.

Vor allem aber: Hätte das Werk überhaupt nicht längst stillgelegt werden müssen?

Nun also sind Disziplinarverfahren eingeleitet, werden „alle Vermutungen und Andeutungen in Richtung Nebenleistungen, Begünstigungen und Korruption" innerhalb der Bergbaubehörden untersucht. Das gab der österreichische Wirtschaftsminister Farnleitner überaus kämpferisch bekannt.

Derselbe Minister allerdings hatte noch einige Wochen zuvor jede Kritik an der ihm unterstellten Bergbaubehörde brüsk zurückgewiesen. Und ebenso brüsk bürstete er jene österreichischen Parlamentarier ab, die seinen Rücktritt als politisch Verantwortlichen verlangten.

Er wischte dieses Ansinnen vom Tisch mit einer triumphierenden Instinktlosigkeit. „Ich lebe noch", sagte er vor Fachleuten an der Bergbauuniversität Leoben, „es gibt mich noch." Anders als die zehn Unglücklichen im Stollen von Lassing.

21 DIE MUTTER ALLER GESCHICHTEN

Scarlett O'Hara, die Fortsetzung

Bevor von Scarlett die Rede sein kann, muß von Robert Halmi gesprochen werden, denn er ist Scarletts Vater.

„Ich bin Scarletts Vater", sagt der rüstige Greis in der New Yorker Alice B. Tully Hall, wo die Weltpremiere des ersten Teils der Fernsehverfilmung der Fortsetzung des welterfolgmäßig verfilmten Romanwelterfolgs „Vom Winde verweht" in wenigen Minuten beginnen soll.

Die Einladungsliste war dem Ereignis angemessen. Von den Turners (Ted und Jane) über die Newmans (Paul und Joanne) bis Goldie Hawn und Walter Matthau war alles herbeigebeten worden, was funkelt. Gut, sie konnten dann doch nicht kommen, dafür aber erschien Knut Föckler von Sat 1, der Vater der Franziska von Almsinck-Show, und Michael Conrad von der Werbeagentur Leo Burnett, der Vater des Begriffs „Info-Elite". Und eben Robert Halmi, der Vater der Scarlett.

Den Schaulustigen am Broadway, die sich undankbbar und enttäuscht über das Ausbleiben der Megastars zeigten, kann nur entgegengeschleudert werden, daß Robert Halmi, so steht es im Presseheft, „einer der regierenden Könige der langen Fernsehform" ist, Schöpfer von mehreren Folgen des „American Sportsman" und des Films „Hugo the Hippo". Nun, mit „Scarlett" (und Geldern Leo Kirchs und Silvio Berlusconis) nähert sich ein reiches Produzentenleben der Erfüllung.

Warum, so wird die Frage eines ungenannten Journalisten im Presseheft zitiert, warum seine Filme immer dieses „gewisse Etwas" hätten? „Weil ich eine klassische europäische Erziehung genossen habe", sagt Halmi, der ungarische Emigrant. „Moliere und Balzac zu zitieren, ist für mich eine Kleinigkeit." Darauf komme es im wesentlichen eben an: auf Geschmack.

Jetzt steht der große alte Mann ungarischer Kultiviertheit dort oben und liest einen Brief vor, den kein anderer geschrieben hat als – die Sekretärin von Vivien Leigh! Ein Raunen geht durch die Ränge der Alice Tully Hall, wo ziemlich viele Werbekunden und ihre Ehefrauen Platz genommen haben.

Leider könne sie, Vivien Leigh, der Einladung nicht Folge leisten, da sie bereits 1967 gestorben ist, aber die Sekretärin war sich sicher, daß dieses Ereignis „ein Höhepunkt ihres Lebens" gewesen wäre.

Tatsächlich: ein Lebenshöhepunkt. Der Vivien Leigh! Vielleicht, denkt man sich nun ganz kurz, hat sie beim Diktat aus dem Jenseits genuschelt. Oder die Sekretärin hat sich verhört. Oder die ganze Veranstaltung ist ein bösartiger Drogentraum, ausgelöst durch eine LSD-Attacke auf das Trinkwasser Manhattens, Rauschgift-Terroristen, die die Stadt erpressen …

Doch dort vorne steht immer noch Robert Halmi, der unbeugsame Bildungshusar, und er weiß, Effekte zu setzen. Den sentimentalsten hat er sich für den Schluß seiner Ansprache aufgehoben, und der heißt nicht Vivien Leigh, sondern „Neun Millionen". Soviel nämlich hat er für die Fernsehrechte gezahlt. Der Mann hat nicht nur Geschmack in Hülle und Fülle, denkt man sich da, er hat auch noch Geld. Irgendeiner schneuzt sich ergriffen die Nase. Dann beginnt der Film.

Auch auf die Gefahr hin, die ganze Spannung zu nehmen: So ganz an das Original kommt die Fortsetzung nicht heran. Sicher, die neue Scarlett O'Hara, von Joanne Whalley-Kilmer gespielt, hat imponierende 120 Kostümwechsel, gegenüber nur 67 Kostümwechseln der „alten" Scarlett O'Hara – Vivien Leigh, die an diesem Abend wegen ihres eigenen Todesfalls nicht kommen konnte, aber eine schriftliche Entschuldigung vorlegen konnte!

Dafür hatte die „alte" Scarlett aber auch nur dreieinhalb Stunden zur Verfügung, während die neue in ihrem TV-Vierteiler auf insgesamt acht Stunden kommt. Im Kostümwechseldurchschnitt hat die alte Scarlett also immer noch die Nase leicht vorn.

Der Rest ist schnell erzählt. Scarlett liebt Rhett noch immer und fährt ihm hinterher nach Charlston, wo sie von ihm allerdings höhnisch ausgelacht wird. Aber dann nimmt er sie doch mit auf einen Segeltörn. Es kommt, wie es kommen muß: Das Segelboot kentert, er rettet sie, trocknet ihre Sachen am Kamin und macht ihr ein Kind. Aber er weiß nichts davon.

In den weiteren Folgen wird Scarlett nach Irland auf den Besitz ihrer Ahnen fahren, von einem perversen englischen Lord gequält, später wegen Mordes zum Tode verurteilt und insgesamt natürlich eher grüne und graue Tweedstoffe tragen, die dem rauhen Klima des Nordens angemessener sind.

Es wäre unfair, allzuviel schon jetzt zu verraten. Nur soviel sei gesagt: Die beiden lieben sich. Ja, und am Schluß werden sie sich bekommen, aber zwischendurch müssen sie durch allerlei Mißverständnisse, und man hat manchmal den Eindruck, daß diese eigens eingebaut sind, um die Spannung zu erhöhen.

Am besten sagt es vielleicht der Darsteller des Rhett Butler, Timothy Dalton, der früher James Bond dargestellt hat, und demnach auch schon einiges gesehen hat von der Welt: „Dieser Film", schmunzelt er auf einem Werbevideo, das den Premierengästen mitgegeben wird, „dieser Film hat einfach alles: Liebe, Mord und Vergewaltigung."

Herz, was willst Du mehr. Schon Liebe und Mord wäre das Ticket wert gewesen. Aber Halmi packte noch eine tolle Vergewaltigung obendrauf, als Zugabe. Das ist es wohl, was Hollywood auszeichnet: Hier ist der Kunde noch König.

Und was das rein Filmhandwerkliche angeht, läßt sich mit Robert Halmi, Scarletts Vater, nur sagen, daß der Regisseur der Vorlage eine „völlig neue Dimension" abgewonnen hat. So etwa fährt die Kamera alle fünf oder acht Minuten auf ein Gesicht zu und bleibt dort hängen und blendet ab – das sind dann die Stellen, wo bei der Premierenvorführung jeder selber schon mal die Klopapierwerbung und die für Bier und Autos einsetzen konnte. Das eben macht gutes Kino aus – daß man innerlich beteiligt ist und nicht nur einfach vollgerieselt wird.

Der Erfolg der Premierenvorführung war entsprechend. Manch einer trat nachdenklich auf den Broadway hinaus, andere engagiert und diskutierend: „Dreißig Sekunden für 350 000 Dollar, das sind Preise wie bei der Superbowl." Soviel, schätzt einer, werden die Werbeminuten während der Ausstrahlung bei CBS kosten. Bei Sat 1 in Deutschland, sagt ein anderer, sind es 89 000 Mark. Ein Film also, der Denkanstöße gibt – angesichts der seichten Massenproduktion heutzutage längst keine Selbstverständlichkeit.

Und genau das ist es, was auch Robert Halmi, dem Visionär und Absolventen der Universität in Budapest, vorschwebte, als er sich an dieses Projekt machte: „Mich interessieren Geschichten, die Grenzen überwinden." Der Vater der Scarlett hat mit diesem Film womöglich die Mutter aller Geschichten gedreht und neue Rekorde gesetzt.

Doch noch ist nichts entschieden. Demnächst kommen starke Konkurrenten auf den Markt. Da werden die Lebensgeschichten von Liz Taylor, Mia Farrow und Margaret Mitchell, der Autorin von „Vom Winde verweht", um die Anzeigenkunden konkurrieren. Man kann nur hoffen, daß die Kunst dabei nicht auf der Strecke bleibt.

Später stehen sie dann alle im Lichterglanz des „Tavern in the Green" am Central Park, Sat 1-Föckler und die Kirchleute und die „Info-Elite" der Werbefirma Burnett. Hostessen in Südstaaten-Kostümen verteilen Werbetüten mit Scarlett-T-Shirts, und am Büffett steht Robert Halmi, der ungarische Ästhet – Charmeur und Bildungsbürger, wie er im Buche steht, neigt er sich einer Dame zu und flüstert ihr ins Ohr. Man meint, einen Goldzahn blitzen zu sehen. Wahrscheinlich zitiert er Balzac, als sei es eine Kleinigkeit.

Das einzige Kriterium, das er gelten lasse, sagt der Vater der Scarlett in der Pressemappe, sei „guter Geschmack". Das läßt viel erwarten, und sein nächstes, aufregendes Großprojekt steht schon ins Haus. Es handelt sich um die Verfilmung des Romans „For Love Alone" von Ivana Trump, der geschiedenen Ehefrau des Immobilienhais Donald Trump.

Auch sie ist eine Osteuropäerin und Emigrantin – womöglich spürte Halmi hier eine große Seelenverwandtschaft. Auch Ivana Trump hat Sinn für Geschmack. Sie läßt sich gerne mit goldenen Pantöffelchen auf Tigerfell-Sofas fotografieren.

22 DER GROSSE, LANGE ATEM

Ein Abschied von Allen Ginsberg

Buchhändler Lawrence Ferlinghetti ahnte, daß etwas Außerordentliches passiert war in dieser Herbstnacht 1955 in San Franciscos Six Gallery, als Allen Ginsberg, ein schwuler, jüdischer Intellektueller aus New York, kraushaarig und dunkelbebrillt und ekstatisch und schweißgebadet das Podium verlassen hatte.

Noch andere hatten gelesen in dieser Nacht, und Jack Kerouac war durch die Reihen gelaufen, hatte Kleingeld gesammelt und einige Liter billigen Rotwein herbeigeschafft, und alle tranken und waren high und feuerten die Poeten an wie in einem Jazz-Konzert. Doch als Ginsbergs „Howl" verhallt war, wußte Ferlinghetti Bescheid.

Während die anderen noch weiterfeierten, sich selbst und den Buddhismus, die Liebe und die neue Zeit, fuhr er nach Hause. Von dort schickte er Ginsberg ein Telegramm. Es war eine Paraphrase des Briefes, den Emerson genau 100 Jahre zuvor an Walt Whitman geschrieben hatte, als er dessen „Leaves of Grass" gelesen hatte. „Lieber Allen", schrieb er. „Ich grüße dich am Beginn einer großen Karriere."

Allen Ginsberg starb, 70jährig, an einem Krebsleiden in New York, doch „Howl" hat seinen Rang als einflußreichstes amerikanisches Gedicht des 20. Jahrhunderts sicher, und der große Atem, den diese Rhapsodie mit seinen jazzartigen Kadenzen beseelt, wird so lange spürbar sein, solange es Menschen gibt, die lesen.

Ginsberg, der Zeremonienmeister einer neuen Generation, der Erfinder des Begriffs „Flower Power", die Seele der Vietnam-Proteste, der Aktivist, Sänger, Lehrer, hatte mit „Howl" seinen Beitrag herausgeschleudert. Er schrieb und sprach und sang auch später noch wunderbare Verse, mystische, lebensverzückte Oden, doch es war „Howl", das in dieser Nacht 1955 den wesentlichen Brand legte, der die schmallippige McCarthy-Ära beendete und die westliche Zivilisation veränderte.

Es muß Anfang der siebziger Jahre gewesen sein, als die Drogen härter wurden und der Terroristenwinter klirrender, als ich Ginsbergs „Howl" zum ersten Mal hörte, und mir ging es wahrscheinlich wie jedem anderen, den diese elektrisierten Strophen irgendwann berührt haben: Es war ein Friedensschluß mit dem Leben.

Ginsbergs „Howl" war ekstatischer Erlebnishunger und schmerzvolle Unerschrockenheit, kein Gedicht, das man lesen, sondern eines, das man leben wollte, keine Lektüre, sondern eine rasende Fahrt, tatsächlich „angekettet an eine Untergrundbahn" durchs nächtliche New York und über den amerikanischen Kontinent, durch Halluzinationen und Kindheitsträume, durch Ekel, Schuld, Verzweiflung hinauf ins Licht, in die Sonne, in die Heiligsprechung, denn es endete in dieser großartigen Versöhnung, dem holy-holy-holy. „Holy the supernatural extra brillant intelligent kindness of the soul."

Eine Höllenfahrt waren diese Strophen und doch das freundlichste aller Gedichte. Und es ist diese Kraft, diese Seelenfreundlichkeit, die es über die Zeiten getragen hat. Mit „Howl" hatte Ginsberg auf den Ursprung der Dichtung zurückgeführt, die Rede und den Gesang. Er hatte den akademischen Gips weggesprengt und alle Lyrik seither, besonders die Poplyrik bis hin zu Rap und HipHop, beeinflußt.

Es gibt keine zulängliche Übersetzung für „Howl", denn das Gedicht mit seinem Anspielungsreichtum auf kubistische Erlebniswelten, auf große Vorgänger wie Whitman und Apollinaire, ist alles andere als „Geheul", alles andere als Kriegsgeschrei und gebrüllter Zorn. Ginsberg hatte noch einige Wochen vor seinem Tod mit diesem Mißverständnis aufgeräumt.

Der Zorn war ein Etikett, das ihm von einer zornigen, lebensfeindlichen Mittelklasse aufgedrückt wurde. Ginsberg war wütend und unberechenbar und sanft, aber nicht zornig. Und er hatte den langen Atem, der die Gedanken gliedert und die Verse, denn alle seine Gedichte sind für den mündlichen Vortrag gedacht.

Als ich Ginsberg schließlich traf, Mitte der achtziger Jahre, sprach er nicht über Politik oder Lyrik, sondern über das Atmen. In der City Hall von Lawrence Kansas feierte die Gegenkultur eine Art Familientreffen. Noch einmal brüllte John Giorno seine dunklen Hymnen aus Dreck und Blut, und Marianne Faithful sang Drogenballaden mit einer Stimme wie zerbrechendes Glas. Timothy Leary sprach, begeistert und zusammenhanglos, über LSD und Bewußtseinsrevolten, Michael McClure zitierte Shelley-Gedichte, und der junge Jim Carroll stand wie ein bleicher Todesengel an der Bühnenrampe und rezitierte seine „Basketball-Diaries".

Doch alles wurde endgültiger und besser, als Allen Ginsberg, näselnd und singend und brummend, mit langem Atem, das Gedicht der Gedichte vortrug: „I saw the best minds of my generation, destroyed by madness, starving hysterical naked ..."

William Burroughs saß in der ersten Reihe, auf seinen Stock mit dem geschnitzten Kobra-Kopf gestützt, und schaute wie immer ins Leere, und am nächsten Tag lud er alle ein auf seine Ranch, verteilte seine Waffen, und dann ballerten alle, betrunken und bekifft, in die Weizenfelder.

Burroughs gab Schießunterricht. Allen Ginsberg beteiligte sich nicht. Er schlug eine anspruchsvollere Übung vor: Atmen. Er setzte sich auf eine Wiese, gab eine kurze, einfache Einweisung in die Zen-Meditation, und dann saßen da 30 Leute um ihn, die atmeten, und sie entdeckten, daß das Einfachste und Stillste das Schwierigste ist, und das gilt für die Dichtung genauso wie fürs Leben.

Ein paar Jahre später traf ich ihn wieder, in Ferlinghettis Buchhandlung „City Lights", wo er das erste Exemplar seines neuen Buches in den Händen hielt, und es befühlte und begriff wie ein Schuster einen fertiggestellten Schuh, stolz und aufgeregt und fachmännisch.

Es war ein großformatiges Album mit Fotografien. „Manchmal", sagte er, „ist es wichtig, den Atem anzuhalten, und das hier ist angehaltener Atem", und er deutete auf die Schnappschüsse von alten Weggefährten, Liebhabern, Familienmitgliedern. Von Überlebenden wie Herbert Huncke oder Burroughs, dem alten Deputy. Frühe Aufnahmen wie jenes berühmte aus Tanger 1961 mit Paul Bowles und Burroughs, der an Naked Lunch arbeitete, Schnappschüsse aus Neal Cassidys Bus von 1964 und von einem depressiven Jack Kerouac aus dem gleichen Jahr. Fotos vom Leben und Fotos vom Sterben wie das von Julian Beck im Krankenbett, mager und mit einem Schlauch in der Nase.

Anschließend malte er mir eine Blume in das Album, und in das Blütenkissen die Buchstaben „AH". Die Ursilbe, das Ausatmen, der erste Laut, der Beginn aller Gedichte. Ginsbergs Atem hat sich verströmt, aber der, der „Howl" beseelte, bleibt.

23 LIEBLINGSFEIND DER LINKEN

CDU-Populist Klaus-Rüdiger Landowsky, Kunstfreund und Strippenzieher

Es muß Liebe sein. Niemand wird von Berlins Linken so theatralisch ausgeleuchtet wie Klaus-Rüdiger Landowsky, der Fraktionschef der Berliner CDU. Sein Sündenregister ist jetzt sogar als Buch erschienen. Da hat er doch tatsächlich öffentliche Mittel für den Stadionausbau seines Tennis-Vereins „Rot-Weiß" beschafft, der dieser Tage die „German Open" austrägt. Steuergelder also auch für ein paar Reiche im Publikum. Pfui!

Dabei ist die schlimmste Tennis-Sünde Landowskys noch gar nicht erwähnt: seine Vorhand. Ein krummes Ding, verdeckt aus dem Handgelenk geballert, cross über das Netz. Am Ende eines langen Arbeitstages ist Klaus-Rüdiger Landowsky in Hochform. Er schwitzt und kämpft. Er erläuft jeden Ball. Er dehnt die Regeln. „Einen Doppelfehler pro Satz hat jeder frei", brüllt er in die nächtliche Halle. „Das ist hier anders als in der Politik."

Er spielt seit 17 Jahren Tennis, seit er mit dem Rauchen aufgehört hat. Natürlich ist er ehrgeizig, und natürlich läßt er sich das nicht anmerken. Er stapelt tief, um dich in Sicherheit zu wiegen. Und dann kommt er mit dieser stilistisch völlig verkorksten Vorhand, die ihm jeder Tennislehrer sofort verbieten würde.

Das Dumme ist nur: Er gewinnt mit ihr. „Schönes Spiel", sagt er nach zwei Stunden, schweißgebadet und eine Spur gönnerhaft. „Mit Schönbohm werde ich leichter fertig, der hält nicht so lange durch."

Jörg Schönbohm, der CDU-Innensenator, gilt als einziger anderer Politstar Berlins. Doch Schönbohm kommt von außen, aus Bonn, während Landowsky Berliner Betonriege ist, so sehr Frontstadt wie das Brandenburger Tor. Schönbohm sorgt in der Stadt für Ordnung. Doch Landowsky, 54, führt politisch Regie.

Er sitzt in Dutzenden von Stiftungsräten, Förderkreisen und Vereinen. Er ist politisch bestens vernetzt. Er hat tausend Gesichter, gefällt sich als feinsinniger Kunstmäzen und gleichzeitig als Kerl fürs Grobe, als Königsmacher und Dschungeltreter, Galaredner und Politprolet. Die Berliner Politik, ein farbloser Eimer Wasser, hat in ihm den Tintenklecks.

Sein Geld verdient er als Banker. Aus Gründen der politischen Hygiene verzichtet er auf sein Gehalt als Fraktionschef, und er tut es lässig. Das macht ihn unabhängiger. Er ist außen vor und gleichzeitig mittendrin. Er kann es sich erlauben, den politischen Gegner genauso in die Knie zu treten wie Parteifreunde abzumeiern.

Er zieht die Fäden aus der zweiten Reihe. „Diepgen ist für alle da", sagt er, „und ich für die meisten." Eberhard Diepgen, der Regierende Bürgermeister, ist der leise Kompromiß, Landowsky die laute Schmerzgrenze.

Über die SPD, den Regierungspartner, spricht Landowsky wie über einen Pflegefall, den man nur noch quer zur Tür rollen kann, um mit ihm den Vormarsch der roten PDS-Horden zu blockieren. Tatsächlich sind die Ex-SEDler die einzigen im derzeitigen Berliner Politvakuum, die bescheidene Terraingewinne erzielen.

Im Grunde braucht Landowsky sie und die Grünen, braucht noch das verlogenste Gekreische, denn er braucht Lärm, den Kampf. Landowsky, der Spieler. Er arbeitet von der Grundlinie. Ab und zu ein Netzangriff. Und manchmal diese schmutzige, verdeckte Vorhand.

Wie bei der jüngsten Haushaltsdebatte. Da sprach er vom Müll in der Stadt, der die Ratten anziehe, und vom Gesindel, mit dem man aufräumen müsse. Es gibt keine Großstadt-Mutter, die nicht noch härtere Wörter finden würde für Dealer, Skins und Mafiosi, die ihr das Treppenhaus unsicher machen.

New Yorks konservativer Bürgermeister Giuliani hatte mit solchen Slogans die Wahl in der Stadtmetropole gewonnen, gestützt auf ein liberales Bürgertums, das ihm leise zustimmte. Doch im Berliner Abgeordnetenhaus schlabberte prompt die erwartete „Betroffenheit und Empörung“ über das zynische und menschenverachtende „Nazi-Vokabular“ durch die Mikrofone.

Landowsky hat genau gewußt, was kommt. Er wußte auch, daß sich die bürgerliche Mitte öffentlich empört und heimlich nickt. Allerdings, sagt er später beim Bier in seiner Stammkneipe, hat ihn die BERLINER ZEITUNG sehr getroffen. Da wurde er vom Chefredakteur persönlich mit Goebbels in Verbindung gebracht.

Im Hintergrund der Kneipe dudelt Peter Alexander aus einer Musikbox, und Landowsky fällt über Bratkartoffeln und Schultheiss-Bier her, und er redet über seinen Schmerz mit hinreißender Melancholie. „Der Herausgeber hat sich später bei mir für seinen Chefredakteur entschuldigt“, sagt er mit düsterem Genuß. Ist es nicht wundervoll, wenn man gleichzeitig als Täter und Opfer triumphieren kann?

Er kann sich mehr herausnehmen als der übliche parlamentarische Diätenturner, weil ihm gelungen ist, was er sich einst geschworen hatte. Nämlich, „die Familie nie aus der Politik ernähren zu müssen“.

Sein Standbein ist die Bank, und hier sind die Kritiken, vor allem an diesem Abend, durchweg gut. Als ihm die Zeitungsverkäuferin, die durch die Kneipe zieht, den Andruck der MORGENPOST für den nächsten Tag in die Hand drückt, ist die Welt in Ordnung. Er blättert zielsicher, bis er die Landowsky-Schlagzeile über die „glänzende Bilanz" seiner Bank findet, die er am Morgen präsentiert hatte. Er grinst: „Das ist doch der Kick!"

Ein guter Tag also, der schon vormittags mit diesem Sieg begann, sicher von der Grundlinie herausgespielt, diesmal mit blauem Maßanzug, Einstecktuch, gefönter Silbermähne.

Als Vorstandssprecher kann er einen kräftigen Ergebnisschub und Sonderausschüttungen für die Aktionäre ankündigen. Die Fachjournalisten stellen lauernde Fragen und nicken schließlich ab – er gilt als solider Banker. Sein Parteibuch erleichterte ihm einst den Einstieg – den Aufstieg verdankt er seiner Kompetenz, seinem Fleiß.

Seine Seele jedoch, die hat er woanders verschlossen. In einem Zimmer, ein Stockwerk tiefer. Da steht Landowsky, kurz nach der Pressekonferenz, vor einem Bild des Malers Alexander Camaro aus dem Jahre 1961. Ein Bild der politischen Identität und Biographie viel eher als des ästhetischen Genusses. „Das ist die Mauer", sagt er andächtig in der Stille des Raums mit seinem schwarzen Leder, dem blankpolierten Stahl, und schaut hinüber zur Wand mit der ockerfarbenen Komposition, in die das Datum „13. August" gemalt ist, schemenhaft, wie eine verwehte Spur im Sand. „Das ist heute rund eine halbe Million Mark wert."

Die Mauer fehlt, und natürlich ist sie wesentlich mehr wert, als der Kunstmarkt hergibt. „Früher sind die Leute wegen der Mauer nach Berlin gekommen", sagt Landowsky. „Jetzt kommen sie wegen der Kunst." Er liebt die Kunst, und ein wenig parfümiert er sich auch mit ihr und den zahllosen Galeristen, die er seine Freunde nennt. Doch in diesem Moment spricht er darüber wie über über einen unvollkommenen Ersatz für die Mauer.

Die Mauer war grandioser Vereinfacher, eine zutiefst moralische Architektur für beide Seiten: Sie schied Recht und Unrecht, Hell und Dunkel, Gut und Böse. West-Berlin konnte nichts falsch machen mit der Mauer: Es war heldenhaft, inselfröhlich, demokratisch und demzufolge üppig beschenkt. Berlins Politik, ein schwunghafter Ablaßhandel, der fette Pfründen für alle Parteien garantierte.

Landowsky dämmerte eher als anderen, daß die Mauer wie ein Trickspiegel funktioniert hatte, der jeder der beiden Stadthälften eine Größe zuspiegelte, die sie nie einlösen konnten. Vor der Mauer wirkte noch das kleinste Licht wie eine große Leuchte. Der Mauerfall – eine Implosion. Im Grunde hat der Frontstädter und „Schandmauer"-Beseitiger Landowsky all die Jahre an seiner politischen Selbstabschaffung gearbeitet. Sowas wie sie, die Landowsky-Generation, dürfte es politisch eigentlich gar nicht mehr geben.

Landowsky weiß es, und er lächelt darüber. Zwar ist er berlinschnauzig, wenn er vom Bonner Provinzler spricht, der nun bald seine Metropolentaufe erleben wird. Dann aber auch hellsichtig sarkastisch: „Wird Zeit, daß die Regierung kommt – dann tritt der größenwahnsinnige Berliner Abgeordnete zurück ins Glied."

Dann gehe es nicht mehr in jeder Debatte um Krieg und Frieden, sondern um Parkbänke und Kommunalpolitik. Die Hauptstadt schlüsselfertig an den Kanzler übergeben und dann abtreten, das ist das Ziel. Dann ist eine Lebensaufgabe, die er immer als Kampfauftrag gesehen hat, erfüllt.

Dennoch: Die Stadt braucht Landowsky, weil er die alte Klientel vertritt und gleichzeitig die neue umarmen kann, und beides drastisch. Er kennt die Stimmung in der Gropiusstadt, in Neukölln, im Tiergarten und im Wedding, wo die Arbeitslosigkeit mittlerweile höher ist als im Osten. Aber er begeistert sich genauso für die Love-Parade und die unorthodoxe Galerieszene in der Auguststraße. Er hat, was selten geworden ist in der Politik: Unabhängigkeit, vor allem aber Emotion.

Landowsky ist ein Paradox. Er stammt aus stramm sozialdemokratischem Elternhaus, sozial engagiert. Nach dem Ungarn-Aufstand der Schwenk nach rechts, und mit dem Mauerbau war sein politisches Lebensziel definiert. Seine schwärzeste Stunde? Ganz klar, als die Mauer fiel, und nicht er und Diepgen das Volk grüßten, sondern Walter Momper mit seinem roten Schal. „Die Einheit ist uns in Berlin von den Sozis geklaut worden."

Nach dem Wahldebakel zog Landowsky durch 90 CDU-

Ortsvereine und leistete Abbitte. „Wir mußten unsere Lektion in Demut bekommen, wir waren zu selbstgefällig geworden." Er erinnert an die 750-Jahr-Feier, an diese „Scampi-Stimmung" in der Stadt – „das war plötzlich zuviel München".

Sein Herkunftsmilieu ist nicht die Unternehmer-CDU, sondern die der kleinen Leute, der Malocher mit antikommunistischem Programm. Er lebte in Kreuzberg, in Neukölln, mit Außenklo und Kohleofen. Das sind seine „Landsergeschichten". Landowsky, ein anderer Alternativer.

Eine Berliner Gegen-Biographie: In den frühen Sechzigern war er Burschenschaftler, dann Aktivist gegen Dutschke. Aber natürlich lief auch er mit Hippie-Sonnenbrille durch die Gegend, und er sagt stolz, als habe er mit Rainer Langhans in der Kommune 1 gesessen: „Wir haben die Erziehung der Spießerkinder aus Baden-Württemberg übernommen." Vor allem aber war er es, der 1973 Flugblätter der Jungen Union auf dem Ost-Berliner Alexanderplatz verteilte und damit mehr Courage zeigte als alle Charlottenburger Wohlstandskommunarden zusammen.

Heute gehört er zum Geissler-Flügel der CDU. Er beklagt die neue soziale Kälte, die Egoismus-Ideologie der Jungen, auch in der eigenen Partei. Er beschwört die Sozialbindung des Eigentums, aber er wettert gegen die Ausplünderung des Sozialstaates. Er ist für humanitäre Hilfe an Flüchtlinge, aber er keilt gegen die, die zu lange bleiben wollen.

Er ist nicht links oder rechts, er ist Populist. Er glaubt an die Kunst der Vereinfachung. Seine Vorliebe für den Expressionismus, für die afrikanische Primitivkunst rührt daher. „Das Wesentliche herausarbeiten, keine Ziselierungen." Wenn er durch die Kunstsammlung führt, die er für die Bank erwirbt, ist er stolz. Um so mehr, weil er selbst seine Kunstbegeisterung als Sieg über die Sozis feiern kann.

Den Sozis ist die Kunst Wurscht. Die entscheiden sich eher dazu, ein Theater dichtzumachen als ein Hallenbad. „Die verstehen nicht, daß Kunst ein Abenteuer ist."

Da ist die Finanzsenatorin des Koalitionspartners SPD, Fugmann-Heesing. „Für die ist doch Kultur, wenn sie sich abends ein Video reinzieht", sagt er geringschätzig. So irrlichtert Landowsky zwischen Arbeiterbezirk und Vernissage, zwischen

Kneipenauftritt und Club-Plauderei. Berlin tut sich schwer damit, stilvoll oder glamourös zu sein. Hier gibt es kein altes Geld wie in Hamburg, das sich exklusiv feiert, und kein neues Geld wie in München, das tanzt. Es greift ständig zu hoch oder zu tief und hat dabei stets gegen die mißtrauische linke oder rechte Bulettenklientel zu kämpfen.

Das bereits erwähnte Korruptionsbuch über Berlin ist eine entlarvende Lektüre. Nicht weil es politische Machenschaften aufdeckt, sondern den eigenen alternativen Muff. Es spiegelt die kleinen Karos eines intellektuellen Biotops, das die Mauernische schmerzlicher vermißt als jeder Partei-Kanalarbeiter. Ein Buch auf dem Argumentationsniveau der Siebziger-Jahre-Wohngemeinschaften.

Es rechnet etwa zu den politischen Sünden des von Landowsky einst geförderten privaten Radiosenders „Hundert,6", daß der eine amerikafreundliche Position im Golfkrieg gegen Saddam Hussein vertreten habe. Es vermutet außerdem, daß die Berliner Medien die Olympia-Bewerbung deshalb unterstützten, um „neue Märkte im Osten" zu gewinnen. Nur logisch, daß dem Buchautor der „Internationale Club" am Funkturm als Tränke der prassenden Elite politisch anrüchig ist.

Der frühere britische Offiziersklub war von Landowsky mit führenden CDU- und SPD-Politikern gegen günstige Pacht übernommen worden, um einen exklusiven Treff für Spitzenpolitiker, Unternehmer, Botschafter zu schaffen. Seitenlang führt das Buch empört die Mitglieder und ihre Funktionen auf, als sei es ein Verbrechen gegen die Menschlichkeit, nicht beim Griechen an der Ecke zu essen.

Natürlich hat es Landowsky mit solchen Gegnern einfach. Zu einfach. Sein Format ist, bisweilen, ein optischer Trick: Wer so verschrumpft attackiert wird, dem wächst eine Größe zu, die er sich nicht selber verdient hat. Selbstverständlich konnte er es sich nicht verkneifen, als Antwort auf die Buchattacke, in einen weiteren Verein einzutreten – in den Förderverein des „Deutschen Theaters".

Auch die alten Korruptionsgerüchte werden in dem Buch noch einmal angesprochen. Wie die verfilzte Berliner SPD war auch die CDU nach ihrer Machtübernahme 1981 in Bau- und Bestechungsskandale verwickelt. Landowskys Name wurde stets am Rande mitgenannt, nachgewiesen wurde ihm nie etwas. „Bei mir finden sie nichts", sagt er lächelnd. Möglich, daß er einfach zu schlau war, um sich Blößen zu geben. Möglich, daß er ein Politiker mit Skrupeln ist, der „auch vor der eigenen Familie Vorbild zu sein hat". Wahrscheinlich trifft beides zu.

Die Familie ist sein Korrektiv, wenn er abzuheben droht. Vor allem nach seiner „Rattenrede" gab es Kritik, besonders von der 24jährigen Tochter, die mittlerweile in eine eigene Wohnung gezogen ist. Mit Frau Karin und Sohn Thorsten bewohnt er die beiden oberen Etagen eines Häuschens im Grunewald. Bürgerlich ja, luxuriös nein. Viel warmes Holz, viel Ziergrün, Messinglampen, Perserbrücken und Biedermeier-Kommoden, natürlich eine Hausbar – alles eben, was in den frühen siebziger Jahren als „Schöner Wohnen" galt. Über Wände und freie Flächen ist Kunst gestreut, kleinformatige Gemälde, Skulpturen, afrikanische Plastiken.

Seine Frau kennt er noch aus der Schulzeit. Was ihr an ihm imponiert hat? „Er hat sich gegen alle durchgesetzt, immer."

Sie trägt eine Trachtenjacke mit Hirschhornknöpfen. Auf der bestickten Bluse darunter kümmert sich eine Ente um ihre Jungen. Irgendwann hat sie sich entschieden für diesen Mann und ein Lebenswerk als Hausfrau, gutaussehend, selbstsicher, ausgleichend. Wahlkampfauftritte meidet sie. Erst vor wenigen Jahren trat sie der CDU bei. Mit den politischen Zielen ihres Mannes ist sie weitgehend konform, doch längst nicht immer mit seinem Stil. „Er konfrontiert, wo immer er kann – ich wäre vorsichtiger." Landowsky lächelt, als hätte sie ihm ein Kompliment gemacht, und packt gutgelaunt seine Tennistasche.

Ein paar Tage später ist Landowsky, der Mann der Netzattacke, gefragt. In der Kreuzberger Kneipe „Zur Blume" in der Friedrichstraße spricht er zum CDU-Parteivolk.

Rund 150 Leute drängen sich im qualmgeschwängerten Saal, einige herausgeputzt, andere im blauen Anton, rauchend und trinkend unter pergamentgelben Lampen, die an Ketten von dunklen Deckenbalken hängen. Im Fenster staubige Topfpalmen und „Berliner Kindl"-Reklame, draußen die Nachtschicht-Brummis vom Blumengroßmarkt – Kreuzberg, Chaotenhochburg und Klein-Ankara, mit 29,2 Prozent Arbeitslosigkeit das Armenhaus Berlins.

Landowsky prescht vor, mit der Umarmungsoffensive. Er freut sich, unter „normalen Leuten" zu sprechen und nicht bei den „Zehlendorfer Pinkeln", in seinem eigenen Wahlkreis. Der Ball kommt zurück. „Dort oben redet der sicher anders", sagt einer halblaut, mit dem gutmütigen Mißtrauen, das man Politikern hier entgegenbringt, auch wenn man sie wählt.

Es sind kleine Leute, die da wütend und verzweifelt von zu hohen Mieten und zu kleinen Löhnen reden, und andere, die von EU-Mitteln und Lohnnebenkosten und Shareholder-value-Kapitalismus stottern – die Not hat alle zu Wirtschaftsspezialisten gemacht, die Not zu begreifen, warum sie ihren Arbeitsplatz nicht halten können.

Landowsky hört zu. Und als er antwortet, tut er es einfach. Er bietet keine Patentrezepte, aber er skizziert Auswege. Dann keilt er aus, etwa gegen die Sparpolitik der SPD-Finanzsenatorin, dieser „gescheiterten Buchhalterin aus Herne", die ausgerechnet bei Beschäftigungsprogrammen streichen möchte, und darüber hinaus bei der Wissenschaft, der Kultur, diesem „Tafelsilber von morgen".

Er berlinert plötzlich. Und er begreift den Ärger darüber, daß die in der Arbeitslosigkeit führenden fünf Berliner Bezirke alle im Westen liegen. Das Prinzip „Aufbau Ost vor Ausbau West" sei nicht mehr haltbar. Der Saal appplaudiert, und einer brüllt: „Den Osten kannste vergessen, ick weiß, wovon ick spreche, ick komme von drüben." Sofort besänftigt Landowsky mit patriotischen Einheitsfloskeln. Dann dreht er einen anderen Regler auf, den der Ordnungspolitik.

Jeder hier weiß, was er mit „Gesindel" gemeint hat, und natürlich halten es alle, wie Landowsky, für „Irrsinn, wenn die SPD halbwüchsige Totschläger mit Erlebnispädagogik in der Karibik belohnen möchte". Doch dann nimmt er den Fuß vom Gas. „Wir dürfen aber auch die Buntheit der Lebensstile in dieser Stadt nicht kaputtmachen", sagt er. „Berlin lebt davon."

Plötzlich beschwört er die Gefahr von rechts. Den wachsenden Einfluß der Republikaner, denen mittlerweile 20% der Jugendlichen im Osten hinterherlaufen, nennt er eine reale Gefahr. „Wir wollen keinen Le Pen bei uns", ruft er in den Saal. „Deshalb müssen wir die Ängste um die Sicherheit ernst nehmen."

Das Erstaunliche an ihm ist, daß er zuspitzt und doch am Ende der Abwiegler ist. Er harkt rechts und zieht in die Mitte. Und er hat Erfolg damit – nach eine Weile fressen ihm alle aus der Hand, die rechten Scharfmacher im Saal genauso wie die polternden Protestler im Overall oder die gut vorbereiteten Bezirks-Querulanten im Sakko. Landowsky ist ihr Mann, ihr kleinster gemeinsamer Nenner.

„Ick glaube, die haben mich verstanden", sagt Landowsky am Ende beglückt. Spaß an der Macht über Menschen und Spaß am Spiel – das ist Politik für ihn. Er streift sein Boss-Jackett über und verschwindet in seiner schwarzen Dienstlimousine in der Nacht. Zurück in den Grunewald, mit einem Satz-Gewinn.

24 SEX, TECHNISCH GESEHEN

Bill Clinton und seine Affären – ein Komödienstoff

Seit das Geschäft mit der Indiskretion brummt, ist Film ein altmodisches Medium. Jeder in Szene gesetzte Skandal ist schon vor dem Kinostart Schnee von gestern – das Fernsehen ist das genuine Medium von Bloßstellung und Beichte. Hier geht es um Sex, Lügen und Tonbandgeständnisse im Stundentakt. Hosen runter, aber schnell – das Kino kann da nur noch hinterherlaufen.

Wenn also Mike Nichols' „Mit aller Macht" nun in den deutschen Kinos anläuft, wirkt die Schlüsselkomödie über die Affären und Verfehlungen des Präsidentschaftskandidaten Stanton alias Clinton wie ein Ausflug in glücklichere Tage. Wenigstens am Rande sprach man damals – vor sechs Jahren – noch über Schulreform und Gesundheitswesen, und die Schlafzimmer-Protokolle von Nachtclubsängerinnen wurden zunächst mit spitzen Fingern angefaßt.

Nun greift jeder ins Volle. Eine rachsüchtige Sekretärin und eine unreife Göre aus Beverly Hills genügen, um Washingtoner Leitartikler, FBI, Senatoren und Sonderermittler zu beschäftigen. Sie durchwühlen Mülltonnen, stellen Meineidsfallen und beugen sich über Sperma-Flecken. Was will man da noch erfinden?

Seit die Seufzer und Geständnisse und Beschuldigungen der Praktikantin Lewinsky in jeder Fernfahrerkneipe verlesen werden und seit dort die Frage diskutiert wird, ob oraler Sex mit dem Präsidenten rein technisch gesehen ein „sexuelles Verhältnis" begründe, ist klar: Das Kino ist draußen. Und Nichols' „Mit aller Macht" nur ein Nachhut-Gefecht. Was das Potential zum Skandalfilm hatte, wirkt nun wie moralische Schadensbegrenzung.

Pech für Mike Nichols, dem mit „Wer hat Angst vor Virginia Woolf" oder „Reifeprüfung" geniale Zeitgeist-Klassiker zum Tanz der Geschlechter gelangen. Als er sich vor zwei Jahren die Rechte an dem Roman „Primary Colors" sicherte und 1,5 Millionen Dollar aus seiner privaten Schatulle dafür bezahlte, hoffte Nichols, daß er sich eine gewisse Exklusivität erkauft hatte. Doch sein Film war abgedreht, bevor die Lewinsky-Bombe platzte. Jetzt fährt jede Nachmittagstalkshow brisantere Geschütze auf.

Die Vorlage hatte, vor zweieinhalb Jahren, für eine delikate Sensation gesorgt. Mit abgebrühter Virtuosität hatte ein Anonymus den Südstaatengouverneur Jack Stanton alias Clinton auf seinem Weg nach oben beschrieben, ihn und seine Frau, seine Affären, seinen Hunger auf Donuts und den auf Macht. Bald war Joe Klein, Kolumnist bei „Newsweek", als Verfasser und Verräter enttarnt.

Auch wenn dem Bestseller nach der Enttarnung schnell die Puste ausging, war Klein mit seiner Kolportage auf der Höhe der Zeit. Seither aber wurden rund 50 Millionen Dollar, ein veritables Hollywood-Budget, ganz offiziell dafür ausgegeben, um nachzuweisen, ob Clinton dem Drängen einer Praktikantin nachgegeben hat, mit ihr ins Bett zu steigen. Was will Mike Nichols uns da noch erzählen?

Längst hat ihm das Internet die Show gestohlen, wo die saftigen Details aus der Clinton-Befragung vor dem Untersuchungsausschuß für jedermann zugänglich gemacht wurden, all die Spielereien mit den Zigarren im Oval Office, all das Drängen der schmollenden Lewinsky, all dieses Reißverschluß-Gezuppel, während Arafat auf den Beginn der Pressekonferenz wartet.

Längst hat auch der gottesfürchtige Republikanerflügel der amerikanischen Innenpolitik all diese kleinen Schweinereien übers Fernsehen öffentlich gemacht – mit dem bigotten Vertrauen darauf, daß sich ihre Klientel mehr darüber entsetze als sie selber. Wie es sich herausstellte, haben sich die Starrs und Gingrichs gründlich verrechnet – die demokratischen Instinkte des Volkes funktionieren weit besser, ihr Sinn für Fairneß ist höher entwickelt, als die rechten Drahtzieher ahnten.

„Mit aller Macht" stellt eine altmodische Frage. Nämlich: Was geht die Öffentlichkeit das Privatleben eines Politikers an? Und er antwortet ebenso altmodisch: gar nichts. Oder, wie es eine Wahlkampfhelferin aus dem Kandidaten-Troß sagt: „Soweit ich weiß, war Adolf Hitler seiner Eva treu, aber das macht ihn nicht zu einem besseren Menschen." Nichols' Problem: Er braucht mit insgesamt 143 Minuten sehr lange für diese simple Erkenntnis.

Dabei hatte Nichols großes Besetzungsglück. Nachdem Tom Hanks die Rolle abgelehnt hatte – er wollte seinen Freund Clinton nicht beschädigen –, hatte Travolta zugegriffen. Hanks ist der gute Mensch von Hollywood. Travolta dagegen ist Halbwelt. Er hat die abgebrühte Lust an der Schmiere.

Er speckte 20 Pfund auf, legte sich einen Südstaatenakzent zu. Und so schlurft er mit Wanst und Gefühl als Kandidat Stanton auf Stimmenfang. Travolta hat den kräftigen Händedruck, wenn er Freunde macht, und den feuchten Blick, wenn er den Getretenen zuhört. Er ist sorglos und gerissen zugleich. Er liebt Barbecue, sentimentale Countrysongs und seine Mama, und wenn der Film bei ihm bleibt, ist er leicht und wunderbar komisch.

Ihm zur Seite, auch das ein Glücksgriff, agiert Emma Thompson. Sie ist Stantons Frau, und sie hat Hillary Clintons Frisur, ihren Witz, ihren unverstellten Ehrgeiz. Sie kommandiert ihren Mann und läßt sich einwickeln von ihm. Sie knallt ihm vor versammelter Mannschaft den Schlüssel an den Hinterkopf, wenn wieder mal eine Bettgeschichte in den Medien hochschäumt, und sie streichelt ihn wie einen Teddy, wenn er angeschlagen im Sofa hängt und an Aufgabe denkt.

Und wenn sie als First Lady am Abend des Sieges über das Tanzparkett schwebt, dann ist das genau der Triumph, den man ihr gönnt. Bill und Hillary, eine Studentenliebe, eine Politromanze, ein verschworenes Pärchen aus der Provinz auf dem Holperweg nach oben – tatsächlich Komödienstoff.

Unglücklicherweise will der Film mehr. Er handelt vom politischen Kulissenspiel und vom Verrat der Ideale. Er verhandelt den Zustand des Landes und den Verlust an Werten. Und dafür schiebt er eine ganze Menge von Knallchargen durch die ganz große Arena.

Man kennt sie alle, aber im echten Leben waren sie spannender. Da ist Kathy Bates als Clinton-Vertraute Betsey Wright, da ist Billy Bob Thornton als Südstaatencowboy und Wahlkampfstratege James Carville, da ist Maura Tierney als Medienspezialistin Mandy Grunwald – brave, mäßig interessante Attrappen.

Vor allem sind da endlose Reden, Statements und Fernsehduelle, in denen die immer gleichen Appelle und Phrasen gedrechselt werden – dann dauert der Film länger als ein amerikanischer Wahlkampf. Was Nichols sagen will, interessiert nicht mehr, weil er es allzu ausführlich erzählt.

Nur selten gelingen ihm Bilder, die verdichten, statt auszuplappern. Etwa wenn er den Kandidaten nachts in einem Donut-Laden zeigt. Gegenüber, im Motel-Büro, ist der Stab damit beschäftigt, den neuesten Skandal zu entschärfen. Die Umfrageergebnisse sind auf dem Tiefpunkt. Da schaut der junge Wahlkampfhelfer Henry durchs Fenster und sieht gegenüber, in der erleuchteten Backbude, den Kandidaten sitzen. Allein. Stanton sitzt über warmem Kaffee und plaudert mit dem Angestellten übers Leben, über Mindestlöhne und über Apfeltaschen. Er mampft sich satt und spricht sich frei, er ist süchtig nach Nähe, nach Trost, er öffnet sich – und sitzt da im erleuchteten Glashaus wie ein verirrtes Kind.

Der Film ist ein Zwitter. Es gibt keine Bösen, keine Guten – es gibt nur fehlerhafte Menschen und ein leises Bedauern darüber. Nichols hat paradoxerweise zuviel Respekt, zuviel Zuneigung für Clinton, um echte Anteilnahme herzustellen.

Das allerdings wiederum liegt in der Natur der Sache. Präsident Clinton liebt Hollywood, und dieses liebt kräftig zurück. Alec Baldwin und Kim Basinger bewirten die Clintons in Long Island, Tom Hanks nächtigt im Weißen Haus, und in den Studios geht der Hut herum, um die präsidiale Prozeßkasse aufzufüllen.

Ob Steven Spielberg oder David Geffen oder Haim Saban, alle liefern sie ihre 10 000-Dollar-Höchstspenden ab, und Saban, Chef des Fox Kids Network, nennt den Grund: „Da gehen amerikanische Botschaften in die Luft, und wir untersuchen ein Cocktailkleid? Es ist ein Skandal!"

Es gibt noch einen anderen Grund. Hollywood liebt Clinton, weil es sich in ihm gespiegelt fühlt. Clinton ist die gleiche Generation, die gleiche Wellenlänge. Er ist für das Gute in der Welt und gleichzeitig für die gute Show, die guten Geschäfte und den schnellen Sex. Der Präsident hat es sich von einer Praktikantin besorgen lassen? So what! Er hat darüber gelogen? Das würde doch jeder! Er hat öffentlich gebeichtet? Gibt es nichts Wichtigeres?

Seit die Babyboomer der sechziger Jahre die Menschenrechts-Charta um den Hauptpunkt einer zugegebenermaßen infantilen Kulturrevolution bereicherten – Sex für alle, und zwar sofort –, sollte das Thema erledigt sein. Und nun errichten ein paar Feministinnen, ein paar republikanische Dunkelmänner wieder Scheiterhaufen für eheliche Untreue? Ohne uns, sagt Hollywood.

Und der Rest des Landes stimmt zu. Über zwei Drittel aller Amerikaner finden, daß Clinton trotz seiner „Verfehlungen" ein guter Präsident ist. Drei Viertel aller Amerikaner dagegen haben von der Praktikantin Monica Lewinsky, die sich nicht an die Spielregeln hielt, eine schlechte Meinung. Mittlerweile haben Clintons Demokraten grandios die Kongreßwahlen gewonnen. Und Monica Lewinsky, die republikanische Kronzeugin, schleppt ihre Überpfunde mißgelaunt von Pizzeria zu Pizzeria.

Clinton wird von Hollywood geliebt, und darunter leidet Mike Nichols' Film. „Mit aller Macht" menschelt. Er tut nicht weh. Er will keine Fallen stellen. Und erreicht wenig mehr als eine lahme, vage Sympathieerklärung.

Wie erfrischend Realpolitik und schwarze Komödie koexistieren können, bewies kürzlich ein anderer Präsidenten-Film: In „Wag the Dog" inszeniert ein amerikanischer Präsident einen Krieg, um von einem Sexskandal abzulenken.

Das Pressecorps, das im Feriendomizil Clintons auf Statements nach dessen Lewinsky-Fernsehbeichte wartete, schaute sich angeblich „Wag the Dog“ gerade an, als der Präsident die Bombardierung von Zielen in Afghanistan und im Sudan befahl.

Der Film hatte also recht, weil er die militärische Attacke als privaten Befreiungsschlag durchspielte. Der Präsident hatte aber auch recht. Er kannte den Film und tat trotzdem das politisch Nötige. Beide haben nur ihren Job getan, völlig unbeeindruckt vom jeweils anderen.

Diese Distanz zwischen Politik und Kunst muß sein. Und das hat Nichols, der alte Hase, einfach vergessen.

25 RADIO GAGA, RADIO HASS

New Yorks Ex-Bürgermeister Ed Koch und die Macht des amerikanischen Talk-Radios

„... die Gesellschaft will aufgeregt, will herausgefordert, in pro und contra auseinandergesprengt sein, für nichts ist sie so dankbar wie für den amüsanten Tumult.“ (Thomas Mann, Doktor Faustus)

Es hat eine Weile gedauert, bis Ed Koch seinen New Yorkern verzeihen konnte, daß sie ihn nach drei Amtsperioden nicht ein viertes Mal zum Bürgermeister wählten. Doch mittlerweile hat er vergeben. Schließlich, sagt er, bereuen die meisten inzwischen ihren Fehler. Und denen, die es nicht tun, wie etwa diesem Spinner kürzlich im Village, entgegnet er: „Fuck you.“

Wie jeder New Yorker liebt Ed Koch das klare Wort. Jetzt, wo er ohne Amt ist und keine Rücksichten mehr nehmen muß, kann er es sich leisten. Er gönnt es sich und der ganzen Stadt, jeden Vormittag von elf bis zwölf auf WABC, dem größten Talk-Radio-Sender der Nation. Dann spricht Ed Koch über die Affären der Stadt und der Welt, was im Fall New Yorks das gleiche ist, und manchmal auch über seine Glatze.

Macht hat er nicht mehr, aber Einfluß. Er „erzieht“ seine Hörer, sagt er. Er bildet sie weiter. Hemdsärmelig sitzt er in einer renommierten Anwaltskanzlei 30 Stockwerke hoch über der Sixth Avenue an seinem Schreibtisch. Von hier aus, New York zu Füßen, bestreitet er seine Sendung.

Vor ihm als Haufen von Zeitungsausschnitten das Nachrichtengulasch des Tages. Die Hauptbestandteile: O. J. Simpson, Clintons letzte Panne, die andauernde Kontroverse um den Bombenabwurf über Hiroshima, Immigranten. Mehr als ein paar Reizworte braucht er ohnehin nicht.

Auf dem kahlen Schädel die Kopfhörer. Auf dem Fensterbrett der Monitor mit den Namen der Anrufer, die ihm eingespielt werden. „Sarah aus New Jersey", blafft er, „was gibt's?" Sarah stottert und setzt an, dem Ex-Mayor zögerlich zu widersprechen. Das konnte er schon als Bürgermeister nicht leiden, weshalb Sarah erstens niedergebrüllt und zweitens abgehängt wird.

„Die hatte keinen Schimmer", schimpft Koch, und dann kommt seine Lieblingswendung: „Laßt mich erklären, wie es wirklich ist." Zum Beispiel so: Das Auslöschen Hiroshimas war gerecht, weshalb es eine Schweinerei ist, daß die Linken versuchten, im Smithsonian-Museum eine kritische Ausstellung zustande zu bringen. Was soll das Geschrei über die Atombombe? „In Dresden kamen viel mehr Menschen um, und keiner regt sich auf."

Nun könnte man neben vielem anderen einwenden, daß der Bürgermeister die Zahlen durcheinandergebracht hat – in Dresdens Brandbombennacht starben 25 000 Menschen, in Hiroshima fast sechsmal so viele. Aber es geht hier nicht um Genauigkeit, sondern um Gefühle. Talk-Radio lebt davon.

Der Mayor erklärt seinen New Yorkern die Welt, wie er sie sieht. Etwa so, zum Immigrantenproblem: „Wir können nicht alle reinlassen", wettert Koch, der Sohn jüdisch-polnischer Einwanderer, „wir müssen die Löcher stopfen", und er läßt sich dabei unterstützen von dem Anrufer Stephan aus Brooklyn, der allerdings nur gebrochen englisch spricht, weil er Rumäne ist.

Kochs Rezept für kriminelle Teenager? Prügelstrafe. Sein Rezept für den Nahen Osten? Eine neue israelische Siedlung für jeden palästinensischen Bombenanschlag. Ach ja, seine Sendung heißt: „Ed Koch – die Stimme der Vernunft."

Die Malocher aus Queens lieben ihn, und selbst das liberale Establishment auf der Upper West Side lauscht mit Vergnügen seinen Rempeleien gegen Quotenförderung und Wohlfahrtsbürokraten, seinen erfrischenden Ausfällen gegen politische Korrektheit.

Etwa: „Diese Showbiz-Typen aus Hollywood hätten selbst Adolf Hitler zugejubelt, wenn er das rote Band (der Aids-Aktivisten) im Knopfloch getragen hätte." Das sagt einer, der Demokrat ist und Jude, und vor allem einer, der sich früher gegen homophobe Wahlkampf-Parolen wie „Stimmt für Cuomo, nicht den Homo" zur Wehr zu setzen hatte.

Kochs Stunde, diese Mischung aus Mutterwitz und politischem Tumult, hat Erfolg auf einem Markt, der seit 1987 brummt wie kaum ein anderer. In jenem Jahr schaffte die Reagan-Regierung die Fairness-Klausel für Rundfunksender ab. Radio mußte nicht länger ausgewogen sein. Seither hat sich die Zahl der Quasselsender verfünffacht – nun plappert und zetert es lautstark auf tausend verschiedenen Stationen.

Nun beweist Radio wieder, daß es das intensivste aller Medien ist. Es läßt sich so einfach konsumieren. Es hat Macht über die Gefühle. Es kann mit geschlossenen Augen genossen werden. Es kann sich alles erlauben, die geflüsterte Beichte ebenso wie die gebrüllte Beleidigung, alles im Schutz anonymer Körperlosigkeit. Es ist hypnotisches Worttheater, Kopftheater, nichts als Stimme – pure Magie.

In den dreißiger Jahren hat diese Magie die Nation in ihren Bann geschlagen. Mit seinen aufmunternden Kaminfeuer-Monologen etwa inspirierte Franklin D. Roosevelt seine Landsleute in der Großen Depression für den New Deal. Father Coughlin, der radikale Katholik, nutzte das Radio, um die Nerven zu peitschen und gegen Juden und Kommunisten zu hetzen. Von seinem Tisch im Stork Club aus versorgte Walter Winchell „Mr. und Mrs. America und alle Schiffe auf hoher See" mit amüsantem Klatsch. Die ganze Nation war ein Dorf, das Orson Welles mit einem Science-fiction-Hörspiel über die Landung Außerirdischer in Panik versetzen konnte.

In den folgenden Dekaden verlegte sich Radio mehr und mehr auf Hitparadendudelei. Mit Talk-Radio hat es sich nun seinen Spektakelcharakter zurückgeholt – und seinen immensen Einfluß auf die Gesellschaft. „Radio ist ein Megaphon für Wut", sagt Jim Hightower, einer der wenigen Linken im Talk-Geschäft. „Nichts eignet sich besser, um innerhalb kürzester

Zeit eine Menge Hitze zu erzeugen." Der Moderator ist kein Vortragender mehr. Er ist Manipulator, Tröster, Einpeitscher. Er unterhält sich direkt mit Volkes Stimme. Talk-Radio ist Populismus in der reinsten Form, weil es mit der direkten Rückkoppelung, den Anrufen der Hörer, politisch Stimmung macht. Die Hörer wollen alles andere als ausgewogene Programme. Sie wollen Krach, und der erfolgreichste Krach kommt derzeit von rechts: Talk-Radio ist die Stimme der kulturellen Konterrevolution.

Die beiden meistgehaßten Personen im Talk-Radio-Geschäft sind, einer mehrjährigen Untersuchung zufolge, Bill Clinton und seine Frau Hillary. Abgeschlagen auf dem dritten Platz: Saddam Hussein. Vor allem seit Clintons Präsidentschaft hat Talk-Radio klargemacht, wie sehr die Politik zur Geisel von Meinungsumfragen, Popularitätswerten und Plapper-Shows geworden ist. Ob Kandidatenvorschläge für Regierungsjobs oder Gesetzesvorhaben wie die Gesundheitsreform: Talk-Radio und die Wählermassen, die es vertritt, brachte sie, mit rechts, zu Fall.

Die rechten Lautsprecher filtern den intellektuellen Neokonservativismus herunter auf einen plumpen Populismus, der bisweilen bizarre Blüten treibt. Da ist die Forderung der Radio-Stammtische, daß die Regierung sich aus ihren Angelegenheiten heraushalten solle. Prompt stellten sich im letzten Herbst republikanische Kandidaten mit dem absurden Versprechen zur Wahl, nichts zu tun. Sie gewannen.

Fernsehmann Peter Jennings verglich das Wahlverhalten vom Herbst zutreffend mit dem „Wutausbruch von Zweijährigen". Daß er sich dafür später bei seinem Publikum entschuldigte, beweist, daß Journalisten und Politiker sich manchmal durchaus ähnlich sind: Die Sorge um die Wahrheit wird nur noch übertroffen von der um die Popularität. Das populistische Geschnatter der Talk-Shows jedenfalls, so warnte Time jüngst in einer Titelgeschichte, ersticke jede ernsthafte Debatte und verführe dazu, aus „Slogans Gesetze zu machen".

Längst beeinflussen die Moderatoren die politischen Geschicke des Landes. Ed Koch ist stolz darauf, New Yorks Bürgermeister Rudolph Giuliani zum Sieg verholfen zu haben. In New Jersey mußte die blitzkonservative Gouverneurin

Christine Todd Whitman kürzlich den ordinären Mikrofon-Rülpser Howard Stern öffentlich auszeichnen – als Dank für dessen Radio-Unterstützung im Wahlkampf.

Whitman ist gegen Schund und Schmutz, Howard Stern verdient sein Geld damit. Trotzdem treibt er ihr Stimmen zu, weil er ihren Gegenkandidaten nicht leiden kann.

Von dem Mann aber, der auf WABC den Sendeplatz nach Koch mit einer Drei-Stunden-Show bestreitet, wird mit Recht behauptet, die Nation in den letzten zwei Jahren im Alleingang für die Konservativen gewonnen zu haben: Rush Limbaugh, der über 660 Radio-Stationen und eigene Fernsehsendungen auch die entlegenen Winkel des nordamerikanischen Kontinents erreicht.

Von dem republikanischen House Speaker und Kopf der neokonservativen Revolution, Newt Gingrich, hatten bis vor kurzem nur Eingeweihte gehört, aber Rush Limbaugh saß in jedem zweiten Wohnzimmer und gab seine Empfehlungen. 20 Millionen Amerikaner hören ihm täglich zu.

Limbaugh ist Anti-Glamour. Er hat Übergewicht. Seine Stimme ist zu hoch. Sein Pfannkuchengesicht wird auf Bierkrügen vertrieben. Er ist der Alptraum eines jeden kultivierten Linksliberalen, und er sieht haargenau so aus wie der Typ, der in den sechziger Jahren nie mitspielen durfte: zu dick, zu schlicht, falsche Klamotten, falsche Ansichten. Der Generationsdepp.

Dreißig Jahre später schleppt ihm Präsident George Bush den Koffer persönlich ins Weiße Haus. Limbaughs Bücher tragen Titel wie: „Ich hab's doch gleich gesagt." Natürlich führen sie die Bestsellerlisten an.

Wenn Limbaugh loslegt und etwa Feministinnen als „Feminazis" bezeichnet, die sich von Nashörnern nur dadurch unterschieden, daß sie „Holzfällerjacken" trügen, dann nicken die Fernfahrer der Nation und geben Gas: „Ditto!" Doch auch Teenager rufen ihn an, Beavis-und-Butt-head-Typen, die Limbaughs misogyne Witze „cool" finden.

Eine Zeitlang etwa pflegte er Anruferinnen, die sich für das Recht auf Abtreibung einsetzten, mit Staubsaugergeräuschen zu übertönen. Erst von seiner Frau, die er liebevoll seinen „Jaguar" nennt, ließ er sich das ausreden.

Limbaugh bestreitet, eine politische Mission zu haben. Er sei nicht Politiker, sondern Entertainer. Das stimmt. In seiner Sendung liest er Werbespots für Atemfrisch-Bonbons mit der gleichen eindringlichen Hektik vor, mit der er sich über „Hillarys Ehemann“ ausläßt. Limbaugh, die reaktionäre Stimmungskanone: In einer Zeit, die den Glauben an eine Verbesserung der Verhältnisse nicht mehr aufbringen kann, sind politische Überzeugungen in erster Linie Show-Nummern – Talk-Radio hat ein zutiefst ironisches Verhältnis zur Welt.

An diesem Vormittag, nachdem Ed Koch sein vorläufig letztes Wort zur Immigrantenfrage gesprochen hat, nimmt Limbaugh im WABC-Studio gegenüber dem Madison Square Garden Platz und krempelt die Ärmel hoch. Während Kochs Sendung mit einer jazzigen „New York, New York“-Version eingeleitet wird, kommt Limbaughs Sendung mit einem plattfüßigen, schweren Steelguitar-Blues herangetrampelt.

Überall im Land haben Restaurants „Rush Rooms“ eröffnet, in denen die Kunden beim Mittagessen Limbaugh lauschen können. An diesem Mittag, wie an so vielen anderen zuvor, geht es um Finanzspritzen für Mexiko, Geld für Entwicklungshilfe – ein Lieblings-Wut-Thema für die gemütlichen Xenophoben aus der Provinz, die sich so gern das Heartland nennt.

Gleichzeitig ist es eines, das den grassierenden politischen Analphabetismus im Lande illustriert: Rund 75 Prozent aller Amerikaner lehnen einer Studie der Universität von Maryland zufolge Hilfe für andere Staaten ab. Wie hoch, so wurde in der Studie weiter gefragt, wohl der Anteil der Entwicklungshilfe am Gesamtbudget sei? Die Durchschnittsantwort: 18 Prozent.

Tatsächlich aber macht Entwicklungshilfe weniger als ein Prozent im Staatshaushalt aus. Die meisten Wähler, so stellt sich heraus, sind nicht einfach falsch informiert, sondern gar nicht mehr. Das Ergebnis: eine von Limbaugh und Co. geförderte ignorante Stimmungsdiktatur, vor deren Launenhaftigkeit die Politik zu kriechen sich angewöhnt hat.

Auch an diesem Radio-Mittag gilt: Wer keine Ahnung hat, bildet sich statt dessen eine Meinung. Und die wird glühend vertreten, von Dennis aus Florida und Jim aus New Jersey, und alle finden das gleiche: daß das Geld für die Latinos oder die Russkis bei ihnen besser aufgehoben wäre. Ditto!

Das Programm von WABC ist eine Reise durch alle Schattierungen des Neuen Konservativismus: von light bis filterlos. Der Arbeitstag beginnt mit Ed Kochs Stimme der Vernunft. Die Lunchpause gehört Limbaughs gemütvollen Gemeinheiten. Doch später, wenn der Tag in den Abend kippt und der Straßenverkehr zähflüssiger wird, herrschen Bob Grant und die hypnotische, böse, rassistische Beleidigung.

Bob Grants idealer Hörer ist weiß, konservativ und steckt im Stau vor dem Lincoln-Tunnel. Er hat seit 20 Jahren keine Lohnerhöhung bekommen. Sein Sohn ist von der Schule geflogen. Und gerade hat sich irgendein feiner Pinkel mit seinem Angeberschlitten vor ihm in die Lücke geschoben. Hinter ihm hupt ein pakistanischer Taxifahrer. Er spürt, wie die Wut in ihm aufsteigt, so sehr, daß er sie schmecken kann, und er weiß, daß er verloren ist. Und aus dem Radio kommt Bob Grants schleppende, bittere Stimme, die von den schwarzen Killern und ihren weißen Opfern erzählt, von O. J. Simpson und dem Eisenbahnmörder Colin Ferguson und dem Crack-Kid mit der Uzi. „Sie sind frech und ohne Reue, weil sie denken, sie seien im Krieg, und sie sind dort draußen, um dich zu kriegen, und dich, und dich, und dich …“

Wer Bob Grant hört, versteht, warum die Radiostation WABC sich Gedanken über die Sicherheit ihrer Angestellten macht. Vor der Tür hält ein Uniformierter Wache. Die Rezeptionistin sitzt hinter Panzerglas. Festgeschraubte Bänke im Vorraum. Der einzige Schmuck ist eine Plakette an der Wand, die dem Sender für die „Förderung des interkonfessionellen Dialogs“ von der katholischen Kirche zugeeignet wurde.

Bob Grant ist ein überraschend zarter, alter Herr, der in seinem braunen Leinenanzug fast ertrinkt. Cremefarbenes Hemd, harter gestärkter Kragen mit scharfen Kanten, die sich in den faltigen Hals bohren. Im rechten Ohr steckt ein Hörgerät. Er lächelt freundlich, während er an den Schreibtischen eines Großraumbüros vorbei dem Studio zustrebt.

Einer schwarzen Mitarbeiterin ruft er Grüße zu. Sie antwortet mit einer Kußhand, ausgerechnet ihm, der schwarze Wohlfahrtsmütter gelegentlich als „Maden“ bezeichnet und den ehemaligen schwarzen Bürgermeister David Dinkins als „Klowärter“ schmähte und der Anrufern, die nicht mit ihm übereinstimmen, rät, „mit Rasierklingen zu gurgeln". Grant, eigentlich: Robert Gigante, betreibt das Geschäft seit 1949. Er hat sich an der Westküste als Plattenaufleger durchgebracht, hat vier Kinder in die Welt gesetzt, hat sich scheiden lassen und ist an die Ostküste gewechselt. 1984 stieß er zu WABC. Er hat die müde Lässigkeit eines Unterhaltungsprofis, der jeden Tingel-Schuppen des Landes von innen kennt.

In Wahrheit, sagt er, sei er natürlich kein Rassist. Eher ein moderner Galileo Galilei, der den Mut zur unbequemen Wahrheit habe. Zum Beispiel der, daß Schwarze intelligenzmäßig schlechter abschnitten als Weiße. „Dabei bin ich mit einigen Schwarzen durchaus befreundet", sagt der Intelligenzler Grant. Sein Mund sieht aus, als habe er sich gerade über einem Insekt geschlossen, das er sich mit der Zunge aus der Luft geangelt hat. An seiner linken Hand funkelt ein Ring mit dem Dollarzeichen aus Diamanten, die aussehen wie Straß. „Den trage ich manchmal, um mich selber zu beeindrucken."

Es ist alles nicht so gemeint, sagt sein Lächeln. Sind wir nicht alle im Showbiz? Und ist die schärfste Nummer heutzutage nicht der Haß? Dann analysiert er ohne alles Getue die Anrufer in Sendungen wie der seinen als Soziopathen, als oft kontaktgestörte Menschen, welche die Anonymität im Äther zum perversen Flirt mit den Massen nutzten. „Ohne sie geht es aber nun mal nicht."

Die Regel sind Zustimmungsanrufe – Hysteriker wie Jay aus Manhattan, der gegen „sexuell Perverse" eifert, oder tödlichruhige Typen wie Paul aus Holtsville, der sich kürzlich an „alle Weißen, die jetzt zuhören", wandte: „Es ist Zeit, daß ihr eure Knarren ölt. Weil, es geht los. Das ist alles. Mehr sag' ich dazu nicht."

Nein, ein Rassist ist Bob Grant nicht. Aber er ist dafür, Amerika, dieses wunderbare Land, an seine Ureinwohner zurückzugeben. Damit meint er nicht etwa die Indianer, sondern Leute wie sich selber, denn er ist in Chicago geboren und nicht aus irgendeinem dunklen Elendsland erst gestern über die Grenze gerobbt, mit dem Anspruch, auf Kosten gottesfürchtiger Amerikaner durchgefüttert zu werden.

Höflich und formvollendet verabschiedet er sich, um sich auf die Sendung vorzubereiten. Was er von seinem Talk-Radio-Kollegen Ed Koch hält? „Er ist niedlich.“ Aber Koch hält ihn für vulgär. „Hat er das wirklich gesagt?“ Grant schüttelt den Kopf. Dann macht er eine wegwerfende Handbewegung. „Wer ist schon Koch? Ein ehemaliger Bürgermeister. Ein sehr ehemaliger.“

Programmdirektor von WABC ist John Mainelli, ein jugendlicher Mittvierziger mit Baseball-Mütze und Jeans-Hemd, der in seinem Kippsessel wippt und sichtbar stolz ist auf das, was er erreicht hat. Als er WABCs Programmchef wurde, lag der Sender auf Platz 30. Heute ist er der größte der Nation. „Wir sind polemischer, zugespitzter als der Rest, das ist der Unterschied.“

Ob das Programm auch seinen Überzeugungen entspricht? „Überzeugungen?“ Er lächelt ungläubig. „Dafür werde ich nicht bezahlt.“ Meinungen sind Job der anderen. Er sorge lediglich dafür, daß sie sie haben können. Der rhetorische Krawall ist nämlich, aus Sicht der Geschäftsleute, eine zweischneidige Sache: Er schafft Quoten, aber er kann auch Kunden verprellen.

Als gegen Bob Grants Radio-Show demonstriert wurde, als selbst die Gouverneurin sich weigerte, weiterhin bei ihm aufzutreten, zogen große Kunden ihre Anzeigen zurück. „Aber wir haben Kurs gehalten“, sagt Mainelli befriedigt. „Und sie kommen alle wieder.“ Er beugt sich keinem Druck. Das hat er schon damals in San Francisco so gehalten, Ende der sechziger Jahre, als er Radio für die linke Subkultur machte.

Warum das kontroversere, erfolgreichere Radio heutzutage konservativ sei? „Weil die Linken keinen Humor haben.“ Trotzdem hofft er – es gibt immer Ausnahmen –, Mario Cuomo, den linksliberalen Ex-Gouverneur von New York, für seinen Sender zu gewinnen. Cuomo, der seinen Job nicht zuletzt wegen der Programme von Limbaugh und Grant verlor, könnte ihr Kollege werden. „Cuomo“, lächelt Mainelli, „das hätte Witz.“

Zum Abschied entschlüpft dem Chef des größten und reaktionärsten Radiosenders der Nation ein verblüffendes Geständnis: Von allen Politikern bewundert er den Erzliberalen Jimmy Carter am meisten. Dann führt er aus, was er an ihm so schätzt: „Er ist echt. Er ist intelligent. Und er glaubt an das, was er macht.“ Liegt so etwas wie Sehnsucht in seiner Stimme?

26 SCHLAMMSCHLACHT UNTER IDOLEN
Der Sorgerechtsstreit zwischen Mia Farrow und Woody Allen

Dezent geschminkt, in einem gedeckten Kostüm, ließ sie sich auf einem der begehrten Plätze nieder. Erst jetzt hatte der Prozeß, der bis dahin einfach nur eine bösartige Posse war, die höheren Weihen einer politischen Auseinandersetzung, jenes Aroma aus Chanel Nr. 5 und Kämpfertum, das spezifisch für Manhattans linksintellektuelle Elite ist: Gloria Steinem, die Päpstin des amerikanischen Feminismus, begab sich in den schäbigen Verhandlungssaal des Supreme Court, um der Schlammschlacht Farrow gegen Allen beizuwohnen.

Natürlich saß sie dort, wo normalerweise die miesen Alimente-Schlachten der Unterklasse ausgefochten werden, nicht einfach nur als Neugierige. Sie sei erschienen, erklärte sie, um Mia Farrow in ihrem Kampf zu unterstützen, sie und „alle Frauen, die um das Sorgerecht ihrer Kinder streiten". Mia Farrow – eine leidende Lichtgestalt der Frauenbewegung? Immerhin: schwesterlichen Beistand konnte sie gut gebrauchen.

Angeschlagen war sie in der letzten Woche in die Kreuzverhöre des Allen-Anwalts Elkan Abramowitz hineingegangen, und die Wetten im Gerichtssaal standen schlecht. Zuvor hatte Woody Allen ihre Anschuldigung, er habe sich an der gemeinsamen Adoptivtochter Dylan sexuell vergangen, mit Hilfe eines Gutachterteams als Hirngespinst entlarven können. Ja, die böse Vermutung lag nun nahe, daß Mia Farrow die 7jährige Tochter Dylan, der eine übergroße Phantasie attestiert worden war, zu ihrer ehrvernichtenden Aussage gegen den Vater manipuliert habe.

Woody Allen wirkte so sympathisch zappelig wie nur in seinen früheren Filmen, und nicht selten gab es Gelächter von der netten Stadtneurotiker-Art. Des weiteren kamen ihm die Aussagen der gemeinsamen Therapeutin zu Hilfe: Dr. Susan Coates, die es irgendwann für ihre Pflicht gehalten hatte, Woody Allen von Besuchen auf dem Farrow-Anwesen in Connecticut abzuraten, da Morddrohungen gegen den Regisseur gefallen seien. „Ich steche ihm die Augen aus", soll Mia Farrow gedroht haben, „ich bringe ihn um."

Wieder einmal war der bizarre Valentins-Gruß zur Sprache gekommen, den die Schauspielerin an Allen schickte – ein Familienfoto, auf dem Gulaschspieße die Herzen der Kinder und ein Steakmesser ihr eigenes durchbohrten. Auch ihre Äußerung, einer ihrer ehemaligen Ehemänner habe sich anerboten, „Woody Allen die Beine zu brechen", machte keinen sehr günstigen Eindruck auf die Öffentlichkeit.

Doch in der letzten Woche konnte Mia Farrow Punkte sammeln. In einem Prozeß, der von den Kolumnisten und Gerichtsreportern mittlerweile wie eine gelungene Broadway-Produktion besprochen wird, gibt es offenen Applaus etwa für die Garderobe der Farrow. Schwarzes Samtjäckchen, weiße Bluse, Schottenrock – „mädchenhafter Schick", urteilen die Prozeßbeobachterinnen der Journale beifällig.

Sanft antwortet sie dem Allen-Anwalt, einem Hühnen von nahezu zwei Metern Körpergröße, und sie wirkt unter seinen bohrenden Fragen sympathisch schwach, geradezu viktimisiert.

Ja, gibt sie zu, sie habe Soon Yi, ihre Adoptivtochter und gleichzeitig triumphierende Rivalin um die Gunst Allens, auf den Kopf und ins Gesicht geschlagen, doch sie fügt leise hinzu: „Ich bin nicht sehr stolz darauf."

Und dann erzählt sie in merkwürdiger Unschuld von einem durch und durch verkorksten Psycho-Alltag, der vor allem von den Phobien eines reichlich rücksichtslosen Regisseurs beherrscht wurde, und den klammernden Manupulationen einer Schauspielerin-Mutter, die Kinder sammelte wie andere Porzellanvasen. Mias Geschichte erzählt von dem durchtherapierten Alltag einer umschwärmten Star-Familie, und siehe, es ist ein Horror-Trip.

Wie selbstverständlich wird in diesem Alltag ein Psychiater auf den zweijährigen Sohn angesetzt, der unter „Beziehungsunfähigkeit" zu einem selten anwesenden Vater leide. Derselbe Vater wiederum wartet stundenlang vor der Klassentür seiner Lieblings-Tochter, weil sie Trennungsängste habe.

Auch daß dieser Vater wegen einer „Hirsche-Phobie" nicht bei der Familie auf dem Lande nächtigen möchte, sowie wegen einer „Dusch-Phobie" schweißtreibenden Sport mit seinem älteren Sohn ablehnen muß, gehört zu diesem Alltag, und plötzlich ist das alles gar nicht mehr komisch, sondern nur noch traurig und ermüdend. – Für die meisten Kolumnisten ist Woody Allen nun ein „Schmock", ein Egozentriker, ein übriggebliebener Psychofreak, und mit ihm und Mia steht der antiautoritäre liberale Lebensstil der siebziger Jahre vor Gericht. Ein Milieu, das in unzähligen Filmen liebevoll ausgepinselt wurde, wird als Lüge enttarnt.

Da ist plötzlich nur noch ein ratloser Vater, der das Sorgerecht über einen Sohn anstrebt, der ihm, von den rachsüchtigen Manipulationen der Mutter vergiftet, den Tod wünscht. Da ist eine Mutter, die mit bedenkenlosen Vorwürfen des sexuellen Mißbrauchs an die Öffentlichkeit geht, um diesen Vater weiterhin öffentlich zu ächten.

Da ist der verlogene Psychojargon der Gutachter, da sind die Verkrümmungen eines Prominenten-Alltags, in dem auf Fingerschnippen mal kurz „eine Million über den Tisch geht". Ein Alltag, in dem Kinder, die Unterschriften fälschen, allenfalls mit einer Doppelsitzung beim Therapeuten bestraft werden.

Doch tatsächlich stehen neben Woody Allen und Mia Farrow auch die „shrinks" vor dem Tribunal: Über sie, die gutachternden Psychiater, können die Kolumnisten nur noch Hohn ausbreiten. „Frage einen Gehirnklempner, wie es ihm gehe, und er wird zurückfragen: Warum wollen Sie das wissen?" meinte die Kolumnistin des Boulevardblattes „Newsday" genervt nach der Befragung der Psychiaterin Dr. Coates.

Dr. Coates hatte sich im Kreuzverhör dafür ausgesprochen, daß Woody Allen zumindest Zugang zu seiner Tochter Dylan erhalten solle, worauf Mia Farrow in Tränen ausgebrochen war. Sodann war die Psychotherapeutin von dem Richter Elliott Wilk gefragt worden, welchem der beiden Elternteile sie das Sorgerecht über die Kinder zusprechen würde. „Ich glaube", antwortete Dr. Coates im allerschönsten Psychiater-Sprech, „es ist von entscheidender Bedeutung, daß darüber wirklich gründlich nachgedacht wird, und ich empfinde sehr deutlich, daß ich von meinem gegenwärtigen Erkenntnisstand her nicht wüßte, was ich tun würde."

Klarer äußert sich da schon Gloria Steinem. Für sie ist der Kampf Mia Farrows ein Kampf der Frauen gegen die Kinderschänder dieser Welt. Wie schön, daß es wenigstens eine gibt, die enau weiß, welche Seite die gute ist, und welche die böse.

27 TÄNZER GEGEN KILLER

Der koreanische Billard-Weltmeister Sang C. Lee

Dieser Teil der Roosevelt Avenue in Queens ist Rotlichtmeile. Oben donnert die U-Bahn, und unten, an den eisernen Trägern, stehen die Nutten vor Beauty-Salons und Bars, in denen es keine Droge gibt, die es nicht gibt. Das Geschäft ist fest in kolumbianischer Hand – bis auf dieses zweistöckige Eckhaus, auf dem koreanische Schriftzeichen flackern.

„Wir sind einfach in die gefährlichste Gegend gezogen", sagt Sang C. Lee. „Und es hat sich herausgestellt, daß sie am sichersten ist." Das ist, sozusagen, erfolgreich über Bande gedacht: Kein Mensch käme auf die Idee, hier, in Little Bogota, Ärger zu machen, weil jeder damit rechnen muß, daß der andere eine noch größere Knarre mit sich herumträgt.

Im übrigen wird Sang Lees Laden als neutraler Boden, als eine Art Uno-Sicherheitszone, respektiert. Er hat das feinste Etablissement der Gegend. 20 Billardtische, 8 davon Karambolage, feine importierte Ware, Verhoevens aus Belgien. Nach jeder Partie werden die Tuche gesaugt, die Kugeln geputzt. Sang Lees Frau steht hinter dem langen Tresen mit der Trophäensammlung und gibt Nudelsuppe und Hot dogs aus, und er leert die Aschenbecher – Sang C. Lee, der Weltmeister im Dreiband-Billard.

Sang Lee, der Ami aus Korea, hat die WM-Trophäe nach 40 Jahren zurück in die Staaten gebracht. Dreiband-Billard, die Königsdisziplin, war hier fast ausgestorben – alle spielen nur noch Pool. Pool ist amerikanisch. 30 Millionen spielen es. Pool ist direkt und schnell und konsumistisch. Fast jeder Stoß wird belohnt.

Beim Dreiband, bei dem der Spielball über drei Banden muß, bevor er die zweite Kugel karamboliert, sind dagegen Mißerfolge die Regel. Dreiband ist die Disziplin für Leidensspezialisten und Sublimationskünstler, halb Schach, halb Variete, ein Sport für introvertierte Kulturen, für reglementierte Gesellschaften und Schlechtwettergebiete. Belgien und Holland, Japan und Korea – das sind typische Dreiband-Nationen.

Sang Lee, der vor sieben Jahren aus Seoul einwanderte, genießt die Freiheit der neuen Heimat, genießt ihre Pool-Kultur. „In Seoul mußt du stets für andere dasein, für die Verwandten, den Betrieb, die Freunde – hier bist du nur für dich selbst verantwortlich." Du spielst, du stößt, du lochst ein – und kassierst.

Erst spät, als 17jähriger, begann er zu spielen – in Korea war Billard, wie Alkohol, für Jugendliche verboten. „Man konnte von der Schule fliegen, wenn man in einer Billardhalle erwischt wurde". Koreanische Pädagogen fürchten nicht zu Unrecht den Suchtcharakter des Spiels mit den Kugeln – es ist ein fanatisch betriebener Massensport. Allein in Seoul gibt es 10 000 Billardhallen – in manchen Wohnhäusern sind gleich zwei Etagen für Billardtische reserviert.

Sang Lees Wechsel in die Staaten war nicht nur die Entscheidung für eine freizügigere Kultur, sondern auch ein billardtaktischer Zug. Um von Korea aus an der WM teilnehmen zu können, hätte er sich in asiatischen Qualifikationsrunden gegen die starken Japaner durchsetzen müssen. Von Amerika aus, wo er die letzten vier nationalen Meisterschaften gewann, ging das leichter. Anfang des Jahres war er, nach drei vergeblichen Anläufen, Weltmeister.

Während die europäischen Superstars wie der junge Schwede Torbjörn Blomdahl, der belgische Gigant Raymond Ceulemans oder Dick Jaspers von Sponsoren umworben werden, wartet Amerikas neuer Weltmeister noch auf Angebote. Der koreanische Multi Samsung hat vorgefühlt, noch zögernd. Doch Sang Lee verläßt sich nicht nur auf Prämien, die er im Profizirkus verdient. Sein Billardsaal wirft gutes Geld ab, und die Karaoke-Bar daneben erst recht.

Obendrein ist er sparsam. Er bewohnt mit Frau, Tochter und Tante eine bescheidene Dreizimmerwohnung im Koreaner-Viertel. Seine Eigentumswohnung an Manhattans Madison Avenue hat er vermietet. Die Lees ackern rund 14 Stunden am Tag, in allen möglichen Unternehmungen. Billard, Karaoke, Import/Export. „Wenn andere von Turnieren nach Hause kommen", sagt er, „fallen sie ins Bett – ich fahre vom Flughafen direkt zur Billardhalle." Das zahlt sich aus.

Mittlerweile kann er es sich leisten, ein eigenes hochkarätiges Turnier in seinem Etablissement auszutragen. Die „S & L

US Open" haben sich als Vorbereitungsturnier zur WM-Runde etabliert.

Bis auf den erkrankten Ceulemans ist die Loge der Dreiband-Könige vollzählig: der fahle Killer Blomdahl, der opernhafte Italiener Marco Zanetti, Jaspers, der holländische Punk, und vor allem Semih Sayginer aus Istanbul, der lacht wie ein Prinz und zaubert wie ein Dschinn – über Nacht hat er sich auf Platz fünf der Weltrangliste gespielt. Umlagert werden die Stars aus dem alten Kontinent in diesen zwei Tagen von Billardverrückten, von asiatischen und amerikanischen Fans, von neugierigen kolumbianischen Poolspielern, von Gamblern und von Groupies, die aus Michigan und Florida und Kalifornien gekommen sind.

Am Rande der abgetrennten Turnieranlage hat Queue-Fabrikant Ray Shuler seine Stöcke ausgebreitet. Schäfte mit Einlegearbeiten aus Elfenbein. Das Modell Ceulemans ist für 2500 Dollar zu haben. Der Picasso unter seinen Stöcken, der aussieht wie ein funkelnder afrikanischer Speer, kostet 9000 Dollar.

Shuler kann sich noch an die Tage von Willie Hoppe erinnern. Der amerikanische Dreiband-Superstar der dreißiger Jahre war ein Idol. „Damals gab es auch bei uns Säle mit 200 Tischen." Er ist sich sicher, daß Karambol-Billard auch in Amerika wieder kommen wird. „Hey", sagt er, „schließlich stellen wir jetzt den Weltmeister."

Walt Harris, ein pensionierter Baulöwe aus Florida, reist mit dem Billardzirkus umher und vermarktet sein „todsicheres System". Die Billardkirche ist in keiner Frage so gespalten wie dieser: Was macht einen Spitzenspieler aus? System oder Gefühl? Berechnung oder Intuition? Die Meister haben an die 100 000 Partien und Bilder gespeichert.

Mit seinem System verspricht Harris auch dem Laien den schnellen Erfolg. Seine Bücher handeln von Einfalls- und Ausfallswinkeln, von Gleichungen, von den Diamantenmarkierungen an den Banden und ihren Geheimnissen. Alle Spitzenspieler hätten ihm ihre Systeme verraten, selbst der große Ceulemans.

Mit seinen „todsicheren" Spieldiagrammen hat Harris gleichzeitig ein düsteres Kapitel der amerikanischen Billardgeschichte beendet. Eine Verschwörung. Jahrzehntelang, so Harris, hätten sich amerikanische Spieler von Willie Hoppes offiziellem System in die Irre führen lassen. Hoppe habe darin absichtlich Fehler eingebaut, damit ihm keiner auf dem grünen Tisch gefährlich werden konnte. Kein Wunder, so Harris, daß der amerikanische Nachwuchs in den folgenden Jahrzehnten in die Drittklassigkeit abrutschte. „Hoppe war ein finsterer Typ", meint er.

Der grauhaarige Bob Byrne, der ein passabler Trickspieler ist und öfter als Double in Hollywoods Billardfilmen eingesetzt wird, vertreibt eine eigene Reihe von Kunststoß-Videos. „Es gibt Süchtige, die können nachts nicht mehr schlafen, ohne daß sie sich ein Billardvideo reinziehen."

Harris' System hält er für „Scharlatanerie". Er steht zwischen den Schaulustigen nahe am Tisch eins. „Schau sie dir an", flüstert er, „sehen die etwa aus, als ob sie rechnen?"

Die – das sind Sang Lee und Marco Zanetti im Scheinwerferlicht der Kameras. Zanetti schreitet am Tisch auf und ab wie auf der Bühne der Scala. Sang Lee sitzt reglos auf seinem Hocker. Seine Lider sind halb geschlossen. Er sieht aus, als meditiere er, womöglich über einem unlösbaren Bild. Billard-Zen.

Zanetti verfehlt und schüttelt ärgerlich den Kopf. Sang Lee tritt an den Tisch, beugt sich nur leicht über das Bild, kalt wie ein Chirurg. Eine Routineoperation. Der Spielball karamboliert, zischt lang-kurz-lang über den grünen Filz und küßt den zweiten Ball. Noch bevor er ausgerollt ist, hat Sang Lee bereits Stellung bezogen für den nächsten Stoß. Nein – die rechnen ganz bestimmt nicht mehr.

Billardgeschichte wird an einem Nebentisch geschrieben. Dort spielt sich der Türke Sayginer in einen Rausch. Er tigert um den Tisch und stößt und löst den Blick nie von den Kugeln, er hat das Publikum längst vergessen, er kreidet und stößt wieder, und am Ende der Partie hat er einen Durchschnitt von 3,7 Points – Rekord auf amerikanischem Boden.

Vor der Endrunde liegen Blomdahl, Sayginer und Sang Lee an der Spitze. Bevor es ernst wird, gibt Sayginer eine Kunststoß-Demonstration, in der die Kugeln über acht Banden fegen, Bumerang-Kurven schlagen oder sich rollend an den Längsbanden festsaugen und insgesamt beweisen, daß Billard doch nichts mit Physik, sondern nur mit Magie zu tun hat.

Die anderen Spitzenspieler applaudieren. Sicher gibt es auch unter den Dreiband-Großwesiren Rivalitäten, doch gleichzeitig verstehen sie sich als verschworene Zunftgenossen, die sich gemeinsam einer Geheimwissenschaft, einer seltenen Kunst verschrieben haben und deren Fortschritte und Spitzenleistungen gemeinsam feiern.

Am späten Abend kommt es zur erwarteten Finalbegegnung: Der Schwede Torbjörn Blomdahl und Sang Lee spielen den Sieger aus – der amtierende Weltmeister gegen den Ersten der Weltrangliste. Der asiatische Tänzer gegen den tödlichen Attackenspezialisten aus dem Norden. Nun werden Rechnungen beglichen.

Torbjörn Blomdahl, der in der Nähe von Stuttgart mit seiner deutschen Frau lebt, begann mit fünf Jahren zu spielen. Mit zwölf schlug er seinen Vater, einen Meisterspieler. „Von da an konnte ich es mir nur noch selber beibringen.“ Blomdahl arbeitet Billard. „Andere schuften acht Stunden in der Fabrik“, sagt er, „ich stehe halt acht Stunden am Tisch.“

Die Wetten stehen gegen Sang Lee. „Der Koreaner ist zwar Weltmeister“, flüstert Nick, der aus Minnesota angereist ist, „aber Blomdahl ist eine Klasse für sich.“

Blomdahl gewinnt den Anstoß. Er legt eine Serie von fünf Punkten vor, bevor Sang Lee an den Tisch tritt. Lee verpaßt. Der Schwede atmet tief durch. Er trifft. Und marschiert. „Der versohlt dem Schlitzauge den Hintern“, murmelt Gustavo, ein argentinischer Fan.

Tatsächlich wirkt Sang Lee müde, als bewege er sich unter Wasser. Mit jedem Fehlversuch wird sein Schritt schleppender, lustloser. Gleichzeitig beginnt der Schwede zu zaubern, zu tanzen. Nichts lockert so sehr auf wie der Erfolg.

Am Schluß hat Blomdahl mit einem Durchschnitt von 3,3 Points die beste 50er-Partie seines Lebens hingelegt. Ob er Rache für Gent genommen hat, wo ihm Sang Lee die Weltmeisterschaftskrone vor der Nase weggeschnappt hatte? „Aber nein“, sagt er ruhig, „eine Partie ist wie die andere“, doch seine Augen leuchten zufrieden und satt wie die eines Königstigers, der ein Hirschkalb verdaut.

Es ist Mitternacht an der Roosevelt Avenue in Queens, als die Pokale und die Kuverts mit den Preisgeldern überreicht werden, von Sang Lee persönlich. Danach steht er am riesigen koreanischen Buffet, das seine Frau für Spieler und Gäste zubereitet hat, und schüttelt Hände und bedankt sich.

Wie ein Verlierer sieht er nicht aus. Er strahlt. Eine bessere Werbung als dieses Turnier kann es gar nicht geben – für seinen Laden, für Dreiband in Amerika.

Später, als die Queue-Könige in den Kombüsen seiner Karaoke-Bar von koreanischen Schönheiten versorgt werden, kommt im Billardsaal kurz noch einmal Spannung auf. Ein Schwarzer, der angetrunken herumtorkelt, macht sich überhaupt nichts aus Billard. Er macht sich auch nichts aus den mahnenden und drohenden Worten, die ihm von den Kolumbianern zugerufen werden. Das Problem: Er ist bewaffnet.

Bevor es zum Zusammenstoß kommt, löst Sang Lee lächelnd auch diese Stellung. „Das hat Billard mit dem Leben gemein", sagt er, während der Randalierer von drei kräftigen Koreanern hinaus eskortiert wird, „man sollte nie die Beherrschung verlieren."

28 EMPFANG BEI HOFE. LÜPERTZ, TIZIAN UND CO.

Besuch bei einem Malerfürsten

Vielleicht wäre eine Verabredung mit Tizian doch einfacher gewesen. Tizian ging nach Venedig, um Erfolg zu haben, und er blieb in Venedig sein Leben lang. Jeder, der Tizian besuchen wollte, wußte genau, wo er zu finden war, im Gegensatz zu Lüpertz, der auch Erfolg hat, aber mal hier ist und mal dort, mal in Berlin, mal in Karlsruhe, mal in Düsseldorf, schwer auszurechnen, schwer zu fixieren.

Auf der anderen Seite hat Lüpertz Telephon, Tizian nicht. Und Briefe hat Tizian, der Ölgott der Renaissance, nur selten beantwortet. Also müssen wir uns, wenn wir partout einen Malerfürsten besuchen wollen, an Lüpertz halten. Auf nach Düsseldorf, wo es um diese Jahreszeit ohnehin genauso regnet wie in Venedig.

Bevor sie Malerfürsten wurden, Tizian und Lüpertz, waren sie junge Männer, die berühmt werden wollten. Tizian bat im Jahre 1513 den Zehnerrat der Stadt Venedig, eine Schlachtenszene im Dogenpalast gestalten zu dürfen. Begründung: Er würde sich mit der Bewältigung dieser schwierigen Aufgabe gern „ein wenig Ruhm erwerben", oder, wie man in Venedig damals zu sagen pflegte: „... acquistar qualche poco di fama". Er erhielt den Auftrag und blieb dessen Ausführung über zwanzig Jahre lang schuldig, da er in der Zwischenzeit zu viele andere Aufträge aquiriert hatte.

Lüpertz war zunächst pflichtbewußter, wenn es um die Erfüllung öffentlicher Aufträge ging. Einmal riskierte er sogar sein Leben, damals, 1975, als er im Krematorium Ruhleben den Pinsel anlegte und nach getaner Arbeit nachts über eine Mauer stieg und auf die Auffforderung „Halt! Stehenbleiben! Hier ist die Polizei!" nicht reagieren wollte. Bis heute ist ungeklärt, ob die daraufhin abgefeuerten Schüsse tatsächlich von einem Streifenbeamten stammten, oder vielleicht doch von einem als Polizist maskierten Lüpertz-Sammler, der die Kurse seiner Lüpertz-Gemälde in die Höhe treiben wollte.

Doch zu Beginn seiner Karriere legte Lüpertz ohne Auftrag los, und, wie es sich für einen zornigen jungen Mann gehörte, ziemlich zornig und ziemlich großformatig. Lüpertz malte Ackerfurchen und Stahlhelme mit breitem Pinsel, und er nannte seine Bilder „dithyrambisch", was damals, in den sechziger Jahren unseres Jahrhunderts, noch keiner übersetzen konnte und somit ihm, dem Künstler, einen entscheidenden Vorteil gegenüber seinen Kritikern einbrachte. Was ist die Erfindung einer Rot-Tönung, des „Tizian-Rot", das heute aus jedem besseren Wasserfarben-Kasten glubscht, gegen die einer Vokabel wie „dithyrambisch"!

Mit Recht werden bereits hier einige Leser die Stirn runzeln. Was soll das, werden sie einwenden, Tizian und Lüpertz in einem Atemzug zu nennen – schließlich weiß jeder, und erst recht Lüpertz selber, daß er der Größte ist.

Doch uns geht es zunächst nur um einen methodischen Zusammenhang zwischen Lüpertz und Tizian, ganz ungeachtet der malerischen Qualitätsunterschiede, für die sie stehen. Denn beide werden von Kunstkritikern als „Malerfürsten" apostrophiert. Und bevor wir uns dem Hofe Lüpertz' nähern, wollen wir uns umschauen und uns mit der Ahnengalerie der Malerfürsten vertraut machen, mit ihren Vorlieben, ihren Marotten, wollen strategische Überlegungen anstellen und Theorie-Proviant aufnehmen, denn wir möchten dem Fürsten nicht unvorbereitet unter die Augen treten.

Wir haben bereits den Ruhm als wichtiges Kriterium des Malerfürstentums erkannt: den frühen Skandal, den Willen zum Ruhm, den Jakob Burckhardt bereits in Tizian arbeiten sah, weshalb er ihm „modernes Bewußtsein" attestierte, und den wir natürlich als Leser von Life-Style-Zeitschriften und flotten Kunstjournalen auch bei Lüpertz diagnostiziert wissen, weshalb auch wir ihm Modernität, oder zumindest Postmodernität, bescheinigen können. „Die Dithyrambik", meinte Lüpertz einmal, schon auf der Höhe seines Malerfürstentums, „war ein Mittel, um Aufmerksamkeit zu erregen."

Doch Ruhm allein genügt bei weitem nicht. Ruhm ist nur die goldene Wolke, die den Fürsten trägt, diesen von Gott eingesetzten Bevorzugten, der über der Menge thront, ein Einzelner („Das Neue an mir ist, daß es mich gibt", Lüpertz), der durch die der Welt zugewandte Seite seiner Herrlichkeit, durch sichtbares Gepränge, durch Hofstaat und Lebensstil, seine Fürsthaftigkeit täglich neu unter Beweis stellt.

Keiner käme auf die Idee, Caravaggio als Malerfürsten zu bezeichnen, obwohl auch der kein unbekannter Pinselstümper war. Caravaggio, ein steckbrieflich gesuchter Totschläger, war im Alter von 39 auf der Flucht vor seinen Häschern in der Sumpfgegend um Porto Ercole einer Infektion erlegen. So etwas tut ein Fürst nicht. Abgesehen von den Sümpfen, die ein Fürst selten betritt – ein Fürst lebt lange. Tizian wurde 99 Jahre alt. Und Lüpertz ist auch schon 52.

Ein Malerfürst kommt nicht als Fürst zur Welt – er ermalt sich sein Fürstentum. Lüpertz Vater, ein wohlhabender Industrieller, ging bankrott und traumatisierte seinen Sohn durch den Schock plötzlicher Armut. Auch Tizian, der einem eher schlichten Bergbauern-Idyll entstammte, lernte, daß Armut nicht adelt, sondern langweilt. Doch er wußte, sich zu benehmen, er war ehrgeizig, er hatte das untrügliche Gespür für die wichtigen Kontakte – und er verstand schon früh, daß ein

Malerfürst zunächst ein Fürsten-Maler ist. Dem Fürstenmaler legt der Fürst die Seele offen. Und er weiß, daß dieser, anders als die eigene Ehefrau, ihn nicht enttäuscht. Denn der Fürstenmaler ist ein Schmeichler. Tizian bildete die Gekrönten so ab, wie sie sich selber gerne sahen, er streichelte ihr Selbst-Image.

Er porträtierte VIPs wie den Dogen Andrea Gritti, Kaiser Karl V., Papst Paul III., Philipp II. von Spanien. Und er malte den wichtigsten von allen: Ottaviano Strada, den führenden Vertreter des neuen Berufsstandes der Kunsthändler. Strada sorgte für die Umsätze, die das aufwendige Malerfürstentum erst finanzieren halfen. Denn leider litten die sogenannten ersten Kreise, allen voran der Kaiser, an Amnesie, wenn es um die Überweisung der Honorare ging.

Tizian residierte bald in einem prächtigen Palazzo, und der Kaiser, wenn auch ein säumiger Zahler, garantierte seinen gesellschaftlichen Erfolg. Er machte ihn nicht nur zum Grafen und Ritter vom Goldenen Sporn, sondern sorgte auch für jene unsterbliche Malerfürsten-Legende, die seither von Generation zu Generation weitergereicht wird: Er, der Kaiser, soll sich nach einem Pinsel gebückt haben, den Tizian fallen ließ, um ihn aufzuheben für ihn, den Malerfürsten.

Schon hier muß dem Einwand begegnet werden, daß Markus Lüpertz' Oeuvre für das eines Malerfürsten viel zu wenige Kaiserporträts aufweist. Das aber liegt an dem naturgemäßen Mangel an brauchbaren Kaisern, kann Lüpertz nicht angelastet werden und folglich sein Malerfürstentum nicht schmälern. (Im übrigen hat sich die Zahlungsmoral gekrönter Häupter durch die Zeiten nicht gebessert: Die einzige Fürstin der letzten Jahre, die einem Maler saß, Fürstin Gloria von Thurn und Taxis, weigerte sich anschließend, das in Auftrag gegebene Gemälde zu entgelten. Der Maler war machtlos, denn Fürstin kam soeben von einem Crash-Kurs in Sachen Kunst bei ihrem Freund Jimmy aus New York zurück und konnte dem Künstler ins Gesicht schleudern: „Bittschön, eine Kunst ist das nicht.“)

Dennoch wollen wir die Frage nach dem Fürstenporträt für unseren Besuch bei Hofe nicht ausklammern und schon hier notieren.

Noch frappierender fallen die Gemeinsamkeiten zwischen

Lüpertz und jenem anderen Malerfürsten aus, der ein Jahr nach Tizians Tod, 1577, zur Welt kam: Peter Paul Rubens. Wie der Vater von Lüpertz hatte auch Rubens' Vater Pech. Ein gutsituierter Rechtsanwalt zunächst, muß er vor den in Flandern einfallenden Spaniern flüchten. Kurz darauf zieht die Familie um. Und wohin wohl? Nach – Köln, womit wir wieder bei Lüpertz wären! Rubens in Köln, und Lüpertz in Düsseldorf! Jeder weiß, daß die Strecke Köln-Düsseldorf bei freier Autobahn mit einem schnellen Mercedes, wie ihn Lüpertz fährt, in weniger als 30 Minuten zu bewältigen ist. Und Rubens' Wort von seiner „großen Liebe zur Stadt Köln" könnte auch von Lüpertz stammen, wobei lediglich „Köln" durch „Düsseldorf" zu ersetzen wäre.

Wie dem „dithyrambischen" Lüpertz ist auch Rubens zunächst (fast) jedes Mittel recht, um zur „öffentlichen Person" zu werden. So, wie Lüpertz mit seinen Bildern Ende der sechziger Jahre auf eine durch asketische Konzept-Kunst frustrierte, nach Bildern hungernde Käuferschicht traf, so füllte Rubens die nach dem calvinistischen Bildersturm leergefegten Kirchen mit neuen, sinnenfrohen Attraktionen für Altar und Kreuzgang. Und beide, Rubens wie Lüpertz, malten wie verrückt.

Ein Malerfürst, soviel können wir schon hier festhalten, zeichnet sich aus durch ein überbordendes Gesamtwerk, eine wild wuchernde Schöpfungsfülle. Womöglich war Rubens einer der ersten, der die Atelierproduktion industriell ausbaute. Er scharte Dutzende von Schülern um sich – wenn auch nicht Hunderte, wie Lüpertz, der Rektor der Düsseldorfer Kunsthochschule ist –, und er *ließ* malen.

Da er als Malerfürst mit den anderen Fürsten gut klar kam, wurde Rubens auch in diplomatischen Missionen eingesetzt. Und er hatte Erfolg: Er war maßgeblich an dem Friedensschluß zwischen England und Spanien beteiligt. Ob Lüpertz, der sich eher fürs Boxen interessiert, an Friedensschlüssen beteiligt war, entzieht sich unserer Erkenntnis – wir wollen ihn später, bei Hofe, danach fragen.

Fragen grundsätzlich nach seinem Verhältnis zur Politik – Malerfürsten scheinen hier, ähnlich wie Dichterfürsten, eine angenehme Zwischenlage anzustreben. Sie sind mittenmang –

aber sie ereifern sich nicht. Sie sind Monarchisten. Sie befinden sich in Übereinstimmung mit der Ordnung der Dinge. Sie bekleiden Funktionen und wissen sie für ihre eigenen Zwecke zu nutzen. Das Ziel ihrer Politik sind sie selbst und ihre Langlebigkeit.

Ingres, der 1780 geborene französische Malerfürst, war so einer. Ihm brachten die stürmischen Zeitläufte so wenig Blessuren ein, daß er noch im Alter von 71 Jahren frohgemut ein zweites Mal heiraten konnte. Franz Lenbach war ein anderer, der Malerfürst der deutschen Gründerzeit.

Seine Florentiner Villa in München hatte er zwischen Propyläen und Glyptothek gesetzt. So wohnte er Schulter an Schulter mit Fürstenkollegen wie Tizian, Rubens und Co., und er stattete seinen Palast mit den obligatorischen Renaissance-Decken, mit Marmor, Damast und Muschelgrotten aus. Ein eigenes kleines Elektrizitätswerk versorgte sein Haus als eines der ersten in München mit Strom, und späte Passanten, die Licht in seinem Atelier sahen, pflegten ehrfürchtig zu tuscheln: „Lenbach malt".

Womit wir wieder auf Lüpertz zurückkommen, den wir in den letzten Absätzen schmerzlich vermissen mußten: Auch Lüpertz' Atelier hat Strom, auch Lüpertz kann arbeiten, wann immer er will, und auch rund um den Düsseldorfer Moorenplatz hört man oft den Stoßseufzer: „Er malt schon wieder."

Fast unnötig zu erwähnen, daß eine gepriesene Ausstellung Lüpertz' im Lenbach-Haus stattfand, das damit Schauplatz eines historischen Malerfürsten-Gipfeltreffens wurde.

Wenn ein Fürst stirbt, stirbt eine Epoche. Doch „wenn ein Künstler stirbt, stirbt eine ganze Welt". Das immerhin befand Alberto Moravia am Grab seines Freundes, des Malerfürsten Renato Guttuso. Guttuso starb 1987. Wir sind also in unserem historischen Abriß fast in der Jetztzeit, nur noch einige Querstraßen vom Hofe Lüpertz' entfernt, und können uns nur in Stichworten dieses einzigartigen Falles annehmen. Guttuso war ein „linker Malerfürst". Er war Senator und Kommunist. Er saß im ZK der KPI, wenn er nicht gerade in einem seiner Paläste saß, wo er seine livrierten Diener beim Pokern auszunehmen pflegte – der Fürst als Demokrat.

Zu seinem Nachlaß gehörte nicht nur das malerfürstentypische Riesenwerk, sondern auch ein unehelicher Sohn, der in einem spektakulären Rechtsstreit Anspruch auf sein Vermögen erhob. *Ein* unehelicher Sohn? Antonello Trombadori, Ex-Mitglied der KPI und Intimfreund Guttusos, weiß es besser: „Es gibt mindestens zwanzig. Jedermann weiß, daß Renato die Frauen sehr liebte." Womit wir endgültig bei Markus Lüpertz angelangt wären, am Düsseldorfer Moorenplatz, in der Nähe der Universität.

Während wir in die Strümpelstraße einbiegen, immer dem Schilde „Zum Studentenwohnheim" folgend, rekapitulieren wir, was wir von Markus Lüpertz wissen. Er wurde in Böhmen geboren (wie Dvorak und Dubcek), verbrachte die Jugend im Rheinland (Rubens!), begann seine Studien bei einem holländischen Kunstlehrer (Rembrandt!!), boxte zwischendurch (Caravaggio), arbeitete in einem Walzwerk (???), setzte die Studien in einem Kloster fort (Fra Angelico) und begab sich 1970 zur malerfürstentypischen Italienreise (Lenbach) nach Florenz (Uffizien). Heute bewohnt er vier Ateliers, drei Familien, 200 Hemden, 100 Krawatten, und er weiß: „Ich lebe bis zu einem gewissen Grad davon, aufzufallen, eine Ausnahmeerscheinung zu sein, und dies wird auch forciert und stilisiert."

Die langgezogene düstere Baracke war nur eine schlichte Mensa, bevor sie das Düsseldorfer Lüpertz-Atelier wurde. Es ist dunkel, doch wir wissen, daß der Meister mit einem einfachen Schalterdruck Licht erzeugen kann – „mehr Licht!", um kurzerhand noch einen anderen Geistes-Fürsten zu zitieren.

Er läßt auf sich warten. Sein Lieblingsschüler kocht uns einen Kaffee. Was er an Lüpertz so bewundert? „Erstens seine Art zu leben, zweitens seine Art zu malen." Der Assistent hat die Gunst des Fürsten bei einem Fußballspiel gewonnen, einer seiner Leidenschaften. Folglich ist an einen Pfosten das Foto von Günter Netzer getackert, nebst anderen kleinen Illustriertenbildern von Fürstenkollegen wie Mao, Richard Wagner, Macchiavelli. In der Küche, über einer Bauernbank, Kongo-Müller in Öl. Kongo-Müller sieht zufrieden aus.

Nach exakt 28 Minuten fliegt die Tür auf. Eskortiert von einem voluminösen Assistenten tritt Er herein. Er stürmt die Küche. Schwarzer Mantel, schwarzer Schlapphut. Nadelstreifen-Zweireiher. Die Manschettenknöpfe sind rund und groß wie Minigolfbälle, und natürlich sind sie aus Gold wie die Ringe und die Rolex-Daytona. Während Kongo-Müller ungerührt grinst, erbleichen wir. Soviel Gold!

„Negerkalle“, bemerkt der Gast und versucht, sich freizuräuspern, „Negerkalle hat gerade enorme Schwierigkeiten wegen einer Rolex bekommen.“ Negerkalle ist kein Maler, sondern ein Unterweltfürst aus Hamburg, aber natürlich kennen sich die Fürsten untereinander. „Die versuchen nur, ihm irgendwas anzuhängen“, sagt Lüpertz. „So blöd ist doch der Negerkalle nicht, daß er sich wegen einer geklauten Uhr in die Scheiße reitet.“ Self-made-Fürsten, die sich Dummheiten leisten, sind es nicht lange, weder in der Halbwelt, noch in der Kunstwelt.

Sieht sich Lüpertz als Fürst?

„Kommt drauf an, ob Sie das aus Haß oder aus Liebe fragen.“

„Aus einfachem Interesse.“

„Malerfürsten sind mittelmäßig. Ich bin aber leider ein meisterhafter Maler.“

„Wieso leider?“

„Weil sich darüber viele ärgern. Neun von zehn Leuten halten mich für ein Arschloch.“

Wir nicht. Wir mögen ihn, Lüpertz, den Malerfürsten: Graue Augen im glattrasierten Eier-Schädel, ein wenig halbseiden, ein wenig brutal, ziemlich eitel und von spielerischer Hinterhältigkeit. Er liebt den Luxus, und er spricht gern darüber. Er ist der Liberace der heftigen Malerei.

Schlechte Kritiken? „Ich weine darüber immer auf dem Weg zur Bank“, pflegte der millionenschwere Liberace lächelnd zu antworten. Ähnliches würde auch Kongo-Müller sagen, der fröhlich von der Wand schaut, Lüpertz erst recht, der sich durch Kritiken längst nicht mehr erschüttern läßt.

Sein Malerfürstentum ist eine der unterhaltsamsten Selbstbehauptungen der gegenwärtigen Kunstszene. Sie ist absolutistisch – l’etat c’est moi. Da heutzutage sowieso keiner mehr weiß, was ein gutes Bild ist und was ein schlechtes – was ist da logischer, als sich selbst als Normgeber zu setzen. Ich male gut. Ich bin ein Genie. Ich bin ein Fürst. Basta.

Daß er bisher kein einziges Fürstenporträt gemalt hat, liegt einfach daran, daß er bisher noch nicht dazu aufgefordert wurde. Er drängt sich aber auch nicht danach. Das Problem:

Seine Phantasie würde unterfordert, die Langmut des Porträtierten überfordert. „Stellen Sie sich vor, ich würde Kohl malen – das würde weder ihm noch mir gefallen." Die Politik ist ihm ohnehin herzlich egal. Alle engagieren sich in diesen Zeiten politisch, also tut er es nicht. „Meine Politik wäre ihre Abschaffung", sagt er, und Kongo-Müller grinst von der Wand.

Die koreanische Köchin hat Nudelsuppe, Rindfleisch und Gemüse auf den Tisch gestellt, bekömmliche Kost, die den Fürstenbauch nicht belastet. Lüpertz ist gut in Form. Er joggt, er boxt, er steht früh auf. Er liest morgens die Feuilletons, so, wie die Finanzaristokraten das „Wall Street Journal" lesen, ein wachsames Auge auf den Kurswerten, und auch an diesem Tag steht er in der Zeitung. Er hat seinen Austritt aus der Akademie der Künste erklärt, nachdem die Mitglieder der aufgelösten Ost-Akademie en bloc aufgenommen wurden. „Was soll ich mit dem Tübke in einer Akademie?" sagt er.

Welche Eigenschaft er, Lüpertz, bei sich selbst als fürstliche ausmachen würde? „Meine Großzügigkeit", sagt er, ohne nachzudenken, „meine an Dummheit grenzende Freigiebigkeit." Und er erzählt von einer Wohltätigkeitsveranstaltung, an der nicht nur der Münchner Bussi-Adel, sondern auch Kashoggi, der Fürst der Waffenhändler, teilgenommen hatte. „Die haben gerade mal 70 000 Mark zusammengekratzt – und ich alleine habe 140 000 Mark zugeschossen. Damit ist doch wohl klar, daß ich der einzig wahre Fürst in dieser Runde war."

Maler, fährt er fort, sind ohnehin die gebildetsten, großzügigsten und intelligentesten Menschen, und natürlich meint er die, die nicht seine Konkurrenten sind, also alle unbekannten und alle toten. „Und sie sind die reichsten", wirft der Gast ein. „Und die reichsten", echot Lüpertz.

Reichtum, Schöpferkraft und langes Leben – auf diesen Säulen ruht das Malerfürstentum. Reich ist Lüpertz, und seine Schöpferkraft ist geradezu beängstigend, wie er auf einem Rundgang durch sein Atelier beweist. Gerade erst hat er eine Serie von hundert Bildern fertiggestellt, nur, „um mal über ein bestimmtes Format zu arbeiten", und so stehen sie an der Atelierwand, Rahmen an Rahmen, Lüpertz meterweise, und keines davon soll weniger als 60 000 Mark einbringen. Wenn einer wie Lüpertz Leinwände bemalt, malt er Geld.

Und er möchte lange malen, und so lange leben wie keiner vor ihm. Der Gedanke an den Tod beunruhigt ihn wie alle Fürsten, und er erzählt eine Anekdote aus alten Zeiten dazu, deren Pointe ihm sehr gefällt. In seiner Predigt spricht der Priester vom Tode. „Wir sollten aber bedenken, daß jeder von uns sterblich ist", sagt er. Da fällt sein Blick auf den Fürsten, der in der ersten Reihe sitzt und mißbilligend die Brauen runzelt. Und der Priester bessert nach: „Fast jeder".

Nach zwei Stunden ist die Audienz bei Hofe beendet. Der Gast verabschiedet sich beglückt, beschenkt mit mehreren Katalogen und innerlich bereichert. Er tritt hinaus in den peitschenden Regen, der die Düsseldorfer Strümpelstraße in einen kleinen Canale Grande verwandelt hat, und er denkt sich, daß er letztlich doch in Venedig gelandet ist und meditiert über einen Satz, den ihm Lüpertz mit auf den Weg gegeben hat, und der durchaus von Tizian stammen könnte: „Es gibt keinen anderen Triumph als den Ruhm. Er garantiert den Bestand des eigenen Werkes für die Ewigkeit."

Ob er gleichzeitig eine Garantie gegen nasse Socken ist?

29 DAS ECHTE FEELING

Manager Paul Stoll und der Kampf um den neuen Menschen in Vietnam

Möglich, daß sie in friedlicher Absicht gekommen sind, die neuen Menschen. Auf jeden Fall ging es schnell. Wie ein Raumschiff, das über Nacht auf den Strand gesetzt wurde, liegt der luxuriöse Tropentempel unter Flutlicht, mit einem Swimmingpool, der türkis und rosa leuchtet in der samtenen Abendstimmung von Da Nang.

Ja, nun sind sie da. Kein Helikopterlärm, keine rumpelnden Panzerketten auf stählernen Schiffsrampen, keine gebrüllten Kommandos oder Flüche, sondern eine lautlose Invasion, mit huschenden, sandalentragenden Vestalinnen, die Gläser auf silbernen Tabletts balancieren, mit gedämpftem Geplauder auf marmornen Patios, und selbst die Aufpasser des Sicherheitsdienstes sind leise und höflich und tragen weiße Uniformen.

„Die Regierung weiß schon, was das beste ist für unser Land", sagen die Alten am My Khe Strand bei Da Nang, und sie versuchen, ihre Zweifel zu verbergen, sich und den anderen. „Letzte Woche war Madame Binh dort drüben zu Gast." Na bitte, selbst die Nationalversammlung, in der Madame Binh Abgeordnete ist, hat Vietnams erstes Luxus-Badeparadies politisch eingesegnet.

Ein neuer Riß geht durchs Land, doch diesmal verläuft er nicht zwischen Süd und Nord oder rechts und links, sondern mitten durch die Seele: Der neue vietnamesische Mensch ist da, und der alte muß weichen. Er muß, das verlangt die Kaderdisziplin. Die Führung empfiehlt dem Fußvolk eine paradoxe Wende: Parteitreue noch im Verrat der eigenen Geschäftsgrundlage, des Gleichheitsversprechens.

Die alten europäischen Götter werden zwar noch mitgeführt – Marx, Engels und Lenin gehören immer noch zum Referenzkanon –, doch ihre politischen Heilsversprechen sind im wesentlichen abgeräumt. Die alten Parteistrukturen haben die Zügel noch in der Hand, aber sie bemühen sich, wie ein moderner Aufsichtsrat zu operieren.

Die neue luxuriöse Ferienoase, das „Furama Resort", ist eine Geldmaschine für das mittelvietnamesische Da Nang. Gespeist wird sie vom Feind von gestern. Die 400 Angestellten der Anlage ernähren 400 Familien. Das Hotel wurde in Rekordzeit für 35 Millionen Dollar errichtet. Bald wird es erweitert, und das Erholungsheim für verdiente Parteisoldaten daneben, eine flache Wellblechbaracke mit Pritschen, muß abgerissen werden.

„Die Regierung wird uns sicher ein noch schöneres Heim schenken", sagt Pham Van Minh, ein pensionierter Bürokrat aus dem Norden, der sich zum Sprecher der Veteranen gemacht hat. Nguyen Thi Hu, die mehrfach ausgezeichnete Heldenmutter, legt ihr 82jähriges Gesicht in zweifelnde Falten und wendet sich wieder dem chinesischen Agitprop-Film zu, der im Aufenthaltsraum im Fernseher läuft. Der Kommunismus wird siegen, aber zuerst muß der Kapitalismus siegen – verstehe das, wer will.

Dang Ro, der Rollstuhlfahrer aus dem Altersheim, dem die Beine von einer Mine weggerissen wurden, kann sich noch genau erinnern, wie das früher hier war, als er in den Tunneln und Höhlen der Marmorberge lebte und nachts auftauchte und auf den Strand hinabsah, den die Amerikaner „China Beach“ nannten.

Hier, an der sanft geschwungenen Bucht, waren am 8. März 1965 die ersten amerikanischen Bodentruppen an Land gegangen. Hier hatten sie ihre „Rest and Recreation Facilities“ aufgebaut, an einem perlweißen Strand, dem Vietnam-Reporter Michael Herr ein ganzes Kapitel seines Klassikers „Dispatches“ gewidmet hat.

Jeder GI in der Region durfte während seines 13monatigen Einsatzes wenigstens ein paar Tage Urlaub am China Beach einlegen, Helden und Verwundete ein bißchen länger. Hier durften sie „kiffen, surfen, vögeln, ausnüchtern und tanzen“, das vor allem, so Herr, denn in der fensterlosen Cafeteria am Strand gab es „die beste Jukebox in Vietnam“.

Als die Amerikaner zehn Jahre später mit ihrer Jukebox und ihren Surfbrettern, ihren Bomben und ihren Verwundeten abzogen, wurde China Beach zur Falle: Tausende Vietnamesen flohen vor den kommunistischen Truppen an den Strand, sie rannten buchstäblich ins Meer und ertranken, Frauen mit ihren Kindern darunter, die niedergetrampelt wurden von Stärkeren bei dem Versuch, Plätze auf Flößen und Kähnen zu ergattern.

Während die Sieger in Umerziehungslagern aus ihren besiegten Mitbürgern neue Menschen zu formen versuchten oder sich zumindest an ihnen für die Kollaboration mit dem Gegner rächten, schoben Verzweifelte in mondlosen Nächten ihre Boote vom Strand und nahmen Kurs auf Hongkong – in eine andere Falle, denn wer die Zehn-Tage-Reise überlebte, kam dort für Jahre in Aufnahmelager, bis er wieder zurückgeschoben wurde.

Am anderen Ende der Welt, beim Feind, lebte China Beach fort, in Erinnerungen, in Filmen und Büchern. Ja, es war, als hätten die geschlagenen Invasoren diesen Ort für lange Zeit mit sich genommen, bis er wieder auftauchte dort drüben, als Seifenoper im Fernsehsender ABC, als Baby-Boomer-Dramolette um Army-Ärzte, blonde Schwestern, ausgeklinkte Soldaten: „China Beach“, die Serie zum Krieg, ein Quotenerfolg.

Und nun wird der Strand erneut erobert. „Wir wären verrückt, wenn wir den Mythos nicht vermarkten würden", sagt Paul Stoll, der deutsche General Manager des Furama Hotels. Er sitzt am Pool und schaut der untergehenden Sonne zu, die Blut über die Wellen gießt. Gerade hat er eine Delegation artiger vietnamesischer Journalisten verabschiedet, deren Sprecher den Geist der Völkerverständigung und des wirtschaftlichen Aufbaus beschwor.

Es ist Frieden, besonders an diesem Abend, doch aus der Erinnerung an den Krieg läßt sich Kapital schlagen. Man könnte Helikopter organisieren für die Veteranen aus Amerika und damit über die Bucht schweben, „die vietnamesischen Militärs würden da sicher aushelfen, da sind die locker", meint Stoll. Vielleicht sogar Wagners „Walkürenritt" über Bord-Lautsprecher einspielen, „das wäre das echte Vietnam-Feeling", aber das ist dann schon nicht mehr der Krieg, sondern der Film, der über ihn gedreht wurde, der Drogenirrsinn von „Apocalypse Now".

Noch bleiben die großen Gästegruppen aus, noch sondieren die Scouts großer Reiseagenturen das neue Urlaubsziel. Ein Stehgeiger spielt in der menschenleeren Lobby die Melodie aus „Dr. Schiwago". Ein Page poliert die kupfernen Verzierungen der Säulen, die den strotzenden Brüsten der Cham-Tempelfiguren nachempfunden sind, zärtlich und hartnäckig, bis sie blitzen und strahlen.

Vietnam, ein Urlaubsparadies besonderer Art. Stoll erinnert sich an die beiden Touristen aus Potsdam, die hier vorbeischauten. Die hatten nur Augen für den Wachturm, der in Hotelnähe steht. „Bevor die überhaupt aufs Meer geguckt haben", sagt Stoll, „sind die da rübergelaufen und haben die Wachsoldaten gebeten, mal hochklettern zu dürfen." Sie durften.

Sie durften sogar schießen – die Solidarität zwischen sozialistischen Brudervölkern ist noch längst nicht vergessen, und auf den offiziellen Postkarten, die am nahen Hai Van Paß verkauft werden, ist immer noch von den südvietnamesischen „Marionetten" der Amerikaner die Rede.

Verkauft werden diese Karten von kleinen barfüßigen Mädchen, den lächelnden Enkelinnen der Marionetten. Für sie ist der Krieg eine Erzählung aus alter Zeit, knapp die Hälfte der vietnamesischen Bevölkerung ist jünger als 25 Jahre. Ho tschi Minh – eine Sagengestalt aus alten Zeiten.

Stoll ist Spezialist. Seit Jahren eröffnet er im Auftrag eines Konsortiums aus Hongkong Luxushotels, meistens in Staaten, die Demokratie für eine westliche Verirrung halten. In Saudi-Arabien wohnte er Hinrichtungen bei. Im Bagdader „Al Raschid"-Hotel beschäftigte er Saddams Frontveteranen als Kellner, die mäkelnde Gäste „am liebsten über den Haufen geknallt hätten". Für die burmesische Junta leitete er gleich drei Hotels, und für die chinesische KP in Nanking ein Gästehaus. Rekrutierung des Personals war nie ein Problem.

Chinesische Studenten etwa wurden ihm nach dreimonatiger Kasernierung „gedrillt und gehirngewaschen" übergeben. Die angehenden Rezeptionistinnen und Kellner hatten gelernt, in Trainingshosen und weißen T-Shirts im Laufschritt an der Tribüne vorbeizutraben, zu paradieren und stillzustehen, die Augen links, entschlossen die Männer, ernst und schlank die Frauen, die schönsten der Provinz. Kapitalismus als Kampfauftrag: der neue Mensch – eine Sache des Trainings.

Stoll ist ein Hüne mit kultivierten Bewegungen und weichen Gesichtszügen jener Art, die in Hollywood-Filmen den Edelgangstern mit Halstuch reserviert bleibt: blendende Manieren und geheime Grausamkeiten, dekadente Ausschweifung und unmoralischer Fatalismus.

Er teilt mit Hanoi den Glauben an die Machbarkeit des neuen Menschen. Seine Bibel allerdings ist nicht Ho Tschiminhs Guerrilla-Doktrin, sondern Anthony Robbins' „Unlimited Power", wo die Grundsätze der Bewußtseinsmanipulation niedergelegt sind. Die hat er mit taoistischen Maximen zu einem persönlichen Bekenntnissystem ausgebaut: „Jeder Mensch ist programmierbar." Und seine vietnamesischen Angestellten sind auf dem besten Weg, diese programmierten Menschen zu werden.

Zweimal Duschen am Tag sei zur Selbstverständlichkeit geworden, frische Uniform und Deo ebenfalls, und jeder von ihnen sei nun in der Lage, laut herauszurufen: „Wir sind die Besten", jederzeit, sie, die am Anfang Schwierigkeiten hatten, Fremden in die Augen zu schauen.

„Am motiviertesten sind die Boat people", sagt Stoll. Die

Flüchtlinge, die in Hongkongs Auffanglagern jahrelang vegetierten, bis sie zurückgeschickt wurden, haben kaum etwas zu verlieren; vielen von ihnen werden normale Papiere bis heute verweigert. „Die haben bewiesen, daß sie Courage und Ehrgeiz besitzen."

Manche der Hochschüler aus Da Nang oder Hue hingegen hatten Flausen, hegten die Hoffnung, gleich im gehobenen Bereich einzusteigen in eine sozialistische Planstellenkarriere. Statt dessen heißt die Devise nun: ganz unten anfangen und vielleicht ganz nach oben kommen.

Die Haare der Männer sind nach Vorschrift auf vier Zentimeter gestutzt und die der Frauen hochgesteckt, und nun lächeln sie und rufen: „Wie ist das Schwimmen?" oder „Haben Sie tollste Zufriedenheit heute?" oder mit echtem Flehen: „Nehmen Sie bitte einen schönen Cocktail." Man arbeite noch an der Feinabstimmung, sagt Stoll. „Sie hätten die mal vorher sehen sollen."

Stolls vietnamesischer Partner, Luong Minh Sam von der regierungsamtlichen Agentur „Da Nang Tourist", ist voller Lob für seinen Freund aus Heidelberg: „Der Mann weiß, was er tut." Sam kommt oft herüber aus seinem Büro in Da Nangs Innenstadt, wo rote Solidaritätswimpel in Glasvitrinen Staub ansetzen. Früher galt als Tourismus, wenn befreundete sozialistische Delegationen in einem rissigen Betonklotz am südlichen Non Nuoc Strand empfangen wurden, den die Russen einst gegen Reislieferungen dort hingesetzt hatten.

Doch seit „Doi Moi", der vietnamesischen Perestroika, wird nach vorn gedacht, und hier, im Furama, hat die Vision Gestalt angenommen. Sam, Anfang 40, ein Überspringer in der Schule, Absolvent der elitären französischen Verwaltungsakademie Ena, ist ein Yuppie mit durchaus flexiblem Kommunismus-Verständnis: „Alle sollen reich werden."

Nicht die Ideologie, sondern der wirtschaftliche Erfolg zählt. Um so besser, wenn er auch noch auf der Linie liegt. Sam ist nicht nur Parteiarbeiter, sondern auch Unternehmer. Vor ein paar Jahren hat er eine Brauerei gegründet. Sein Spitzenbier heißt „Happy", und es ist der flüssige Kommunismus: „Es ist billig, es ist für die kleinen Leute, und es macht glücklich."

Womöglich setzt es sich sogar durch gegen die französische,

die belgische Edelkonkurrenz. Schließlich werden am China Beach nicht nur weitere Luxushotels geplant, sondern auch billigere Herbergen für die Rucksacktouristen. Bald wird es hier brummen wie in Bali, darin sind sich Sam und Stoll einig: Tourismus ist eine Wachstumsbranche mit gewaltigen Steigerungsraten. Mädchen gibt es schon jetzt genug, in Bars, die offiziell als Karaoke durchgehen, als Mitsing-Kneipen, um die Tugendwächter der Partei zu beruhigen.

Es sind Dutzende wie „Le Pub“ oder „Club International“, rabenschwarze Räume mit wummernder Musik, einem Taschenlampenkegel, der Schultern, Profile, Hände aus dem Dunkeln reißt, dazu die Stimme der Madame am Ohr: „Suchen Sie Gesellschaft?“

Irgendwann, da ist sich Stoll ganz sicher, wird man auch dieses Business nicht mehr nur der lokalen Mafia überlassen. Der neue Mensch ist vorurteilsfrei, unideologisch, angepaßt, arbeitsam und fröhlich. Mädchen gehören einfach dazu, sind sowieso Teil der vietnamesischen Folklore, oder nicht?

Jeder, auch Sam, kann ein paar Verse aus dem Nationalepos über die schöne junge Thuy-Kieu rezitieren, die in Freudenhäuser gerät und zwischen die Kriegsfronten, die unter Rebellen lebt, gegen Regierung und Okkupatoren kämpft, in Klöstern untertaucht und am Ende doch noch mit ihrem Geliebten vereint wird – in Thuy-Kieu erkennt sich die vietnamesische Seele wieder, die unsägliche Leiden erduldet und dennoch stolz eine wundersame Integrität behauptet.

Hier, in Da Nang, der engen Taille Vietnams zwischen Hanoi und Saigon, verlieren sich Ideologien ohnehin in einem magischen, farbigen Teppich aus Mythen und Legenden. In Hanoi wird Politik gemacht und in Saigon Profit. Doch in den Marmorhöhlen am China Beach werden Geschichten erzählt.

Flüsternd berichtet Phi, der Fahrer von Stoll, von einem Vietcong-Kämpfer, der auf der Flucht vor dem Feind durch einen Spalt in die riesige Haupthöhle sprang, die hoch ist wie eine Kathedrale. Seiner Seele gelten die Gebete und Beschwörungen ebenso wie der Buddha-Statue, der Marienfigur, den Gesichtern und Fratzen im Halbdämmer, die von farbigen Gesteinsadern in den Fels gemalt sind.

Stoll muß eine Ahnung davon haben, daß der neue Mensch

am China Beach nur ein Oberflächenprodukt ist, das weite innere Territorien unberührt läßt. Auf den Leinwänden und Seidenstoffen, die in seiner Hotel-Galerie hängen, zeigen sich ältere Mythen, Hoffnungen und Zerrissenheiten, die sich gegen jede Verwertung sperren.

Der Manager, Sammler lokaler Malerei, mag Bilder, die „happy" sind. Doch er ist smart genug, zwei Kunststudentinnen aus Hanoi zu verpflichten – und die schmuggeln echte Kunst an ihm vorbei an die Wände. „In Hanoi", sagt die Galeristin Huong, „malen Künstler zwei Sorten von Bildern: die für die Regierung und die für sich." Auch hier, in der Mitte, gebe es immer zwei Versionen: die für sich und die für Touristen. Einer wie Tu Duy, sagt sie, der malt nur für sich.

Tu Duy lebt in einem Dörfchen außerhalb von Da Nang, in einem Bungalow am Rande eines Reisfeldes. Die Menschen sind arm hier. Eine trockene Gegend. Ein Bewässerungssystem gibt es nicht, die Bauern sind auf Regenfälle angewiesen, „auf die Geschenke, die der Himmel macht".

Tu Duy ist Ende 40. Ein kriegerischer Haarschopf und Augen, die ständig in Wellen von Lachfalten ertrinken. Wer hätte das gedacht, daß irgendeiner tatsächlich Geld für seine Bilder bezahlt. Letztes Jahr stellte er in Paris aus. Madame Mitterrand kam zur Eröffnung. Sie wollte sein Lieblingsbild kaufen. Er überlegte kurz – ein neues Sofa wäre nicht schlecht, vielleicht sogar ein Moped. Doch alles hat seine Grenzen: Er sagte „non" und behielt sein Bild.

Sein 89jähriger Vater lebt mit der Familie. Er hat Hände, die groß und braun und rissig sind wie die Erde, die sie bearbeiteten. „Bilder kann man nicht essen", sagt er geringschätzig. Tu Duy lacht. Seit er zurückdenken kann, hat er gemalt, die Bäume, die Dorfwege, die Schönheit des ersten Grüns in den Feldern. Nie hat er eine Akademie besucht.

Der Krieg kam nicht in sein Dorf, und den Lärm der Bomber hat er gar nicht mehr wahrgenommen, wenn er malte oder meditierte. Ja, Tu Duy ist auf wundersame Art unbeschädigt geblieben, und schließlich, sagt er, komme es in der Malerei sowieso nie auf Politik an: „Es gibt keine linken oder rechten Bäume. Nur solche, in denen der Wind spielt, die Schatten werfen, die Früchte tragen."

Tu Duys Leinwände sind magische Erzählungen vom Lande, chagallhaft lustige Sprünge und stille Einkehrbilder. Sie zeigen Menschen nur in ihren Umrissen, man kann durch sie hindurchschauen auf Felder, Flüsse, Berge – es sind poetisch-farbige Luft-Menschen, die arbeiten und beten und atmen. „Nur darauf kommt es an", sagt er, „auf den Atem."

Am nächsten Nachmittag versammelt Stoll ein paar der Maler, deren Werke er in seiner Galerie ausstellt, an einer langen Tafel im Café Indochine seines Hotels. Tu Duy ist dabei.

Obwohl Bildersammeln nur ein Hobby von Stoll ist, wäre es unbefriedigend, wenn es nicht Geld bringen würde. „Ihr müßt professionell vermarktet werden", sagt der Manager. „Da muß ein Sponsor her wie Philipp Morris, und dann müßt ihr erst mal ordentliche Farben aus Deutschland bekommen." Die Farben aus Hongkong, das hört er immer wieder, sind den Künstlern zu grell. „Nächstes Jahr werden wir hier eine Kunstmesse organisieren, und dann geht die Post ab."

Die Gäste nicken bescheiden und eine Spur geistesabwesend, und Tu Duy, der kaum Englisch spricht, stochert konzentriert in der Reisplatte und findet den Fisch, der serviert wurde, prima.

Später treten alle hinaus auf die Terrasse am Pool, die wie das Deck eines Flugzeugträgers über China Beach hinausragt und den erhöhten Blick aus der Distanz erlaubt, den des Invasoren oder des Künstlers.

Tu Duy betrachtet die Erdnußverkäufer am Strand, die Liebespaare, die spielenden Kinder und die Alten vom Seniorenheim nebenan in ihren weißen Pyjamas, die gerade ihre Freiübungen machen, alle überglänzt von den Strahlen der späten Sonne und friedlich zusammengebunden in diesem goldenen Netz.

Verzaubert schaut Tu Duy auf das Idyll. „Den neuen Menschen wird es nie geben", sagt er, und er klingt erleichtert. „Aber neue Farben wären nicht schlecht."

30 DER SCHÖNE UND DAS BIEST

Der Sündenfall des britischen Herzensbrechers Hugh Grant

Die Schlagzeilen hatten das Format, das internationalen Katastrophen vorbehalten ist. Die Kommentatoren gaben sich fassungslos. Die Fotos zeigten das gramzerfurchte Gesicht der Lebenspartnerin, des auch im Schmerz überirdisch schönen Supermodels Elizabeth Hurley. Und der Schuldige zerknirschte sich in einer hastig verbreiteten Presseerklärung. Er habe, so bekannte das Leinwandidol Hugh Grant, eine „völlig kranke Tat" begangen. „Ich habe diejenigen verletzt, die ich liebe."

Totschlag? Diebstahl? Selbstmordversuch? Schlimmer: Der Schauspieler hatte sich um halb zwei Uhr morgens in seinem weißen BMW das besorgen lassen, was gemeinhin als „blow job" bezeichnet und in dieser Gegend Hollywoods mit 50 Dollar in Rechnung gestellt wird.

Sowas gilt gemeinhin als „schmutziger" Sex, im Gegensatz offenbar zu sauberem Sex, der in teureren Bordellen zu genießen ist. Schmutz aber ist nun mal die größte aller Kränkungen in der Fassadenwelt der Celebrities.

Die stets wachsamen Ordnungshüter des Los Angeles Police Department – vielmehr diejenigen, die derzeit nicht im O. J. Simpson-Prozeß aussagen müssen – hatten die Gefahr bereits im Kern erkannt, als der BMW-Fahrer auf dem Sunset Boulevard mit der Prostituierten Divine („die Göttliche") Brown über den Preis verhandelte.

Sie folgten dem weißen Schlitten, der die Sünde mittlerweile an Bord hatte, in eine Seitenstraße. Als Routiniers mit Gespür für Timing griffen sie erst ein, nachdem die Göttliche zugegriffen hatte. Demzufolge konnten sie beide Täter im wahrscheinlich entscheidenden Moment stellen. Er trug ein gestreiftes Hemd und eine bis zu den Knien heruntergezogene schwarze Hose, sie im wesentlichen nicht mehr als ihren Mund.

Gerüchte, daß es sich bei der Professionellen um einen Transvestiten gehandelt habe, konnten sofort zerstreut werden. „Wir haben es nachgeprüft", sagte einer der an der Verhaftung beteiligten Polizisten. „Sie war definitiv eine Frau." Der Straftatbestand: „Unzüchtiges Verhalten in der Öffentlichkeit". Mögliche Höchststrafe: 100 000 Dollar Buße und sechs Monate Gefängnis.

Nichts verachtet, nichts liebt das prüde Amerika, das Sex für Sünde hält und die Prostitution unter Strafe stellt, mehr als Sexgeschichten von Prominenten. Mit fasziniertem Ekel hängt die Öffentlichkeit vor den Schlafzimmern der Großen oder Bizarren, ob es sich um Michael Jackson, die Kennedys oder Joe Buttafuoco handelt, jener Automechaniker aus Long Island, der es zur White-Trash-Ikone gebracht hatte, als seine Lolita-Geliebte auf seine Ehefrau schoß.

Buttafuoco, der Prolet, war just einen Monat zuvor in Hollywood, an etwa der gleichen Stelle und in der gleichen Stellung wie Hugh Grant wegen des nämlichen Delikts verhaftet worden. Für ihn, um den es still geworden war, ein Segen: Prompt war er für Talkshow-Auftritte wieder interessant.

Daß es nun aber Hugh Grant traf, den smarten Briten und Herzensbrecher, erhöhte den Genuß. Um so mehr, als am nächsten Tag ein PR-Auftritt angekündigt war, auf dem der Star seine neue seifensaubere Familienkomödie „Nine Months" vorstellen wollte. Ein Sündenfall. Und damit beschäftigen sich heute nicht mehr Beichtpfarrer, sondern die wahren Profis für Gut und Böse: Klatschkolumnisten, Karriereberater und Teenager.

Letztere litten vor allem mit der schönen Lebensgefährtin des Stars, dem Fotomodell Elisabeth Hurley. So zart, so faltenlos, so kurvenreich. Grant selbst hatte ihr einst „die besten Dinger der Insel" bescheinigt. Und dann ließ er vor einem knallroten Mini die Hosen runter. Das war schlimmer als Sünde, nämlich: Klassenverrat.

Einen diskreten Treuebruch nach den Society-Spielregeln hätte man hingenommen. Aber nicht die billige, schmutzige, schnelle Nummer im Auto, die Hosen in den Knien, die dämliche Verhaftung, die Polizeifotos. In Wahrheit erregte nicht das ethische Delikt, sondern der ästhetische Absturz die Gemüter. Hugh Grant hatte seine Schöne mit dem Biest betrogen, das als „classie lassie" apostrophierte Klasseweib mit der schrillen, häßlichen 50-Dollar-Nutte.

Das Damenkränzchen der Klatschkolumnistinnen war vollzählig angetreten, um über die gewohnte Zierkissenstickerei hinweg zu zischeln, wie etwa die Plauderdame des New Yorker Newsday: „Einer wie er sollte sich bessere Nummern und bessere Frauen für seine sexuellen Fantasien besorgen können."

Ausgiebig kamen auch die Sex-Experten zu Wort, die Namen trugen wie Gwendolyn Goldsby Grant. Diese, eine „geschulte Psychologin", hatte Grants Sommerkommödie „Three Weddings and a Funeral" dreimal gesehen und war „beeindruckt von ihrer Tiefe". Nun wagte sie den Blick nicht nur in die Abgründe des Stars, sondern der Männer schlechthin: „Sie wissen einfach nicht, daß sie ihr wahres Selbst weder im Rücksitz eines Autos noch nackt am Strand finden können."

Immerhin: Kopfschüttelndes Verständnis für das Tier im Mann. Die von der New York Post befragten Teenager waren da wesentlich kompromißloser. Soll seine Freundin ihn zurücknehmen? Die jugendliche Tugendbrigade, immerhin das Feminat von morgen, war von kristallener Kälte: „Nie, selbst wenn sie 20 Jahre verheiratet wären." – „Der hat das doch schon vorher gemacht." – „Er muß die Konsequenzen spüren." – „Ich konnte den Kerl noch nie besonders ausstehen."

Die schmerzensreiche Schöne dagegen hatte ihren Supertypen vorläufig wieder in die Arme geschlossen. Er habe vor ihr gekniet, verrieten britische Zeitungen, ohne dabei weiter auf den Sitz seiner Hose einzugehen. Sie soll wütend gewesen sein, dann erschüttert, dann tapfer. „Ich stehe zu ihm", ließ sie verlauten.

Prosaischer sahen Hollywoods Betriebsnudeln den Fehltritt des Stars. Grants PR-Dame Sandy Rice glaubt nicht, daß der Leinwand-Magnetismus des Herzensbrechers durch den Vorfall gelitten habe. Heidi Parker, Chefredakteurin des Monatsmagazins Movieline, sieht sogar eine positive Image-Korrektur: „Er war wie Vanille-Eis. Jetzt ist er mehr von dieser Welt. Vorher war er nur ein englischer Schauspieler. Jetzt ist er wirklich Hollywood."

Mit anderen Worten: Grant ist endlich angekommen. Und die, die ihm dazu verholfen hat, ebenfalls – eine britische Gazette bot der „Göttlichen" Miss Divine Brown 250 000 Dollar für die Exklusivrechte an ihrer Geschichte.

STATT EINES NACHWORTS

Flucht nach vorn

Ruhm ist auch nicht mehr, was er mal war. Früher Schicksalsglück und Göttergeschenk, und ein Publikum, das alles ertrug: Sylvester Stallone als Maler und Lothar Matthäus als Schriftsteller und Demi Moore trotz oder wegen falscher Brüste. Wer einmal berühmt ist, das war die beeindruckende Lehre, kasssiert Applaus für jeden Haufen, den er macht. Ruhm – ein infantiler Allmachtstraum, ein Kinderparadies, in das jeder zurück will. Und, seit es das Fernsehen gibt, zurück kann.

Seit jeder berühmt sein kann und denkt, was auch die ohnehin Berühmten denken, nämlich, sie könnten dem eigenen, als bedeutungslos empfundenen Leben durch Bekanntheit Sinn einhauchen, bevor es im blöden leeren Alltag erlischt, seither also müssen sich Berühmtheiten Neues einfallen lassen.

Nun ist eine neue Spielklasse eröffnet worden: das Jammern über den Ruhm. Das Jammern erst unterscheidet die echte, die Mega-Berühmtheit vom Deppen aus Altötting, der seinen Traktor auf vier rohen Eiern parken kann. Der echte Ruhm, nennen wir es den Diana-Ruhm, ist der des gehetzten Tieres, eine Nummer, mit der die gehobene Illustrierten-Peepshow-Prominenz derzeit in Talkshows und bunten Blättern tingeln geht.

„Ich komme mir vor wie ein gehetztes Tier", sagt die frischgebackene Mutter Nadja Auermann im Interview einer Illustrierten – und posiert nackt auf dessen Titel. Hut ab vor den Kollegen. Auermanns milchschwere Brüste zeigen und gleichzeitig die schamlose Gier der Öffentlichkeit nach Auermanns nackten Brüsten geißeln, das hat Klasse. Der dreifache Verlogenheits-Rittberger.

Und da die Kollegen intelligent sind, soufflierten sie sich gemeinsam mit Nadja aus der eigenen Pfütze. Ob dieses Interview, dieser Fototermin eine Art Flucht nach vorne sei? „Ja", jubelte die dankbare Nadja, „so kann man es sagen." Und eifrig legt sie nach: „Ich dachte, wenn das Interessse besteht, wenn die Leute das wirklich möchten – gut, aber eben nur einmal und dann nie wieder."

Seither darf nach vorne geflohen werden, wobei darauf zu achten ist, daß man nicht zu schnell flieht, also in Sichtweite bleibt, und dafür sorgt, daß die Jagdleidenschaft nicht abkühlt. Hin und wieder ein Nacktfoto, das hilft durchaus.

Es ist so wie in der Fernfahrerkneipe, wenn die Stripperin auf den Tresen springt und „huch“ schreit, wenn die dankbare Meute „ausziehen!“ grölt. Die Meute verzeiht jedes Huch und jedes Illustrierten-Interview. Solange die Flucht nach vorne angetreten wird und die Klamotten tatsächlich fallen.

DRUCKNACHWEIS

Ein Großteil der hier abgedruckten Geschichten wurde bereits im „Spiegel", im „Stern" und im „Kursbuch" veröffentlicht. Die Texte wurden für das vorliegende Buch überarbeitet und zum Teil erheblich erweitert.